电气化铁路高电压工程

陈明忠　主编

中国铁道出版社

2016年·北京

内 容 简 介

本书内容立足于电气化铁道牵引供电系统高压电气设备的运行与分析，涉及该系统的高电压工程技术应用和电气试验。全书共七章，主要内容包括绝缘介质的电气性能、绝缘评估及其试验方法、高压供电设备的绝缘、供电系统的雷闪过电压及其防护、供电系统内部过电压及其限制措施、高压供电系统的绝缘配合、高电压产生设备与测量技术等，书的附录部分有“高压供电基础试验”的操作与方法。

本书可作为职业院校电气化铁道供电技术等专业的基础教材，也可供强电类工程技术人员参考使用。

图书在版编目(CIP)数据

电气化铁路高电压工程/陈明忠主编．—北京：中国铁道出版社，2016．2

ISBN 978-7-113-20952-0

Ⅰ．①电… Ⅱ．①陈… Ⅲ．①电气化铁道—高压电力系统—高等职业教育—教材 Ⅳ．①U223

中国版本图书馆CIP数据核字(2015)第217415号

书　　名：**电气化铁路高电压工程**
作　　者：陈明忠　主编

责任编辑：李嘉懿　　**编辑部电话**：010-51873147　　**电子信箱**：dianwu@vip. sina. com
封面设计：王镜夷
责任校对：胡明锋
责任印制：陆　宁　高春晓

出版发行：中国铁道出版社（100054，北京市西城区右安门西街8号）
网　　址：http：// www. tdpress. com
印　　刷：三河市兴达印务有限公司
版　　次：2016年2月第1版　2016年2月第1次印刷
开　　本：787 mm×960 mm　1/16　印张：11.5　字数：220千
书　　号：ISBN 978-7-113-20952-0
定　　价：32.00元

前　言

本书是根据我国电气化铁路的发展及现状，由铁道供电专业高技能专门人才培养的实际需要而组织编写。本书针对电气化铁路高压供电设备运行、检修和试验的特点，结合当前高等职业教育和铁路运输企业供电专业对人才培养目标、知识和技能总体要求，突出基本知识、基本概念、基本理论与实践技能的培养，有利于培养学生的职业发展能力和专业实践能力。在本书的编写中充分吸收当前本领域内的新方法、新技术，教材中涉及的试验方法和装置，包括试验技术和设备成熟稳定，能够适应同类院校和企业对该课程的教学。

全书分为七章，第一章主要讲绝缘介质的电气性能，第二章主要讲绝缘评估及其试验方法，第三章主要讲高压供电设备的绝缘，第四章主要讲供电系统的雷闪过电压及其防护，第五章主要讲供电系统内部过电压及其限制措施，第六章主要讲高压供电系统的绝缘配合，第七章主要讲高电压产生设备与测量技术，附录部分主要是供电系统的电气试验操作与方法。

本书由南京铁道职业技术学院副教授陈明忠主编，戴丽君、童岩峰为副主编。陈明忠编写了绪论、第一章、第四章、第七章，戴丽君和童岩峰编写了第三章、第五章，上海铁路局南京供电段高级工程师成明华编写了第二章与试验部分，扬州工业职业技术学院副教授范丛山编写了第六章。本教材在编写过程中得到了南京地下铁道有限公司，上海铁路局南京供电段，兰州铁路局供电处等单位的支持与帮助，南京工程学院的孙玉坤教授对本书进行了审阅并提出了建议。南京铁道职业技术学院林瑜筠担任主审。

由于编者水平有限，书中出现错误与疏漏在所难免，敬请读者批评指正。电子邮箱地址：cmz50223@163. com.

编者

2015 年 5 月 7 日于南京

目　　录

绪　论……………………………………………………………………………… 1

第一章　绝缘介质的电气性能……………………………………………………… 3

第一节　绝缘介质的特性………………………………………………………… 3
第二节　气体的绝缘性能………………………………………………………… 6
第三节　液体的绝缘性能 ……………………………………………………… 10
第四节　固体的绝缘性能 ……………………………………………………… 12
第五节　复合绝缘体的绝缘性能 ……………………………………………… 14

第二章　绝缘评估及其试验方法 ………………………………………………… 26

第一节　绝缘评估 ……………………………………………………………… 26
第二节　绝缘劣化 ……………………………………………………………… 28
第三节　绝缘评估的试验方法 ………………………………………………… 30
第四节　电气设备状态的在线监测 …………………………………………… 43

第三章　高压供电设备的绝缘 …………………………………………………… 47

第一节　旋转电机的绝缘 ……………………………………………………… 47
第二节　供电变压器的绝缘 …………………………………………………… 51
第三节　供电电容器的绝缘 …………………………………………………… 56
第四节　供电电缆的绝缘 ……………………………………………………… 59
第五节　避 雷 器 ……………………………………………………………… 64
第六节　断 路 器 ……………………………………………………………… 69
第七节　电瓷绝缘子 …………………………………………………………… 77

第四章　供电系统的雷闪过电压及其防护 ……………………………………… 84

第一节　雷闪过电压 …………………………………………………………… 84
第二节　输电线路的雷闪过电压及其保护 …………………………………… 93
第三节　牵引变电所雷闪过电压及其保护…………………………………… 101

第五章　供电系统内部过电压及其限制措施……………………………… 113

第一节　供电系统工频过电压…………………………………………………… 113
第二节　供电系统操作过电压…………………………………………………… 120
第三节　供电系统谐振过电压…………………………………………………… 135

第六章　高压供电系统的绝缘配合………………………………………………… 141

第一节　供电系统的绝缘配合…………………………………………………… 141
第二节　供变电设备绝缘水平的确定………………………………………… 143
第三节　输电线路绝缘水平的确定…………………………………………… 146

第七章　高电压产生设备与测量技术…………………………………………… 151

第一节　冲击电压发生器………………………………………………………… 151
第二节　试验变压器……………………………………………………………… 154
第三节　直流高电压的产生……………………………………………………… 156
第四节　冲击电流发生器………………………………………………………… 157
第五节　高压电气测量…………………………………………………………… 158

附录　高压供电基础试验………………………………………………………… 161

试验 1　绝缘电阻和吸收比的测量 ……………………………………………… 161
试验 2　泄漏电流及直流耐压试验 ……………………………………………… 162
试验 3　介质损失角正切 $\tan\delta$ 测量 ………………………………………… 166
试验 4　局部放电试验 …………………………………………………………… 168
试验 5　交流耐压试验 …………………………………………………………… 169
试验 6　冲击电压试验 …………………………………………………………… 172
试验 7　接地电阻和土壤电阻率的测量 ………………………………………… 174
试验 8　绝缘子链的电压分布测量 ……………………………………………… 176

参考文献…………………………………………………………………………… 178

绪　论

自从20世纪50年代我国第一条电气化铁路开通运营以来，我国的电气化铁路的建设获得极大的发展。截止2012年，我国拥有电气化铁路48 000 km，跃居世界第一，每年建设速度达到4 000 km，先后建成京津、京沪、沪宁、武广和宁杭、沪昆、兰新高速电气化铁路。2012年11月，京广高速铁路的开通运行，标志着我国的高速电气化铁路技术日臻完善，自主知识产权体系已经形成。不仅如此，我国城市化的进程步伐加快，贯穿中心城市、连接城市群、支撑区域经济圈发展的城市轨道交通获得巨大发展。以长三角地区为例，上海、南京、杭州，无锡、苏州、宁波已先后建成不同规模的地铁系统，常州、南通正在建设。"十二五"期间，我国投资1 000亿元用于轨道交通行业，标志着以电能为牵引动力，以电气化铁路技术为特征的绿色低碳的城市轨道交通行业将进一步获得发展。

电气化铁路供电系统需要从外部供电系统（国家电网）获取电能，经过变换调整输送至接触网，由供电机车取用完成牵引任务。目前，供电系统所使用的电压等级较高，已属于高压的范围。因此有必要了解和认识供电系统在高电压、强电场、大电流、复杂外部环境下绝缘结构（绝缘部件）和绝缘材料（介质）电化学物理特征与绝缘强度逐步降低的演变规律，从而为供电系统的设计、运行、检修和管理服务。

一般来说，铁路牵引供电系统都由高压配电设备和供电元件组成，这些设备和元件中的绝缘故障往往是导致系统不能正常工作的主要原因。因此绝缘问题自然成为高压配电装置设计、制造与运行和检修的主要问题，这就要求对绝缘材料的绝缘性能、绝缘劣化的评估及试验方法不断地进行研究。

除高压配电装置外，高压供电系统还存在许多复杂的技术问题，如供电系统的损耗与无功补偿问题，谐波治理问题，绝缘配合问题，高压试验方法与技术问题，过电压问题等。其中供电系统过电压是危害供电系统安全运行的主要因素之一，系统过电压来自两个方面：一是由于供电系统遭受雷击所形成的大气过电压；二是由于供电系统中因开关操作或系统参数发生变化而引起谐振等所形成的内部过电压。系统过电压时间虽然很短，但它会造成设备绝缘损坏，危害供电系统的安全运行。因此，研究绝缘介质在高电压和强电场下作用下的物理特性与电气特性，设计制造出耐受高压的绝缘介质与绝缘结构，提高电气设备的绝缘水平。另一方面需要研究解决供电系统过电压产生的原因及限制措施，提高设备绝缘耐受过电压的能力。随着计算机技术、微电子技术及材料科学等新兴技术的发展，传感技术、信号处理技术、计算机控制技术与通信技术等各种综合技术在供电系统中的不断应用，高压供电技术得到了快速发展，电气设备运行状态监测和设备绝缘状况的检测、诊断正在由过去以定期检修为主的预防性维护制度向预防且预知事故为主的自动化、信息化、智能化预测维修方向发展，以保证供电系统更加安全、可靠地运行，从而提高供电供应的质量和可靠性，满足轨道交通供电系统的技术进步和社会生活质量的提高以及经济社会的发展需要。

电气化铁路高电压工程是一门理论性、实践性、专业性都很强的学科，这门学科是从生产实践中发展起来的，因此在研究和学习理论知识的同时，更应强调实践的重要性，并通过实践经验的积累、总结和提高，促进电气化铁路高压供电技术的发展。

第一章　绝缘介质的电气性能

自然界的物质根据其物理导电性能可分为三类，即容易导电的导体（电阻率为 $10^{-6} \sim 10^{-2}$ Ω·cm）、不导电的绝缘体（电阻率为 $10^{9} \sim 10^{22}$ Ω·cm）以及处于导体和绝缘体之间的半导体。在供电系统中，用气体、液体、固体绝缘材料或它们的组合把各种电气设备的导电部分与接地的外壳或支架隔离开，以保证这些电气设备的正常运行。而这些绝缘物质在外电场的作用下会产生许多物理现象，如极化、电导、电离、损耗和击穿放电等，正确理解和认识这些现象，进行绝缘结构的合理设计、绝缘材料的合理利用以及对绝缘性能的准确评估有着非常重要的意义。

第一节　绝缘介质的特性

一、绝缘介质的极化

从绝缘体的绝缘介质性质来看，可以把气体、液体、固体绝缘体称作绝缘介质。一切物质内部都有正电荷和负电荷，通常情况下正、负电荷处于相对平衡状态，物质呈现电中性，当外加电压后，正、负电荷受电场力的作用，其相对位置发生变化，尽管内部正、负电荷仍相互抵消，但随着正、负电荷相对位置的变化，绝缘介质表面出现电荷，这种现象称为绝缘介质的极化，出现的电荷称为极化电荷。一般用相对介电常数 ε_r 来表示绝缘介质极化的程度和强度。对于相对介电常数 ε_r 也可这样来解释：设真空中的平行板电容器的电容量为 C_0，当极板间充入某种绝缘介质后电容量为 C_r，$C_r / C_0 = \varepsilon_r$，一般 C_r 总比 C_0 大，因此 ε_r 大于 1，这是绝缘材料极化造成的。绝缘材料极化的结果，使靠近其表面出现束缚电荷，相当于电容器极板的电荷量得到增加，造成电容量增大。一些常用绝缘介质的相对介电常数和电导率见表 1-1。

根据绝缘介质极化程度的大小，绝缘介质可分为中性绝缘介质和极性绝缘介质。讨论介质极化现象在工程中是有实际意义的。如相对介电常数 ε_r 小的绝缘物质，由于其介质热损耗小，常用作高压电气设备的绝缘结构、电缆绝缘等；而制作电容器时，在相同的耐电强度下，要选择 ε_r 大的绝缘材料作为极板间的绝缘物质，以使单位电容器的体积和重量减小。

根据绝缘介质的物质结构，绝缘介质极化具有电子极化、离子极化、偶极子极化和夹层极化四种基本极化形式，中性绝缘介质一般为电子极化、离子极化；极性绝缘介质一般为偶极子极化、夹层极化。

表 1-1　常用绝缘介质的介电常数和电导率

介质类别		名称	相对介电常数 ε_r (20 ℃,50 Hz)	电导率 γ (20 ℃ $\Omega^{-1}cm^{-1}$)
气体介质	中性	空气	1.00585	
		SF_6	1.00207	$10^{-17}\sim10^{-18}$
液体介质	中性	绝缘油	2.2	$10^{-12}\sim10^{-15}$
		硅油类	2.2～2.8	$10^{-14}\sim10^{-15}$
	极性	蓖麻油	4.5	$10^{-10}\sim10^{-12}$
固体介质	离子结构	电工瓷	6～7	$10^{-14}\sim10^{-15}$
		云母	5～7	$10^{-15}\sim10^{-16}$
	极性	聚氯乙烯	6～9	$10^{-15}\sim10^{-16}$
		沥青	2.6～2.7	$10^{-15}\sim10^{-16}$
		胶木	4.5	$10^{-13}\sim10^{-14}$
		纤维素	6.5	$10^{-12}\sim10^{-15}$
	中性	橡胶	2.7	$10^{-13}\sim10^{-14}$
		聚苯乙烯	2.4～2.6	$10^{-17}\sim10^{-18}$

值得注意的是,对于一般工程上应用的绝缘材料与绝缘零件来说,以上极化的方式都可能同时存在,极化的强度也随外部电场条件与内部结构特征的改变而不同。

二、绝缘介质的电导

从绝缘体的电气绝缘性质来看,理想的绝缘体是完全不导电的,但实际中的绝缘体在外加电压后仍有很微小的电流导通,这种性质称为导电性,用电导率(或电阻率)来表示。在低电压下,绝缘体的导电电流与电压成线性欧姆特性,但所加电压较高时,导电电流将随电压的升高发生非线性的增加,到达一定电压时电流会急剧增大,此时绝缘体失去其绝缘性质变为导体,这种现象称为绝缘击穿,一般用绝缘击穿强度(发生击穿时的电场强度或电压)来描述。

绝缘介质的导电性与金属导体有本质区别,绝缘介质的导电性除了与所加电压有关外,还与温度、电压频率及所含杂质浓度有关。这是由于绝缘介质的导电电流除了由离子移动形成的电阻性电流(又称泄漏电流)外,还有由电子极化、离子极化等无损极化形成的纯电容性电流(又称几何电流),以及由偶极子极化、夹层极化等有损极化形成的电流(又称吸收电流)。

当把直流电压加在绝缘介质上时,泄漏电流不随时间变化,几何电流(电容充电电流）存在的时间很短，很快衰减到零，吸收电流存在的时间较长，衰减较慢。因此，可根据随时间而衰减的直流分量，来判断绝缘材料的受潮与否。具体方法是用兆欧表（绝缘电阻表）测量 60 s 和 15 s 时绝缘介质的绝缘电阻值 R_{60} 和 R_{15}，R_{60}/R_{15} 称为吸收比。一般来说吸收比值愈大，则表征绝缘结构愈干燥。在工程应用中，要求吸收比大于 1.3。

三、绝缘介质的损耗

任何绝缘介质在电压作用下都有功率损耗。功率损耗包括由偶极子极化、夹层极化等引起的极化损耗，以及由绝缘介质的电导引起的电导损耗。绝缘介质的功率损耗 P 为：

$$P = U^2 \omega C \tan\delta \tag{1-1}$$

由上式可见，在外加电压一定的情况下，绝缘介质的功率损耗仅取决于 $\tan\delta$，而 $\tan\delta$ 如同介电常数和电导率一样，是仅取决于绝缘介质本身的特性参数。因此，$\tan\delta$ 就成为衡量绝缘介质功率损耗大小的物理量，称之为介质损耗角正切，δ 称为介质损耗角。

由于绝缘材料在受潮或有缺陷时，电导电流会增加；在绝缘材料中有气泡、杂质和受潮的情况下，夹层极化加剧，极化损耗增加。介质损耗角正切 $\tan\delta$ 的大小直接反映了绝缘整体状况的好坏，在电气设备绝缘预防性试验中，通过测量 $\tan\delta$ 值可以有效地判断绝缘材料是否整体受潮、老化或劣化。但对于绝缘介质的局部小范围缺陷（气泡、杂质、老化、受潮、洞孔 等）不能有效反映。

在工程实际中，设计绝缘结构时，必须注意到绝缘材料的 $\tan\delta$ 值，若 $\tan\delta$ 值过大则会引起严重发热，使材料加速劣化变质，甚至可能导致热击穿。

值得注意，$\tan\delta$ 对环境温度比较敏感，在实践中应考虑环境温度对其影响并做出修正。电压（电场）的频率，也会对 $\tan\delta$ 造成影响，应设法予以消除。

如表 1-2 所示为几种绝缘材料的特性。

表 1-2　几种绝缘材料的特征

电气性能	聚氯乙烯 PVC	交联聚乙烯 ELPE	黏性油纸 PILC	乙丙橡胶 EPR
介电常数 ε_r	6～9	2.3	3.5	2.5～4.0
介质损耗角正切 $\tan\delta$（%）	6～10	0.04～0.07	0.2～1.4	0.8～1.0
击穿场强（kV/mm）	25～35	40～50	40～45	25～40
允许温度（℃）	70(160)	90(250)	80(130)	60(130)
绝缘电阻系数 ρ（Ω·m）	10^{11}～10^{13}	10^{15}～10^{16}	10^{12}～10^{13}	10^{12}～10^{13}

第二节　气体的绝缘性能

气体特别是空气是供电系统中最常见的应用最广泛的绝缘材料。如架空线路相与相之间、导线与铁塔之间等，都是以空气作为绝缘介质的。气体分子间距离比液体和固体大得多，室温和一个大气压条件下，气体分子通常约以 500 m/s 的速度运动。虽然分子本身以这样快的速度运动，但因为分子大体是电中性的，基本上没电流，所以空气有非常好的电绝缘性。在通常情况下，由于宇宙射线及地层放射物质等天然辐射的作用，能使大气中少量气体分子被电离，同时被电离的分子由于扩散和复合而消失，所以一般保持平衡状态。给这样条件的气体施加电压时，电流将如图 1-1 所示分三个区段。在开始区段 A，随着电压的升高，离子的运动速度加大，电流与电压成正比地增加。电压上升时，电流不再随电压的升高而增加，因为这时所有电极间产生的离子已全部参与导电，所以电流趋于饱和，即区段 B。区段 B 的电流取决于离子生成速度，大气中的饱和电流密度约为 $10^{-19}\ \mathrm{A/cm^2}$，此时饱和电流密度是极小的，因此气体仍处于良好的绝缘状态。进一步升高电压时，将出现电流骤增的区段 C。在这一区段 C，被电场加速的电子将碰撞中性分子，产生电子的碰撞电离，引起电荷骤增。在这以后再升电压将导致气体绝缘击穿。下面将重点讨论在区段 C 发生的现象。

一、汤逊放电理论

英国人汤逊对区段 C 的电荷骤增作了如下说明：自然界存在的宇宙射线等的天然辐射能使气体分子电离，生成正离子和电子。在低电场时，电子将附着于中性分子成为负离子，但在高电场时，电子将被加速并获得能够使其他气体分子电离的足够能量，去碰撞气体分子，并使其引起碰撞电离生成新的电子和正离子对。若在单位长度上这种碰撞电离重复发生 α 次，则最初的 n_0 个电子前进 x 距离时将变为 $n_0 e^{\alpha} x$ 一个，即按指数函数急剧增加，这种现象称为电子雪崩过程。如图 1-2 是电子雪崩中的电荷分布的示意图，由于电子的移动速度快，所以集中于电子雪崩的头部，而同时产生的正离子移动慢，留在电子雪崩的中后部。另外，在电离过程中电子因向侧面扩散，故电子雪崩呈圆锥状。

电流随电子雪崩发展而增大，但电子雪崩起始电子的生成只是靠宇宙射线等天然辐射能引起的偶发现象，电子雪崩只是单次的。为了使放电持续发生，必须有使电子雪崩的必备条件：电子持续产生。电子雪崩过程中生成的正离子碰撞阴极时，使阴极至少释放出一个电子，从而抵消补偿产生电子雪崩后进入阳极的那个失去的电子，这个电子仍将会在电场的作用下，向阳极移动，再次使气体分子引起碰撞电离形成新的电子崩。这样，即使不从外界供给起始电子，放电也能维持下去，这种放电现象称为自持放电。汤逊放电理论描述了气体在均匀电场中连续的、单纯的、均匀的放电过程。

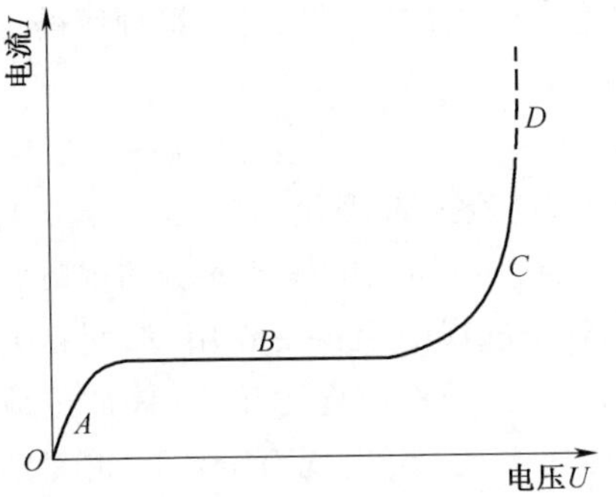

图 1-1　均匀电场中气体的导电性

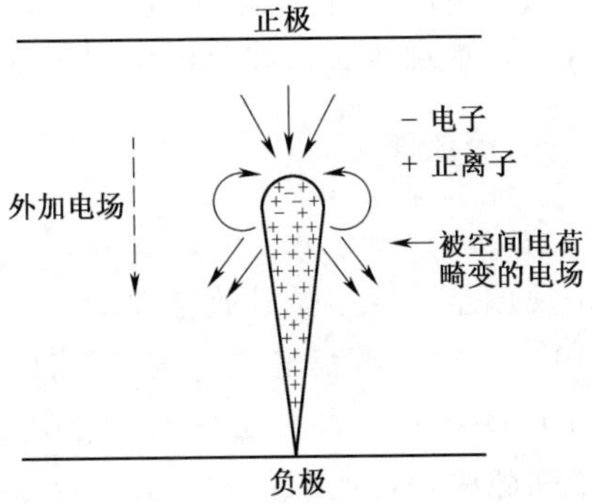

图 1-2　电子雪崩中的电荷分布

二、巴森定律

因为气体分子的密度与压力成正比，所以汤逊放电条件下的碰撞电离次数是气压 p 和电极间隙 d 的乘积的函数，可从理论上导出均匀电场中气体绝缘击穿电压（也叫火花电压）为 pd 的函数。巴森用实验整理了气体击穿电压与 pd 的关系，弄清了各种气体都有同样的关系曲线（巴森曲线），如图 1-3 为气温为 25 ℃时三种气体的巴森曲线，这个关系称为巴森定律。巴森曲线在 $pd=10^{-2}$ bar · mm 附近有极小值。在极小值点的右侧，p 由大变小时，电子碰撞的平均距离（平均自由程）大，电子容易获得碰撞电离所需的能量，因而击穿电压低。另一方面，在极小值左

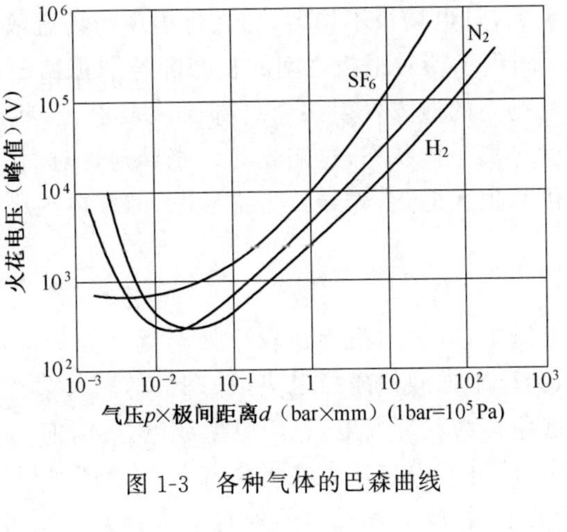

图 1-3　各种气体的巴森曲线

侧，由于 p 太小，致使碰撞电离所需的气体分子密度也太小，碰撞电离次数低，所以击穿电压高。另外，电极间隙距离 d 太小时，因电子雪崩不能充分发展，故击穿电压高。由曲线可知：当压力极端变大或变小，而 d 为数十厘米以下时，巴森定律都成立。这意味着在此范围内用汤逊放电理论来解说放电现象是可以理解的。

三、流注理论

当 $pd>5\ 000$ bar · cm（1 bar $=10^5$ Pa）时，汤逊放电理论与实际气体放电现象出现偏差。根据汤逊放电理论计算出来的击穿放电所需时间比实测的放电时间小 10～100 倍；按汤逊放电理论，阴极性质在击穿过程中起重要作用，然而在大气压力下的空气中，间隙击穿电压与阴极材料无关；按汤逊放电理论，气体放电应在整个间隙中均匀连续地发展，但在大气中气体击穿时，会出现有分支的明亮细通道。这些现象用汤逊理论不能解释。为了解决这一问题，流注理论被提了出来。在这一理论中，考虑了汤逊放电理论中被忽视的正离子空间电荷作用。由于正离子运动速度相比电子小得多，电子雪崩的正离子密度在阳极附近很大，pd 越大，正离子密度也越大，由此产生的局部空间电荷使场强提高，并向重新引起电子雪崩所需的场强值发展。这样一来，初始电子雪崩周围存在的电子将作为起始电子产生新的二次电子雪崩，二次电子雪崩不断地向初始电子雪崩汇合，其头部的电子进入了初始电子雪崩的正离子区域，电子和正离子的高密度混合，成为电导性很高的等离子体状态，这就生成了流注，如图 1-4 所示。流注内部正负电荷密度和温度都较电子雪崩时高，伴随较强的发光。在发光的作用下，流注周围气体分子被光电离，这使得向流注发展的电子雪崩起始电子充分存在。如图 1-4 中的 a、b 所示，流注一边在其头部吸引电子雪崩一边从正极向负极伸展，等电极间被流注连通时如图 1-4 中的 c，整个间隙就被击穿。

如果极间距离更大，且电场极不均匀，那么将出现与汤逊放电和流注放电不同形式的放电。图 1-5 画出了棒对平板之间的长间隙施加正冲击电压时的放电示意图。在棒电极头部电场高的地方发生多个局部流注放电，这些流注汇集起来成为导电性较高的高密度等离子体状态，这叫先导。先导到达对面平板电极时，把两电极跨接起来。电源供给很大能量，先导转为主放电，即气体绝缘被击穿。

四、局部放电

在极不均匀的电场中，电极曲率半径较小处附近空间的局部场强很大，因此，在这局部强场区中，会产生强烈的碰撞电离，并在气体整体发生放电前，这部分放电持续进行。这种现象称为局部放电，也叫电晕放电。如图 1-6 所示，在针—平板电极的不均匀电场中，放电集中在针尖高场强部分。给针对板电极施加直流电压时，根据针电压极性的不同，放电表现出的外观也有差异。正极性时，随着电压的上升，针尖附近从辉光电晕过渡到刷状电晕，再转为流注电晕，放电逐渐激烈，最后发展到击穿。负极性时，开始是称为托里切尔脉冲的脉冲电流，随着电压上升，脉冲周期逐渐缩短，然后过渡到辉光电晕和刷状电晕，最后整个间隙击穿。下面解释一下托里切尔脉冲的发生机理。电子雪崩的电子离开带负电的针电极时，使针尖附近场强减小，碰撞电离难于进行，气体分子附着电子后在针电极头部形成负离子的同性空间电荷层。这个负的电荷层削弱针头部电场，使放电停止。但因负离子在电场作用下从针电极散开移向正电极，故针头部场强重又升高，又开始放电，托里切尔脉冲就是上述过程的重复。

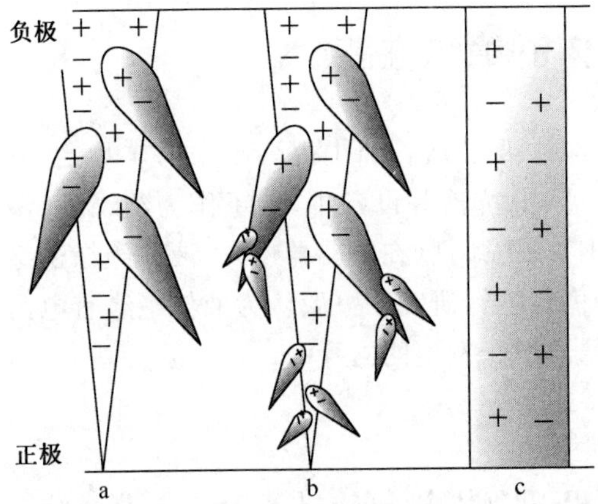

图 1-4　向正极发展的流注

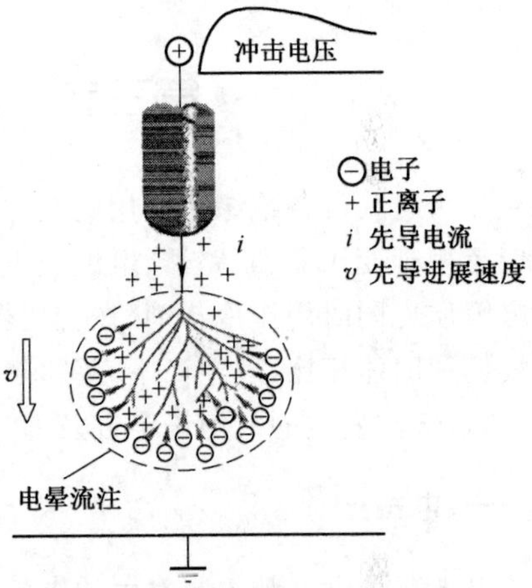

图 1-5　长间隙放电过程

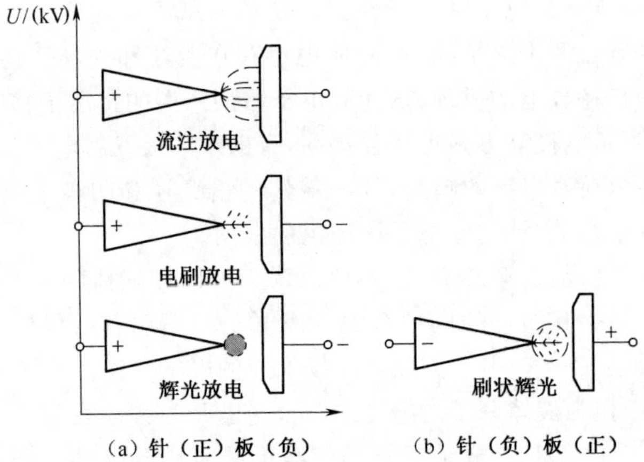

图 1-6　局部放电

电晕放电具有以下几种效应：

(1)伴随着放电过程有声、光、热等效应，表现为发出“咝咝”的声音，蓝色的晕光以及使周围气体温度升高。

(2)电晕会产生高频脉冲电磁场，其中还包含着许多高次谐波，会造成对无线通信的干扰。

(3)电晕放电会产生许多化学反应，会在空气中形成 O_3、NO、NO_2 等对金属及绝缘结构有强烈的氧化作用，NO、NO_2 会与空气中的水分合成形成硝基酸，是强烈的腐蚀剂。综合上述，电晕出现会促使电气设备绝缘结构和绝缘零件加速老化，因此要采取必要的措施。

第三节　液体的绝缘性能

作为电气设备绝缘所使用的液体绝缘主要是从石油中提炼出来的矿物油，它们广泛用于变压器、断路器、电缆及电容器、电抗器等设备中，除了作为绝缘外，液体电解质也同时用作冷却剂（在变压器中）或消弧剂（在断路器中）。液体绝缘击穿与气体和固体相比，理论尚不完备，至今仍在进行研究。一般认为液体绝缘有电击穿、通过气泡发生的气泡击穿以及通过悬浮粒子发生的击穿。

一、电击穿

电击穿是电子起主要作用的击穿过程，和气体中汤逊放电理论一样，认为液体绝缘在电场作用下，阴极上由于强电场发射或热电子发射出来的电子被加速后能量增大，引起电子雪崩。因为液体的分子密度高，所以不一定需要气体击穿时的自持放电条件，靠电子雪崩的电子密度增值到一定值时就发生击穿。另外有研究报告称用高速摄影装置观测击穿情况，在液体中也存在流注和先导。还有的学者提出取代气体放电中自持放电的机理，认为靠电子雪崩产生的正离子移向负电极，形成异性空间电荷层，负电极前方附近场强提高，有助于阴极发射电子。利用光电效应测量液体中空间电荷对电场的畸变，纯净液体的击穿还和阴极金属逸出功以及正离子的迁移率有依存关系，这些都是该理论的根据。

其次是液体分子振动击穿理论，这一理论认为液体和气体的击穿强度不同与被电场加速的电子失去其能量的机理有关。设电子的平均自由程为 λ，则电子从电场 E 获得的能量为 $\mathrm{e}E^{\lambda}$ 。另一方面被电场加速的电子和液体分子碰撞时，电子失去能量，其能量变换为液体分子的振动能 $\mathrm{h}\upsilon$，这里 h 为普朗克常数，υ 为分子振动频率，室温时约为 10^{13} Hz。电子从电场获得的能量因与液体分子碰撞失去能量，变换为分子振动能级的跃迁，进而发生击穿。这就是根据液体分子振动考虑的击穿理论。击穿场强为 $E_{\mathrm{b}}=\mathrm{h}\upsilon/\mathrm{e}^{\lambda}$ 。按这一理论，绝缘击穿场强与 λ 成反比，而与液体的密度成正比。另外,同一分子结构的液体的击穿场强相等。

二、气泡击穿

给液体施加压力,它也不会被压缩,其分子间的距离几乎不变。这就意味着假如只按上述电击穿过程发生击穿,那么击穿将不受压力的影响。但如图 1-7 所示,许多液体的击穿场强与压力有依存关系,由此提出了通过气泡发生击穿的概念。

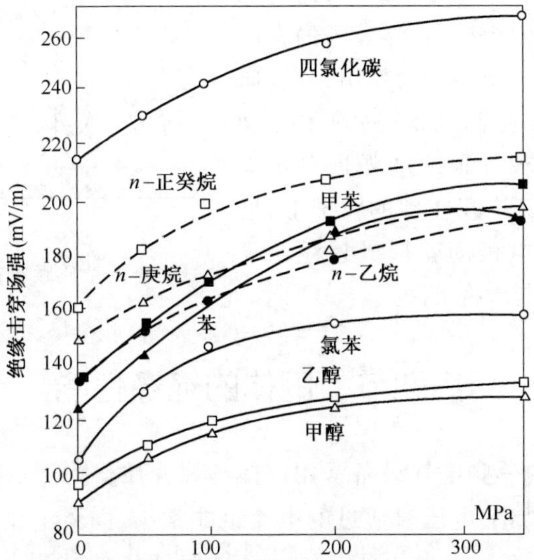

图 1-7 各种液体介质随压力的击穿特性

物质的击穿场强按固体、液体、气体顺次降低。因此,若液体中含有气泡时,则在交流电压作用下,由于气泡中的场强与液体中的场强按各自的介电常数成反比分配,使气泡承受较大的场强,从而使气泡放电,靠放电的能量,使气泡进一步增多,最后导致击穿,这就是通过气泡击穿的原因。气泡产生的原因可考虑有以下几种情况:①电极表面的微小突起使电流集中(电荷密度集中)而引起液体局部过热游离热;②液体中的电流加热作用,气体溶解度降低;③电极和注入电荷之间的或同极性注入电荷之间的排斥力抵消了液体的表面张力;④电子雪崩引起液体分子结构解体。

另外,还有按气泡机理考虑的击穿判据。即当气泡发生后,在静供电作用下气泡被拉长,对应其长度 d 和内部压力 p 的乘积 pd,巴森曲线给出了最小放电电压,把气泡分担的电压超过此电压时作为液体绝缘击穿的判据。

以上通过气泡发生击穿的理论,是液体特有的击穿理论,因液体中容易产生气泡，所以常用于液体击穿的理论分析。在现代电气设备中，绝缘油、液态氦或超临界氦、液态氮等液化气体不仅被看做是冷却媒质，同时也是电气主绝缘，因这些液化气体中容易产生气泡，应重视这些设备因气泡而可能引起的击穿。

三、悬浮粒子产生的击穿

液体中悬浮着杂质粒子（可导电颗粒如碳金属微粒等，非导电颗粒如云母和橡胶粉尘等）时绝缘击穿场强将下降，这时的击穿机理为：与液体相比，悬浮粒子的介电常数高时，悬浮粒子受到力的作用，被吸向电极上突出物等场强高的部分；粒子移动到高场强部分后，粒子顶端场强进一步提高，这一粒子前面又堆积在别的粒子上（见图 1-8）。这样，在电极间就形成悬浮粒子小桥路，导致击穿电压将下降。

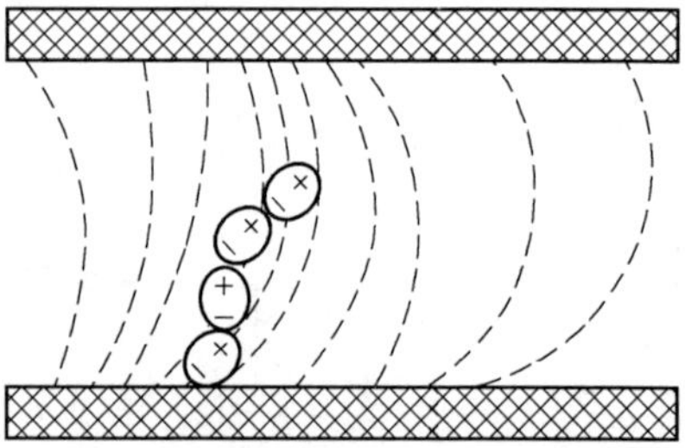

图 1-8　杂质颗粒在电场畸变处堆积

第四节　固体的绝缘性能

供电系统中的一些电气设备常用固体绝缘介质作为绝缘和支撑材料。虽然是固体绝缘体，但加上电压时通过的电流也非常小，固体绝缘中电流与电压的关系如图 1-9 所示。在一定电压（U_H）内，气体和液体的情况相同，电流与电压成正比，服从欧姆定律（区段Ⅰ），在这一区段，载流子主体是热离解的离子。进一步提高电压时固体的情况和气体及液体不同，不出现饱和区段，而是进入电流非线性增长阶段（区段Ⅱ），其后发展为击穿（区段Ⅲ）。固体绝缘在强电场作用下发生绝缘击穿大致有电击穿、热击穿和电化学击穿三种形式，下面对各个击穿机理进行说明。

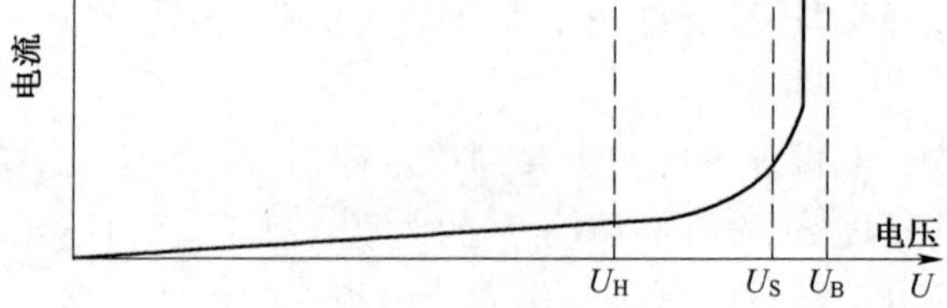

图 1-9　均匀电场中固体的导电特性

一、电击穿

电击穿理论认为固体内电子对击穿起支配作用，击穿一般在短时间内完成，纯粹的电击穿可以在 10^{-8} s 内完成。固体绝缘的电击穿理论与气体击穿相类似，是以碰撞电离为基础的。一般在强电场的作用下，绝缘体内部的带电质点剧烈运动，发生碰撞电离，破坏了固体绝缘体的晶体结构，从而导致击穿。

一般当绝缘体的电导或损耗很小，又有良好的散热条件以及内部不存在局部放电的情况下，固体绝缘体的击穿通常为电击穿形式，电击穿场强较高，一般为 10^8 V/m 左右。电击穿的主要特征是：电压作用时间短，击穿电压高。电击穿过程极快，所以固体绝缘发热不显著，环境温度对击穿电压无影响，电场均匀度对击穿场强影响较大。在一般情况下，固体绝缘介质电场分布越不均匀，则越容易被击穿。

二、热击穿

热击穿理论认为在长期电压作用下，固体的温度会上升，如果外加电压不够高，在固体绝缘体绝缘耐受的温度下，由于介质损耗而使固体绝缘体发热量等于其散热量而建立了热平衡，则不会发生热击穿。但如果发热量大于散热量，则到达临界温度时，就会发生绝缘热击穿，固体的熔点一般作为临界点考虑。

热击穿过程的特征是：①因热击穿是由于介质损耗而使固体绝缘体发热所致，所以比电击穿过程所需击穿时间长；②温度上升电流增加，发热量增大但散热减少，因而绝缘强度随温度上升而下降，即有负的温度依存性；③周围媒质的散热条件越差，固体绝缘热击穿电压则越低；④固体绝缘体的厚度增加或其导热系数越小，则其热击穿电压也越低；⑤固体绝缘体的热击穿电压还与介质的电阻率 ρ 和 $\tan\delta$ 有关，ρ 越小、$\tan\delta$ 越大，则其热击穿电压越低。因此，对于电缆、电机或高压电容套管等可能发生热击穿的绝缘结构，不能单靠加厚绝缘来提高其热击穿电压，而主要采取改进介质的 $\tan\delta$ 特性和改善散热条件等来提高其击穿电压。

固体绝缘发生热击穿的部位是在内部产生和散热平衡最差处。当绝缘体中有局部绝缘缺陷时，在电场作用下，局部损耗增大，该处的温度显著增高，击穿就会在该处发生；若固体内部结构比较均匀，各处产生的热量基本相同，则热击穿发生的部位在散热最困难处，如放置在平板电极中的介质，击穿发生的位置通常在介质的中心。

三、电化学击穿

电化学击穿理论认为运行中的绝缘体长期受到电、热、化学和机械力等的作用，而使其绝缘性能逐渐劣化，导致绝缘体绝缘性能变坏，最后引起击穿。

绝缘劣化的主要原因往往是绝缘体内部的局部放电造成的，因为在高压设备绝缘体内部不可避免地存在着缺陷，例如：固体绝缘体内部存在的气泡或电极与绝缘接触处存有气隙，加上电场分布的不均匀性，这些气泡、气隙或局部固体绝缘表面的场强可能足够大，当达到或超过某一定值时，就会发生局部放电。这种局部放电可能长期存在而不立即形成贯穿性通道，但在放电过程中形成的氧化氮、臭氧等将对绝缘产生氧化和腐蚀作用，使固体绝缘体的绝缘性能逐渐劣化；同时，电离产生的带电质点对绝缘体的撞击也将对绝缘产生破坏作用，这种作用对有机绝缘（如纸、布、油、漆等）特别严重。另外，局部放电产生时，介质局部温度上升，使介质加速氧化，并使其局部电导和介质损耗增加，严重时出现局部烧焦现象。所有这些情况都将导致绝缘的劣化、击穿强度下降，以致在长期电压作用下发生热击穿或在短时过电压下发生电击穿。

第五节　复合绝缘体的绝缘性能

到此已经说了气体、液体和固体的耐高压性能，但实用的绝缘结构使用一种绝缘体的情况很少，多把不同绝缘组合起来构成复合绝缘结构。另外，绝缘体中存在气泡等绝缘缺陷时，在理解气泡对绝缘强度的影响方面，可用复合绝缘的考虑方法作为基础。

另一方面也有积极利用复合绝缘的情况。例如：油浸纸绝缘是将纸和油组合起来，互相弥补了弱点，得到一个比各个单体击穿场强都高的击穿场强，这是复合绝缘的优点。因此，油浸绝缘多用在高压变压器的绝缘结构中。但 500 kV 以上超高压变压器为了冷却，需采用强制油循环，结果产生流动带电现象，引起击穿电压降低等新的问题。搞清各个单体绝缘分担的电压是理解复合绝缘的性能的基础，另外，局部放电和沿面放电是复合绝缘中的重要现象。

一、双层介质的电场分布

如图 1-10 所示的平板电极中有两层介质的复合绝缘基本结构。设各层的厚度、相对介电常数、电导率各为 d_1、d_2、ε_1、ε_2、σ_1、σ_2，真空的介电常数为 ε_0。

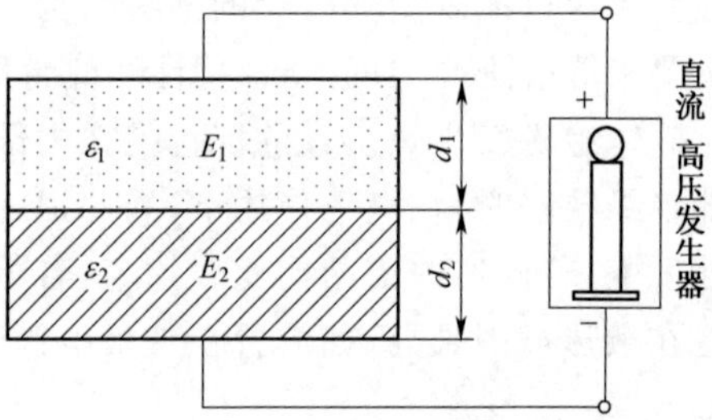

图 1-10　双层绝缘的基础结构

当施加冲击电压时，场强与各层介电常数成反比，即：

$$\frac{E_1}{E_2}=\frac{\varepsilon_2}{\varepsilon_1} \qquad (1\text{-}2)$$

因此,设各层绝缘击穿场强分别为 E_{b1} 和 E_{b2},比较 $\varepsilon_1 E_{b1}$ 和 $\varepsilon_2 E_{b2}$,则其值较小的层先开始击穿。一般固体、液体、气体三者介电常数大的击穿场强也大,因此,击穿的容易程度按气体、液体、固体排序。

若缓慢施加直流电压时,令 $t \to \infty$,则:

$$\frac{E_1}{E_2}=\frac{\sigma_2}{\sigma_1} \tag{1-3}$$

即直流电压时,场强与各层的电导率成反比。这种情况也是比较 $\sigma_1 E_{b1}$ 和 $\sigma_2 E_{b2}$,其值较小的层先开始击穿。电导率随物质和其条件的不同变化很大,气体、液体、固体哪个容易击穿和当时环境状况有关。

施加交流电压时,其结果将和施加冲击电压或直流电压的情况相当。一般与和施加冲击电压的情况相当。

此外,当施加直流电压和交流电压时,不能忘记固体表面电荷的影响。固体表面带有电荷时,在施加直流电压的情况下,所加电压几乎全加在固体上,气体和液体所加的电压极小,因此,固体先行击穿的情况多。另一方面,当施加交流电压时,电压极性不断变化,因此,固体表面所带电荷的极性和外加电压的极性相反时,气体或液体上所加电压将很大。施加交流电压时,容易发生局部放电就是这个道理。

二、局部放电的形式

局部放电是指电极间没有连通的局限在部分地方的放电。复合绝缘结构的局部放电形态如图 1-11 所示,分为沿面放电、气隙放电、气泡放电三种。

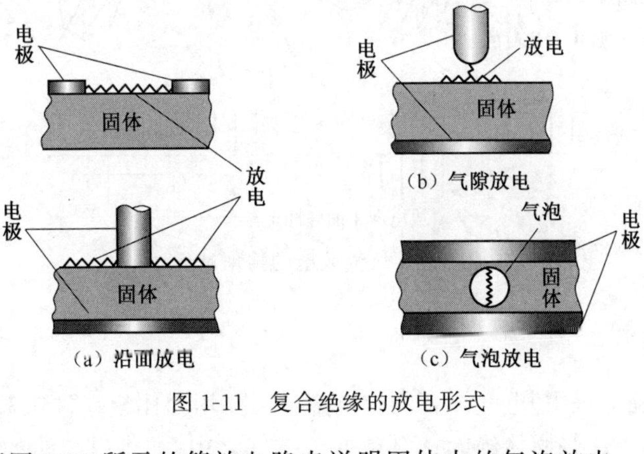

图 1-11 复合绝缘的放电形式

下面根据图 1-12 所示的等效电路来说明固体中的气泡放电。图 1-12 中 C_g、C_b、C_a 分别表示气泡的电容、与气泡串联的绝缘体的电容和与它们并联的绝缘体的电容。当电极间施加正弦交流电压时,气泡将分担电压 U_g。当 $U_g(t)$ 到达气泡起始放电电压时,放电开始,气隙内放电后 C_g 上电压下降到残留电压 U_r,外加电

压 $U(t)$ 仍在上升，到达 U_g 时再次放电，U_g 又降低到 U_r，气泡放电就是这种重复进行的过程。气泡放电物理上的过程是：放电一发生，气泡表面就带上相反极性的电荷，此电荷将产生相反方向的电场，抵消掉外加电压加于气泡的外电场。因此，外加电压和气泡分担电压的大小关系不一定一致。这样，由图 1-13 可以说明：内部局部放电次数多的时间段不是在外加电压瞬时值最大时，而是在电压瞬时变化率最大的时间段，即外加电压瞬时值最低的过零点附近。另外，间隙中放入固体绝缘物时，放电情况基本上可用相同的过程来解释。

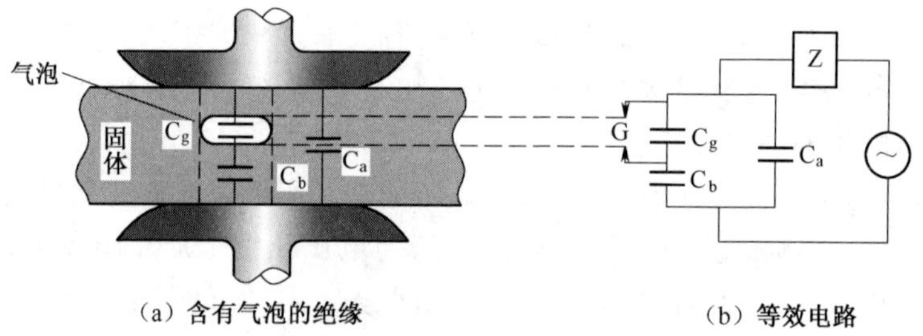

图 1-12　绝缘体内部气泡放电的等效电路

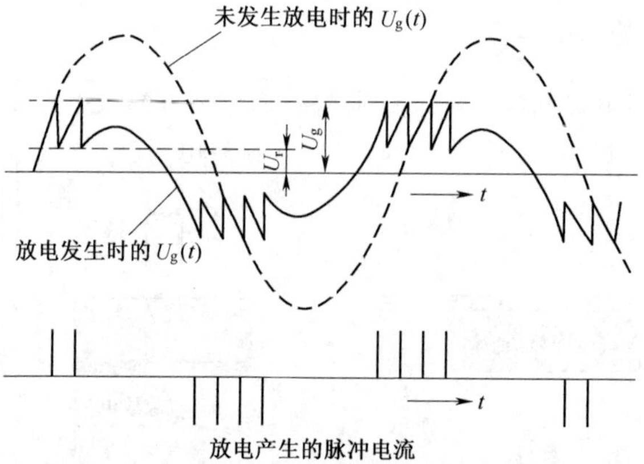

图 1-13　气泡放电的物理过程

三、沿面放电

在供电系统工程中，电气设备的带电部分总要用固体绝缘材料来支撑或悬挂，绝大多数情况下，这些固体绝缘材料是处于空气之中，如供电线路的悬式绝缘子、接触网的支柱绝缘子等。当这些绝缘子的极间电压超过一定值时，常常在固体介质和空气的交界面上出现放电现象，这种沿着固体介质表面的气体发生的放电称为沿面放电。当沿面放电发展成贯穿性放电时，称为沿面闪络，简称闪络。沿面闪络电压通常比纯空气间隙的击穿电压低，而且受绝缘表面状态、污染程度、气候条件等因素影响很大。供电系统中的绝缘事故，如接触网线路遭受雷击时绝缘子的闪络、污秽工业区的线路或变电所在雨雾天时绝缘子闪络引起跳闸等都是沿面放电造成的。

沿面放电的发展主要取决于沿面放电路径的电场分布，因此，沿面放电与固体介质表面的电场分布有很大的关系。介质表面电场的分布主要有以下三种典型情况：

(1)均匀电场。固体介质处于均匀电场中，介质表面与供电线平行，如图 1-14(a)所示。

(2)场强垂直分量的极不均匀电场。固体介质处于极不均匀电场中，介质表面电场垂直于介质表面的法线分量比切线分量大得多，如图 1-14(b)所示。工程上属于这类绝缘结构的很多，最典型的就是穿墙套管绝缘子。

(3)场强切向分量的极不均匀电场。固体介质处于极不均匀电场中，介质表面电场的切线分量远大于法线分量，如图 1-14(c)所示。最典型的情况就是支柱绝缘子。

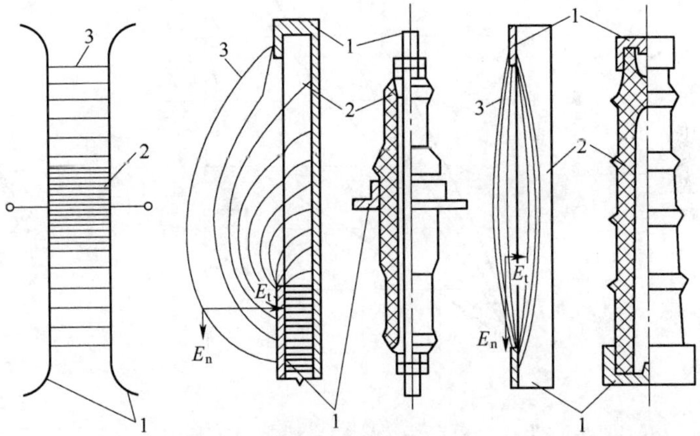

(a) 均匀电场　(b) 场强垂直分量的极不均匀电场　(c) 场强切向分量的极不均匀电场

图 1-14　介质表面电场的典型分布

1—电极；2—固体介质；3—电力线

1. 均匀电场中的沿面放电

在如图 1-14(a)平行板的均匀电场中放一瓷柱，并使瓷柱的表面与供电线平行，沿瓷柱表面的闪络电压比纯空气间隙的击穿电压要低得多，图 1-15 中 U_F 为放电电压，s 为间隙长度。这表明原先的均匀电场肯定被畸变了，从而导致击穿电压显著下降，造成电场发生畸变的原因主要有以下几个方面：

(1)小气隙。固体介质表面不可能绝对光滑，总有一定程度的粗糙度或者介质表面有裂纹，从而造成固体介质与电极表面没有完全密合而存在微小气隙。由于纯空气的介电系数总比固体介质的低，这些微小气隙中的场强将比平均场强大得多，从而引起微小气隙的局部放电。放电产生的带电质点从气隙中逸出，带电质点到达介质表面后，畸变原有的电场，从而降低了沿面闪络电压，如图 1-15 曲线 4 所示。

在实际绝缘结构中常将电极与介质接触面仔细研磨，使两者紧密接触，以消除气隙，或在介质端面上喷涂金属将气隙短路，使沿面闪络电压提高。

(2)薄水膜。固体介质表面容易吸收水分而形成水膜，水膜会使介质表面的一些导电物质发生水解电离，这些离子在电场作用下向两极移动，逐渐在两电极附近积聚电荷，并使电极附近场强增加，畸变介质表面原有电场，因而降低了沿面闪络电压。介质表面吸附水分的能力越大，沿面闪络电压就降低得越多。由图 1-15 可见，瓷的沿面闪络电压曲线比石蜡的低，这是因为瓷吸附水分的能力比石蜡大的缘故，瓷体经过仔细干燥后，其沿面闪络电压显著提高。

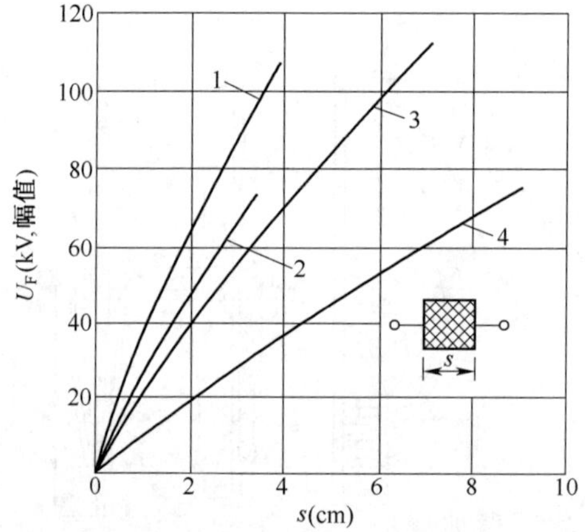

图 1-15　均匀电场中沿不同介质表面工频闪络电压

1—纯空气；2—石蜡；3—电瓷；4—与电极不紧密接触的电瓷

由于介质表面水膜的电阻较大，离子移动积聚电荷导致表面电场畸变需要一定的时间，所以沿面闪络电压与外加电压的变化速度有关。水膜对冲击电压作用下的闪络电压影响较小，对工频和直流电压作用下的闪络电压影响较大，即在变化较慢的工频或直流电压作用下的沿面闪络电压比变化较快的雷电冲击电压作用下的沿面闪络电压要低。

与空气间隙一样，增加气体压力也能提高沿面闪络电压。但气体必须干燥，否则压力增加，气体的相对湿度也增加，介质表面凝聚水滴，沿面电压分布更不均匀，甚至会出现在高气压下沿面闪络电压反而降低的异常现象。随着气压的升高，沿面闪络电压的增加不及纯空气间隙击穿电压的增加那样显著。压力越高，它们之间的差别也越大。

2. 极不均匀电场具有强垂直分量时的沿面放电

如图 1-14(b)所示，固体介质处于不均匀电场中，供电线与介质表面斜交时，电场强度可以分解为与介质表面平行的切线分量和与介质表面垂直的法线分量。具有强垂直分量的沿面放电过程主要包括电晕放电、细线状火花放电、滑闪放电和沿面闪络击穿四个阶段。图 1-16 给出了穿墙套管的沿面闪络击穿过程。

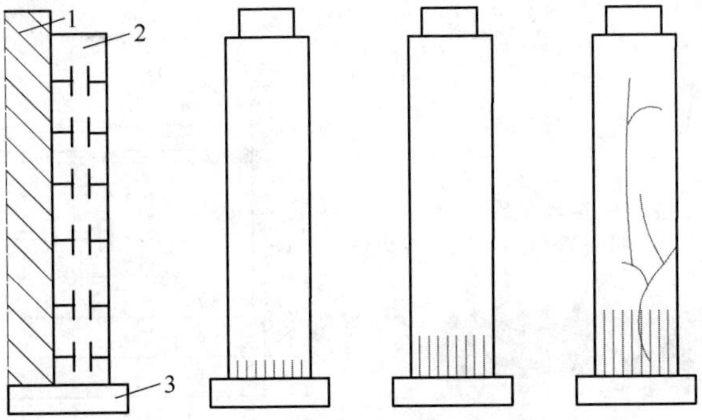

(a) 套管等值电路　(b) 电晕放电　(c) 细线状火花放电　(d) 滑闪放电

图 1-16　沿套管表面放电示意图

1—导电杆；2—瓷体；3—法兰

由于在套管法兰附近的电场很强，故放电首先从此处开始。随着加在套管上的电压逐渐升高并达到一定值时，法兰边缘处的空气首先发生游离，出现电晕放电，如图 1-16(b)所示。随着电压继续升高，电晕放电火花向外延伸，形成许多平行的细线状火花，如图 1-16(c)所示。电晕和线状火花放电同属于辉光放电，线状火花的长度随外加电压的增加成比例地伸长。由于线状火花通道中的电阻值较高，所以其中的电流密度较小，压降较大。

线状火花中的带电质点被电场的法线分量紧压在介质表面，在切线分量的作用下向前运动，使介质表面局部发热。当电压增加而使放电电流加大时，在火花通道中个别地方的温度可能升得较高，在一定电压下，可高到足以引起气体热游离的数值。热游离使通道中的带电质点急剧增加，介质电导猛烈增大，并使火花通道头部电场增强，导致火花通道迅速向前发展，形成浅蓝色的、光亮较强的树枝状火花，如图 1-16(a)所示，这种树枝状火花并不固定在一个位置上，而是不断地改变放电的路径，并有轻微的爆裂声，此时的放电称为滑闪放电。滑闪放电是以介质表面的放电通道中发生热游离为特征的，其火花的长度随外加电压的增加而迅速增长。当电压升高到滑闪放电的树枝状火花到达另一电极时，就产生沿面闪络击穿，电源被短路。此后依电源容量之大小,放电可转入火花放电或电弧。

具有强垂直分量极不均匀电场的沿面闪络电压的降低,主要是由于电流通过固体介质表面时的分量所引起介质表面的电压分布不均匀而造成的。它与电极间固体介质的表面电容、表面电阻和所施加电压及其变化速度因素有关。

套管的等值电路可用图 1-17 所示的电路表示。图中 r 是介质的表面电阻,C 为介质表面电容,R 为介质的体积电阻。当在套管上加上交流电压时,沿套管表面将有电流流过,由于 C 的分流作用,流过介质表面单位长度的表面电阻 R 上的电流是不相等的,越靠近法兰处,电流越大,单位距离上的压降也越大,电场也越强,至法兰处,电场最强。

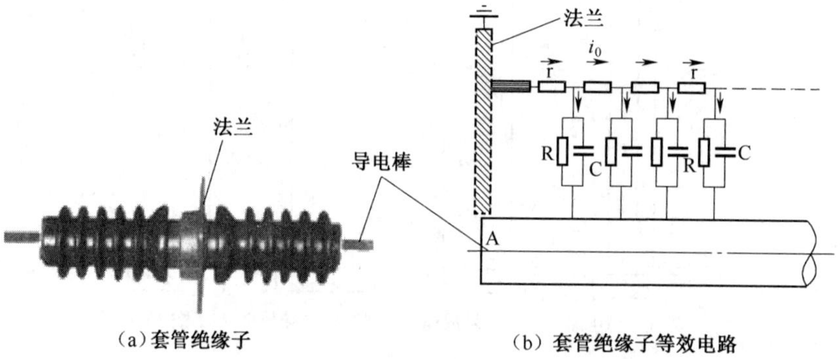

图 1-17　套管绝缘子及其等效电路

固体介质的介电系数越大,固体介质的厚度越小,则电容越大,沿介质表面的电压分布就越不均匀,其沿面闪络电压也就越低。同理,固体介质的体积电阻越小,沿面闪络电压也就越低。若电压变化速度越快,频率高,分流作用也就越大,电压分布越不均匀,沿面闪络电压也就越低。而固体介质的表面电阻(特别是靠近电极法兰处的)在一定范围内适当减小,可使沿面的最大电场强度降低,从而提高沿面闪络电压。

沿面闪络电压不正比于沿面闪络的长度,前者的增长要比后者的增长慢得多。这是因为后者增长时,通过介质体积电阻及其表面电容的电流将随之有很快的增长,使沿面电压分布的不均匀性增强的缘故。

由于滑闪放电现象与介质表面电容及电压变化速度有关。故一般只在工频交流和冲击电压作用下才可以看到明显的滑闪放电现象,而在直流电压下,则不会出现明显的滑闪放电现象。但当直流电压的脉动系数较大时,或瞬时接通、断开直流电流时仍有可能出现滑闪放电。

持续的滑闪放电会损坏介质表面,在工作电压下,必须防止此现象的出现,为此必须采取措施提高套管的沿面闪络电压。提高套管沿面闪络电压的出发点是减小其表面电容，调整表面的电位分布，如增加其绝缘厚度（如加大法兰处套管的外径）和采用介电系数小的介质（如用瓷-油组合绝缘）；另外也可以在套管表面法兰处涂半导体漆或半导体釉，以减小该处的表面电阻，使电压分布变得均匀。值得指出的是，由于在滑闪放电阶段，火花长度将随所加电压的 5 次方迅速增加，因此，增加套管长度实际上并不能提高其沿面闪络电压。

3. 极不均匀电场具有强切线分量时的沿面放电

极不均匀电场具有强切线分量的情况如图 1-14(c)所示，支柱绝缘子即属此情况。在这种情况下，电极本身的形状和布置已经使电场很不均匀，因此前面所讨论的介质的表面状况、材料的吸水性能以及介质与电极间的微小间隙等因素，对降低沿面闪络电压的影响已不明显。此外，因电场的垂直分量较小，沿介质表面也不会有较大的电容电流流过，故放电过程中不会出现热游离和滑闪放电现象。为提高沿面闪络电压，一般从改进电极形状和改善电极附近的电场着手。

四、悬式绝缘子串的电压分布及闪络特性

我国 35 kV 以上的高压架空线路（包括单相交流电气化铁路）都使用由悬式绝缘子组成的绝缘子串作为线路绝缘。绝缘子串的机械强度仍与单个绝缘子相同，而其沿面闪络电压则随绝缘子片数的增多而提高。绝缘子串中，绝缘子片数目的多少决定了线路的绝缘水平。

悬式绝缘子串如图 1-18(a)所示，由于其绝缘子的金属部分与接地铁塔或带电导线间有电容存在，使绝缘子串的电压分布不均匀，其等效电路如图 1-18(b)、(c)、(d)所示，图中 C 为绝缘子本身的电容，C_E 为绝缘子金属部分的对地电容，C_L 为绝缘子金属部分对导线的电容。一般 C 的值为 50～70 pF，C_E 的值为 4～5 pF，C_L 的值为0.5～1 pF。

如果绝缘子串的串联总电容 C/n（n 为绝缘子片数）远大于 C_E 及 C_L，那么由 C_E 及 C_L 分流的电流就不会对绝缘子串上的电压分布产生显著影响，即沿绝缘子串上的电压分布基本上是均匀的。但实际上 C/n 一般与 C_E 在同一个数量级，当绝缘子串很长时，其值则与 C_L 接近，因此将导致绝缘子串上的电压分布不均匀。绝缘子串的等值电路及电压分布曲线如图 1-18 所示。

如果只考虑对地电容 C_E，则等效电路如图 1-18(b)所示。当 C_E 两端有电位差时，必然有一部分电流经 C_E 流入接地铁塔，流过 C_E 的电流都是由绝缘子串分流出去的，由于各个 C_E 分流的电流将使靠近导线的绝缘子流过的电流最多，从而电压降也最大。如果只考虑对导线电容 C_L，则等效电路如图 1-18(c)所示，同样可知，由于各个 C_L 分流的电流，将使靠近铁塔的绝缘子流过的电流最大，从而电压降也最大。实际上 C_E 及 C_L 两个电容同时存在，绝缘子串的电压分布应该用图 1-18(d)所示的等效电路进行分析，由于 $C_E > C_L$，即 C_E 的影响比 C_L 大，所以绝

缘子串中,靠近导线端的绝缘子的电压降最大,离导线端远的绝缘子电压降逐渐减小,当靠近铁塔横担时,C_L 作用显著,电压降又有些升高。

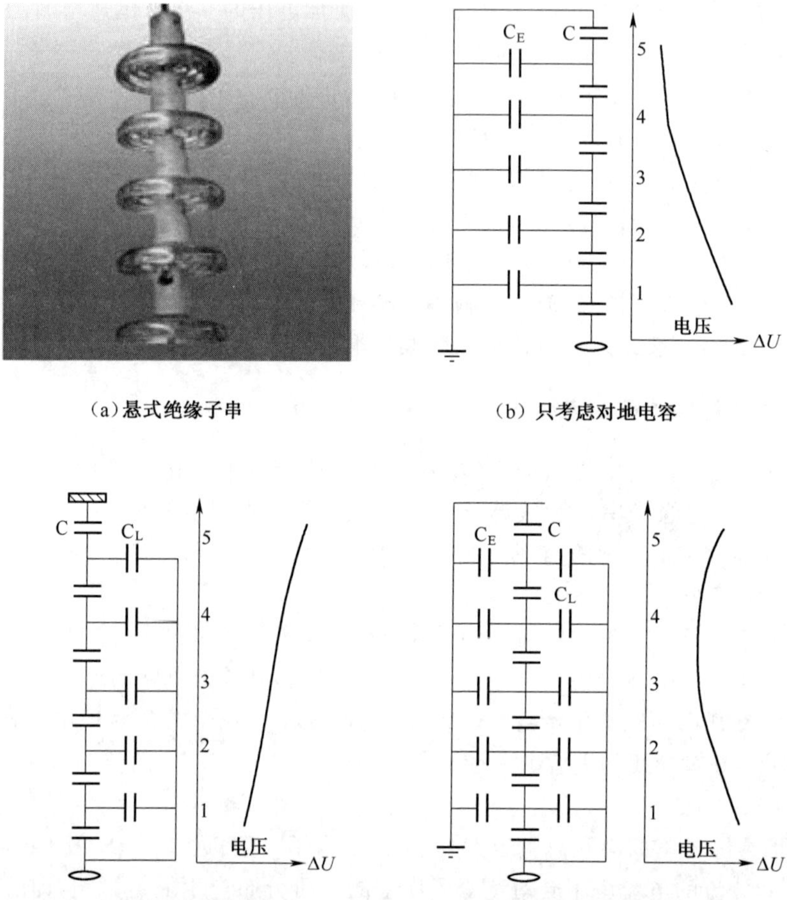

(a)悬式绝缘子串

(b)只考虑对地电容

(c)只考虑导线电容

(d)同时考虑附加电容

图 1-18　悬式绝缘子串的电压分布

从以上分析可知,随着导线输送电压的提高,串联的绝缘子片数越多,绝缘子串的长度越长,沿绝缘子串的电压分布越不均匀,绝缘子本身的电容 C 越大,则对地电容 C_E 和对导线电容 C_L 的分流作用的影响要小一些,绝缘子串的电压分布也就比较均匀了;增大 C_L ,能在一定程度上补偿 C_E 的影响,使电压分布的不均匀程度减小,例如:用大截面导线或分裂导线,都可使导线端的一个绝缘子的电压降减小。

由于绝缘子串上的电压分布不均匀,靠近导线端第一个绝缘子上的电压降过高,常常会产生电晕,它将干扰通信线路,造成能量损耗,也会产生氮的氧化物和臭氧，腐蚀金属附件和污染绝缘子表面，降低绝缘子的绝缘性能。所以在工作电压下产生电晕是不允许的。为了改善绝缘子串的电压分布，可在绝缘子串导线端安装均压环，均压环的作用是加大绝缘子对导线的电容 C_L，从而使电压分布得到改善。通常对 330 kV 及以上电压等级的线路考虑使用均压环。

绝缘子的电气性能通常用闪络电压来衡量。由于气象条件以及污秽等原因，常会影响其闪络电压，根据工作条件的不同，闪络电压可分为干闪电压和湿闪电压两种。前者是指表面清洁、干燥的绝缘子闪络电压，它是户内绝缘子的主要性能；后者是指洁净的绝缘子在淋雨情况下的闪络电压，它是户外绝缘子的主要性能。在淋雨情况下，绝缘子串表面（主要是瓷盘上部表面）附着一层导电的水膜，较大的泄漏电流引起湿表面发热，局部泄漏电流密度大的地方会使水膜发热烘干，使绝缘子串表面的压降加大引起局部放电，从而导致整个沿面闪络。由于这种热过程发展缓慢，在雷电冲击波作用下淋雨对绝缘子串的闪络电压无多大影响。工频电压作用下，当绝缘子串不长时，其湿闪电压显著低于干闪电压（约低 15%～20%），由于在淋雨情况下沿绝缘子串的电压分布（主要按电导分布）比较均匀，绝缘子串的湿闪电压也基本上按绝缘子串长度的增加而线性增加；而干燥情况下的绝缘子串由于电压分布不均匀，绝缘子串的干闪电压梯度将随绝缘子串长度的增加而下降。这样，随着绝缘子串长度的增加，其湿闪电压将会逐渐接近干闪电压，并会超过干闪电压，两者的比较如图 1-19 所示。绝缘子表面被雨淋湿后，其沿面闪络电压大为降低，因此，户外的绝缘子具有一些凸出的裙边。下雨时仅裙边的上表面被淋湿，水流到裙边的边缘上，使水膜不能贯通绝缘子的上下电极，以提高绝缘子的沿面闪络电压，而户内的绝缘子则裙边较小。

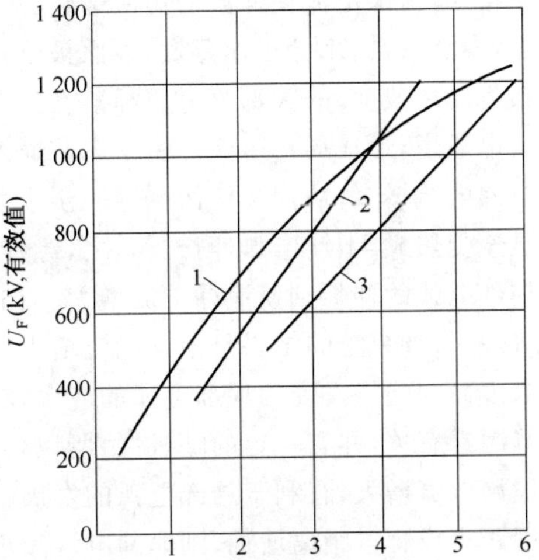

图 1-19　绝缘子的湿闪电压和干闪电压的比较

1—干闪电压；2—湿闪电压（M-4.5）；3—湿闪电压（M-8.5）

五、绝缘子表面污染时的沿面放电

户外绝缘子，特别是在工业区、海边或盐碱地区运行的绝缘子（包括在地下铁道的隧道中的接触网支持绝缘子），常会受到工业污秽或自然界盐碱、飞尘、鸟粪等污秽的污染。在干燥情况下，这种污秽尘埃的电阻一般很大，沿绝缘子表面流过的泄漏电流很小，不危及绝缘子的安全运行。当下大雨时，绝缘子表面的污秽容易被冲掉，但当大气湿度较高，在毛毛雨、雾、霜、雪等不利的天气条件下，绝缘子表面污秽尘埃被润湿时，其表面电导剧增，使绝缘子在工频和操作冲击电压下的闪络电压显著降低，甚至可以使绝缘子在工作电压下发生闪络，这类闪络通常称为污闪。就经济损失而言，污闪在各类事故中位居首位。污闪的次数虽然不像雷电闪络那样多，但它所造成的后果却比雷电闪络严重得多，这是因为雷电闪络往往发生在一点，且转瞬即逝，即使造成外绝缘闪络引起设备跳闸，其绝缘性能通常都能够迅速自恢复，因而自动重合闸往往都能取得成功，不会造成长时间停电(以沪宁高铁供电系统为例，重合闸时间整定 0.2 s)。但在发生污闪时，由于一个地区内的绝缘子积污、受潮状况几乎相同，故在工作电压的作用下，该地区可能会发生多处绝缘子同时大面积污闪的严重事故，而且由于发生污闪时的自动重合闸成功率远低于雷电闪络时的情况，因此往往会导致大面积、长时间的停电。

绝缘子表面污闪机理和发展过程大致如下：污秽绝缘子被润湿后，污秽中的高导电率溶质溶解，在绝缘子表面形成薄薄的一层导电液膜，在润湿饱和时，绝缘子表面电阻能下降几个数量级。在电压作用下，流经绝缘子表面污秽层的泄漏电流显著增加，泄漏电流使润湿的污层加热、烘干。在电流密度最大且污层较薄的铁脚附近，发热最甚，水分迅速蒸发，表面被逐渐烘干，致使该区的电阻大增，沿面电压分布也随之改变，故大部分电压降落在这些部位。结果在这些部位就可能出现火花放电通道，形成局部电弧。由于火花通道的电阻低于原来干燥部分的表面电阻，使泄漏电流增大，从而又使污层进一步干燥，与此同时，局部电弧根部附近的表面也迅速受热烘干，使电弧伸长。总之，绝缘子全部表面的干燥将使泄漏电流减小，而局部电弧的伸长则使泄漏电流增大。如果总的结果是泄漏电流减小，则局部电弧将熄灭；如果总的结果是泄漏电流增大，则局部电弧将继续伸长，发展到沿整个绝缘表面的闪络。因为局部电弧的产生及其参数与污层的性质、分布以及润湿程度等因素有关，并有一定的随机性，所以污闪也是一种随机过程。如果电压增高，则泄漏电流增大，有利于局部电弧的发展，可使闪络概率增加；如果绝缘子的沿面泄漏距离或爬电距离增加，则泄漏电流减小，从而使闪络的概率降低。表 1-3 为我国输电线路对污闪的控制指标。

表 1-3　我国输电线路的污闪指标

电压等级(kV)	110	220	330	500
输送容量(10^4 kW)	6～10	10～50	40～80	50～100
在系统中的重要性	重要	重要	重要	重要
污闪跳闸率(次/(百分里×年))	0.1	0.1	0.05	0.05
污闪事故率(次/(百公里×年))	0.03	0.03	0.02	0.02

污闪过程是局部电弧的燃烧和发展的过程，需要一定的时间。在短时的过电

压作用下，上述过程来不及发展，因此闪络电压要比长时电压作用下要高，在雷电冲击电压作用下，绝缘子表面潮湿和污染实际上不会对闪络电压产生影响，即与表面干燥时的闪络电压一致。

对于运行中的线路，为了防止绝缘子的污闪，保证高压供电系统的安全运行，可以采取以下措施：

(1)对污秽绝缘子定期进行清扫，用于布擦拭或采用带电水冲洗。

(2)在绝缘子表面上涂一层憎水性的防尘材料。如有机硅脂、地蜡涂料等，使绝缘子表面在潮湿天气不易形成连续水膜，表面电阻大，从而减小了泄漏电流，使污闪不易发生。

(3)加强绝缘子(如增加悬式绝缘子串中绝缘子的片数)和使用防污绝缘子，以增大爬电距离。按规范 GB 50061—2013 高压输电线路使用的绝缘数见表 1-4。

(4)采用半导体釉质绝缘子。

(5)采用合成釉质绝缘子。

表 1-4　X-4.5 或 XP-6 型绝缘子耐张片数

电压(kV)	35	63	110	220	330	500
绝缘片数	4	6	8	13	20	30

思考与练习

1. 说明绝缘体电气性质。
2. 说明介质极化的种类。
3. 汤逊理论和流注理论的主要区别在哪里？各自适用的范围如何？
4. 阐述沿面放电现象。在工程上必须重视沿面闪络现象的理由是什么？
5. 对电气化铁路的接触网设备来说，如何防止绝缘子发生污闪？
6. 如何改善供电线路绝缘子串的电场分布？

第二章　绝缘评估及其试验方法

高压电气设备的绝缘部件在长期工作电压和频繁的过电压作用下，处在复杂的电磁环境下，电气化铁道供电系统的高压电气设备更是如此。在强电场和强磁场的作用下，设备的绝缘材料物理性质，化学性质和电气性能会逐渐发生不可逆的变化。不仅如此，绝缘材料还受到热作用、化学作用（光、紫外线、氧化剂等）、机械作用（压应力、剪应力等作用下而疲劳）、生物作用（霉菌、微生物等）、气象环境（雨、雪、雾、污染空气、尘埃等）综合作用加速变质（老化或劣化），最终导致电气性能变差，电气强度降低。因此有必要对当前高压电气设备的绝缘部件的状态进行评估，以确定运行和检修策略。目前评估手段主要还是采用电气试验的方法，对高压电气设备的绝缘进行综合测试，判断其当前状态。随着计算机和信息技术的发展，绝缘在线监测技术逐步得到应用，成为绝缘评估的又一重要方法。

第一节　绝缘评估

高压电气设备的造价和运行的可靠性在很大程度上取决于电气设备的绝缘，当设备电压等级增高时，则更是如此。高压设备能否安全运行是由矛盾的两个方面决定的，即作用在设备绝缘上的电压和绝缘本身耐受电压的能力。作用在绝缘上的电压的破坏作用小于绝缘耐受电压的能力时，设备能安全运行；反之，设备绝缘就会受到破坏。但是在研究设备绝缘时，除了要考虑电压的作用外，还应分析机械力、温度和周围环境长期侵蚀等因素对绝缘耐受电压能力的影响。如果忽视了这些因素，那么在一定条件下，它们会转化为破坏绝缘的主要因素。因此，在考虑设备的绝缘时，必须了解设备在运行中的全面情况，这样才能对绝缘提出合理的要求，要求过高会使设备造价增加，要求过低则会使设备运行不可靠。下面将从电气性能、机械力、温度和化学稳定性等方面简述高压设备绝缘的工作条件和对绝缘的基本要求，以便对电气设备绝缘质量和水平进行正确的评估。

一、高压设备的绝缘水平

高压设备绝缘能否安全可靠地运行，起主要作用的是其耐受电压的能力，各种额定电压等级设备的绝缘都需要具有相应的耐受电压能力。高压电气设备绝缘耐受电压能力的大小称为绝缘水平，在一般情况下由系统标称电压、设备最高工作电压、标准雷电冲击试验电压、标准操作冲击电压等综合决定。电气设备的绝缘水平应保证绝缘在最大工作电压的持续作用下和过电压的短时作用下都能安全运行。电压范围Ⅰ内电气设备的绝缘水平见表 2-1。

在工作电压的持续作用下，绝缘会产生老化（性能逐渐劣化）过程，最终导致绝缘破坏，所以工作电压常常是决定绝缘使用寿命的主要条件。长期作用在高压设备上的电压不得高于其最大工作电压，另外，供电系统中还可能产生各种过电压。为了检验绝缘在雷电过电压作用下能否安全运行，采用雷电冲击电压模拟雷电过电压进行试验，以判断绝缘的雷电冲击绝缘水平。为了检验绝缘在内过电压作用下运行的可靠性，通常用短时工频电压等效地来进行试验，判断其绝缘水平的高低。各种设备的一分钟工频耐受电压就是根据供电系统中内过电压的大小制定的。影响绝缘的电气强度的因素很复杂，绝缘在内过电压作用下的电气强度和工频电气强度之间难以得到准确的数量关系，对于超高压和特高压电压等级，这个矛盾尤其突出。所以对于 330 kV 及以上的设备，在工频运行电压、暂时过电压（持续时间较长、频率较低的内过电压如谐振过电压、工频电压升高）下的绝缘性能以及在操作过电压下的性能需用不同类型的试验予以检验。在工频运行电压及暂时过电压下设备绝缘对老化或对污秽的适应性宜用长时间工频试验检验。在操作过电压下设备的绝缘性能用操作冲击试验检验。

表 2-1　电气设备的绝缘水平（部分）（DL/T 620—1997）

系统标称电压（kV）	设备最高电压（kV）	设备类别	雷电冲击耐受电压（kV）	短时（1 min）工频耐受电压（kV）
10	12	变压器	75	35
		开　关	75	42
35	40.5	变压器	185	80
		开　关	185	95
110	126	变压器	450	185
		开　关	450	200

二、机械性能的要求

高压设备的绝缘在承受电场作用的同时还可能受到外界的机械负荷、电动力或机械振动等作用。例如：悬式线路绝缘子要承受导线拉力的作用；隔离开关的支柱绝缘子在分合闸时，承受扭转力矩的作用；变压器绕组在供电系统发生短路时，承受较大电动力应力作用等。机械力的作用可能造成绝缘局部损坏（如产生裂纹），使绝缘的电气强度大大降低，最终导致绝缘击穿失效。有些绝缘体在设备中同时起着机械支持作用（如线路绝缘子、支柱绝缘子等），如果绝缘介质失效，电气设备也就解体而损坏，这可能在供电系统中造成重大事故。因此，在选择绝缘时必须考虑机械负荷的作用。

三、温度和热稳定的要求

绝缘材料都有一定的耐热能力，温度过高会引起热击穿，导致绝缘能力丧失。例如：供电电容器在运行通风状况不良，绝缘的介质损耗较大时，就有可能发生热击穿。

通常有机绝缘材料（如变压器油、油纸绝缘等）在高温下很容易氧化和分解，绝缘性能劣化。因此，给绝缘规定了一定的工作温度，在工作温度下绝缘材料的老化过程不应发展太快，以保证其有足够的寿命。绝缘结构中的绝缘材料常常是和金属材料紧密结合在一起的，由于两者的热膨胀系数相差很大，当温度变化时，绝缘材料内部就会产生很大的应力。例如：因气候的变化，运行中绝缘子的温度可能发生突变，从而产生很大的内应力使瓷件开裂而引起绝缘子的击穿。为此，要求绝缘材料应能承受温度的变化。

四、化学稳定性的要求

在户外工作的绝缘应能长期耐受日照、风沙、雨雾、冰雪等大气因素的侵蚀。在高原地区运行的电气设备，必须考虑气压、温度、湿度的改变对绝缘产生的影响。在特殊条件下工作的设备，如在含有化学腐蚀气体的环境或在湿热带环境工作的电气设备，则应根据具体情况，保证绝缘对各种有害因素有足够的耐受能力。总之在最不利的运行环境下，对绝缘应要求有足够的化学稳定性。

第二节　绝缘劣化

从普遍意义上来讲，供电设备是由导电材料、导磁材料、结构材料和绝缘材料组成的。常用的导电材料有铜、铝；常用的导磁材料有硅钢片（冷轧与热轧）等；常用的结构材料有铸铁、钢材等；这三种材料均属于金属材料。而绝缘材料可以是固体、液体和气体，如发电机的环氧—云母复合绝缘、电缆的塑料绝缘（交联聚乙烯、聚氯乙烯、氟塑料等）、绝缘子与套管的绝缘（电瓷、玻璃、环氧玻璃纤维硅橡胶）、变压器中的绝缘油、充油电缆中的油绝缘、GIS（气体绝缘系统或气体绝缘变电站）中的 SF_6 混合气体绝缘等。在实际运行中，绝缘结构的电气和机械性能往往决定着整个电气设备的寿命，绝缘材料品质的下降（即通常所说的绝缘劣化）将导致供电设备的损坏。统计表明，供电设备运行中 60%～80%的事故是由绝缘故障导致的。供电设备在制造、运输、安装和运行过程中不可避免地会产生绝缘缺陷，特别是在长期运行过程中，供电设备受到电场、热场、机械应力、化学腐蚀以及环境条件等的影响，供电设备绝缘的品质逐渐劣化，可能导致绝缘系统的破坏。

绝缘系统中的绝缘缺陷通常可以分为两大类：一类是集中性缺陷，指缺陷集中于绝缘的某一个或几个部分，如局部受潮、局部机械损伤、绝缘内部气泡、瓷介质裂纹等。它又可分为贯穿性缺陷和非贯穿性缺陷，这类缺陷的发展速度较快，因而具有较大的危险性。另一类是分布性缺陷，指由于受潮、过热、动力负荷及长时间过电压的作用导致的电气设备整体绝缘性能下降，如绝缘整体受潮、充油设备的油变质等，它是一种普遍性的劣化，是缓慢演变而发展的。绝缘内部有了上述两类缺陷后，它的特性就要发生一定的变化。

绝缘材料和结构在运行中产生的特性劣化，有的是可逆的，如对于绝缘系统在运行中出现的诸如受潮等情况而导致绝缘性能下降，经过干燥处理可以恢复原有的特性；有的是不可逆的，如绝缘系统在各种因素的长期作用下发生一系列的化学、物理变化，导致绝缘性能和机械性能等不断下降，最终导致供电设备绝缘击穿，这种不可逆的变化过程即为老化。供电设备绝缘老化是在一定的外界因素的作用下产生的，这些外界因素（如电、热、机械应力、环境因素等）常称为老化因子。运行过程中，在多因子的综合作用下供电设备绝缘系统产生老化，其作用过程极其复杂。目前国内外对单一因子作用下的老化规律有较多的研究，而对多因子顺序作用和同时作用的老化机理研究较少，从而也制约了供电设备绝缘检测水平的提高。

一、电老化

电老化是指在电场长期作用下供电设备绝缘系统中发生的老化。电老化机理很复杂，它包含放电引起的一系列物理和化学效应。随着外施电压的增加，绝缘系统中的放电加强，放电量和放电重复率均增加，导致电老化速度加快，绝缘寿命降低。

二、热老化

热老化是指在热的长期作用下供电设备绝缘系统中发生的老化。有机绝缘材料在热的作用下发生热降解，导致绝缘材料的结构变化，使其电气性能和机械性能劣化。随着温度的上升，绝缘的热老化速度迅速增加，不同的绝缘材料受温度的影响程度不一样，在室温下绝缘材料的老化极其缓慢。

三、机械老化

机械老化是指固体绝缘系统在运行过程中受到各种机械应力的作用发生的老化。机械老化过程是绝缘材料在机械应力的作用下微观缺陷发生规则运动，形成微裂缝并逐渐扩大而导致的。机械应力产生的微裂缝在强电场作用下将引发局部放电，从而加速绝缘系统的破坏。

四、环境老化

环境老化是指在水分、氧气、阳光辐射、化学尘埃等自然环境条件下和在高海拔地理条件下导致的绝缘系统表面老化，特别是当有机高聚物表面沉积污秽物后，在水和强电场的作用下将产生强烈的污秽放电，导致绝缘表面产生破坏。

五、复合老化

云母带绝缘层的老化就是由于热、电、机械和环境老化诸因素的重叠而复合的老化过程。初期：云母带之间的树脂漆、云母带与导体之间的接触良好，基本上没有空隙；中期：由于所浸树脂漆的收缩，热分解而造成化学键断裂，由于产生分解气体而形成的空隙，导体和绝缘层的热膨胀系数之差而引起的剥落等，往往使整个绝缘层产生许多小空隙和局部的大空隙；末期：随着绝缘层整体的空隙量增加而云母片断裂，局部产生大空隙，随之局部空隙相互之间形成联系，寿命终止。

表征不同绝缘系统劣化程度有不同特征量。绝缘特征量分两类：一类是直接表征绝缘剩余寿命的特征量，如耐电强度、机械强度等；另一类足间接表征绝缘剩余寿命的特征量，如绝缘电阻、介质损失角正切、泄漏电流、局部放电量、油中气体含量、油中微水含量等。直接特征量是通过破坏性试验方法得到的，而间接特征量可以通过非破坏性试验得到。随着对不同老化因子作用规律研究的深入，提出了一些新的表征绝缘品质的特征量，如第二电流激增点、直流分量、超高频放电频谱、超声振动特性等。

绝缘老化是时间和老化因子的函数，绝缘老化的程度要根据其性能的变化来确定。当绝缘性能指标达到某些极限值时，绝缘已不能在工作电压下正常使用，其寿命达到使用极限，这些性能指标称为阈值或判据。绝缘评估就是通过各种不同的方法检测供电设备的现有绝缘性能，即通过一些试验，测量表征绝缘性能的有关参数，把隐藏的缺陷检查出来。目前，供电运行部门和供电试验研究部门，对于运行中的供电设备常采用定期检测和在线监测的方法，来判定绝缘系统的当前状态。

第三节　绝缘评估的试验方法

电气设备必须在长年使用中保持高度的可靠性，为此必须对设备按设计的规格进行各种电气试验。一般在产品制造部门要进行的试验有：原材料试验，制造过程的中间试验，产品定型试验，出厂合格试验等。在安装使用场合进行的试验有：安装后的交接竣工试验，使用中为维护运行安全而进行的绝缘预防性试验，故障诊断试验等。在本教材中，只讨论电气设备使用中进行的绝缘预防性试验，它是保证设备安全运行的重要措施，一般结合设备的检修情况同时进行。通过绝缘预防性试验，可发现电气设备绝缘内部隐藏的缺陷，以便在进行设备检修时加以消除。这样，就可避免运行中设备绝缘在工作电压或过电压下击穿，造成绝缘失效击穿，导致设备损坏，发生供电系统停电事故。

绝缘预防性试验的方法可分为两类：

第一类是绝缘特性试验或称非破坏性试验，是指在较低的电压下或是用其他不会损伤绝缘的办法来测量绝缘的各种特性，从而判断绝缘内部有无缺陷。例如：测量绝缘电阻和泄漏电流；测量绝缘的介质损失角正切值；测量沿绝缘表面的电压分布等。实践证明，这类方法是有效的，但它不能可靠地判断绝缘的耐压水平。

第二类是绝缘耐压试验或称破坏性试验，这类试验对绝缘的考验是严格的，特别是可发现一些危险性较大的集中性缺陷，它能保证绝缘有一定的水平或裕度，缺点是可能会在试验中给绝缘造成一定的损伤；对于 35 kV 以上的电气设备，由于现场条件的限制，一般不能进行交流耐压试验。耐压试验是在非破坏性试验之后才进行的，如果非破坏性试验已表明绝缘存在不正常情况，则必须在查明原因并加以消除后再进行耐压试验，以避免不应有的击穿。如套管大修时，当用非破坏性试验判断出绝缘受潮后，首先是进行干燥，待受潮现象消除后才做耐压试验。

一、绝缘电阻的测量

在工程中最简单而最常用的非破坏性试验，就是测量被试品的绝缘电阻。

当直流电压作用于任何介质上时，通过它的电流可包含三部分：泄漏电流、电容电流（衰减较快）和吸收电流。后两种电流随加压的时间增长而减小，并在一定的时间后趋于零。此时总的电流便趋于恒定值，这个恒定的电流值就是泄漏电流。通常电气设备的绝缘都是多层的，例如：电机绝缘所用的云母带（用黏合漆将云母片贴在纸带或绸带上制成）；电缆、变压器等的绝缘中使用的油浸纸；有的电缆和套管中用的胶和纸等。这些多层介质的绝缘体，在外施直流电压下，就有前述的吸收现象，即电流逐渐减小而趋于某一恒定值（泄漏电流）。图 2-1 中的曲线 1 即为这一电流随时间变化的曲线。因为通过介质的电流与介质电阻的测量值成反比，故可用曲线 2 表示介质加电压后，其电阻的测量值与时间的关系曲线。若被试品绝缘状况愈好，吸收过程进行得愈快，吸收现象便愈明显；若被试品受潮严重，或其中有集中性的导电通道，由于绝缘电阻显著降低，泄漏电流增大，吸收过程慢，吸收现象不明显，如图 2-1 中曲线 3 所示。这样，流过绝缘的电流便迅速地变为一较大的泄漏电流。因此，可根据被试品电流的变化情况来判断被试品绝缘状况。在绝缘预防性试验中，为方便计算，不是直接去测量电流的大小，而是用兆欧表去测量绝缘电阻。当被试品绝缘中存在贯穿的集中性缺陷时，反映泄漏电流的绝缘电阻明显下降，在用兆欧表检查时便可发现，例如：变电站中用的针式支持绝缘子，最常见的缺陷是瓷质开裂，开裂后绝缘电阻明显下降，就可用兆欧表检测出来。

但对许多电气设备，如发电机的绝缘电阻往往变动甚大，它和被试品的体积、尺寸、空气状况等有关，往往难以给出一定的绝缘电阻判断标准。通常是把处于同一运行条件下不同相的绝缘电阻进行比较，或是把这一次测量的绝缘电阻和过去对它曾测得的绝缘电阻值进行比较来发现问题。

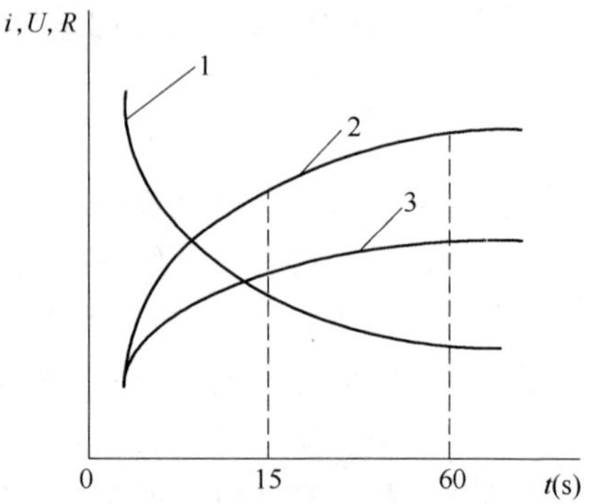

图 2-1 泄漏电流（曲线 1）、施加电压（曲线 2）、绝缘电阻（曲线 3）与时间的变化关系

对于电容量较大的设备，如电机、变压器、电容器等，可利用吸收现象来测量它们的绝缘电阻（即绝缘电阻的测量值）随时间的变化，以判断绝缘状况。吸收试验反映B级绝缘和B级浸胶绝缘的局部缺陷和受潮程度比较灵敏。例如：发电机定子绝缘的吸收现象是十分明显的，用吸收比来表示，即：

$$K=\frac{R_{60}}{R_{15}} \tag{2-1}$$

式中　K ——测量绝缘电阻 60 s 时兆欧表的读数与 15 s 时的读数之比。

由于 K 值是两个绝缘电阻之比，故与设备几何尺寸（体积与厚度）无关，可有利于反映绝缘状态。例如：对于干燥的B级绝缘的发电机定子绕组，在10 ℃～30 ℃时吸收比远大于 1.3；若受潮严重，则绝缘的电阻值显著降低，传导电流增加，吸收电流衰减迅速，使 R_{60} 与 R_{15} 之比显著下降，这样 $K\approx1$。如果试验得到吸收比 $K<1.3$，在一般情况下则可判定为绝缘可能受潮。

当绝缘有严重集中性缺陷时，K 值也可反映出来。例如：当发电机定子绝缘局部发生裂纹；变压器绝缘纸板、支架、线圈上沉积有油泥时，形成了局部性传导电流较大的通道，于是 K 值便大为降低而近于 1。

需要注意的是：有时当某些集中性缺陷虽已发展得很严重，以致在耐压试验中被击穿，但耐压试验前测出的绝缘电阻值和吸收比均很高，这是因为这些缺陷虽然严重，但还没有贯穿，也没有整体受潮的缘故。因此，只凭绝缘电阻的测量来判断和评价绝缘状况是不可靠的，也是不科学的。但它毕竟是一种操作简单而有效的方法，故在工程现场使用十分普遍。

通常使用的兆欧表线路如图 2-2 所示。其电源电压有 500 V、1 000 V、2 500 V。兆欧表有三个端子，即线路端子 L、接地端子 E 和屏蔽端子 G，被试绝缘接于 L 和 E 间。

电压线圈 1 与电流线圈 2 绕向相反，并可带动指针旋转。由于没有弹簧游丝，

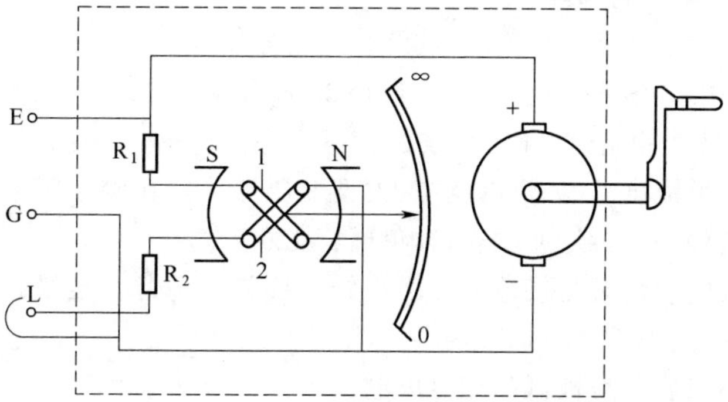

图 2-2　兆欧表接线原理图

故无反作用力矩。当线圈中无电流通过时，指针位于任意位置。

当线圈 1 中通过电流 i_1 时，产生力矩 M_1 作用于线圈 1 上。同样有 i_2 时便有力矩 M_2 作用于线圈 2 上。在力矩的作用下指针偏转角 α 发生改变，且与气隙中磁通密度分布有关。当两个线圈中的力矩平衡，即 $M_1=M_2$ 时，指针读数反映出被试品绝缘电阻 R_x 值。

图 2-3 为电瓷试品外形，图 2-4 为兆欧表测量电瓷试品绝缘电阻的接线原理。被试品两端接在兆欧表 L 和 E 两个端子上，在靠近电极 L 附近的被试品上用铜线绕几匝作为屏蔽电极 P，将其接至兆欧表的屏蔽端子 G 上。从兆欧表电源正极 E 出发经过试品内部到兆欧表端子 L 的体积泄漏电流 i_1 将流经电流线圈 2 而回到电源负极（见图 2-2）。而从正极出发经被试品表面的泄漏电流 i_2，则由屏蔽电极经屏蔽端子 G 直接流回电源负极；同样，兆欧表接线端子 E 与 L 之间的泄漏电流 i_3 也将直接经屏蔽端子 G 到电源负极，i_2、i_3 不流过电流线圈 2，也就不会影响兆欧表的读数。即屏蔽端子消除了表面泄漏电流。

图 2-3　电瓷试品外形

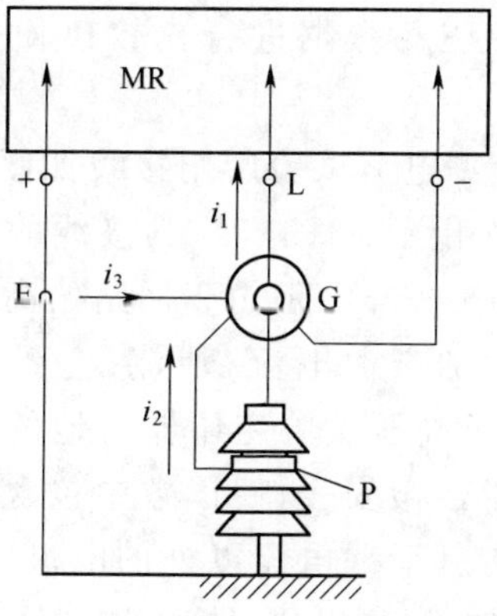

图 2-4　电瓷试品绝缘电阻测量接线原理

测量绝缘电阻注意事项：

(1)被试品的电源及对外连线应拆除，并充分放电。

(2)在接地端应串联刀闸开关。用约 120 r/min 的转速摇动(不得低于额定转速的 80%)，待转速稳定时，开始读数。

(3)对大容量被试品(如供电电缆、大型变压器等)，在测量结束前必须先把兆欧表从测量回路断开，再停兆欧表，以免损坏兆欧表。

(4)兆欧表的线路端与接地端的引出线不要靠在一起。接线路端的引出线不可放在地上或与接地的金属构架接触。

(5)测量结束后应对被试品充分放电。

(6)记录测量时的温度，以便校正。

二、泄漏电流试验

泄漏电流试验与绝缘电阻测量原理相同，只是前者在更高电压下进行(高于 10 kV)，由于在升压过程中便于监测泄漏电流值，因而易于发现集中性缺陷。泄漏试验需要由直流高压设备供电，用微安表测量泄漏电流值。高压设备绝缘试验所用的直流高压是将交流高压经高压硅堆整流得到。高压硅堆使用简便、体积小、坚固耐用，且整流电流较大。图 2-5 为发电机绝缘泄漏试验的一些典型电流曲线，对良好的绝缘，泄漏电流随试验电压 U 呈直线上升，且值较小，见曲线 1；当绝缘受潮时，泄漏电流的变化如曲线 2 所示；如绝缘中有集中性缺陷，则泄漏值在超过一定试验电压时将剧烈增加，见曲线 3；缺陷愈严重，泄漏值发生剧增的试验电压值愈低，见曲线 4，此时设备在运行中有击穿的危险。

对设备测出的泄漏电流值，应不大于 DL/T 596—1996《绝缘预防性试验规程》的允许值，并与历年测试数据、同台设备的三相数据进行比较以便分析和判断。

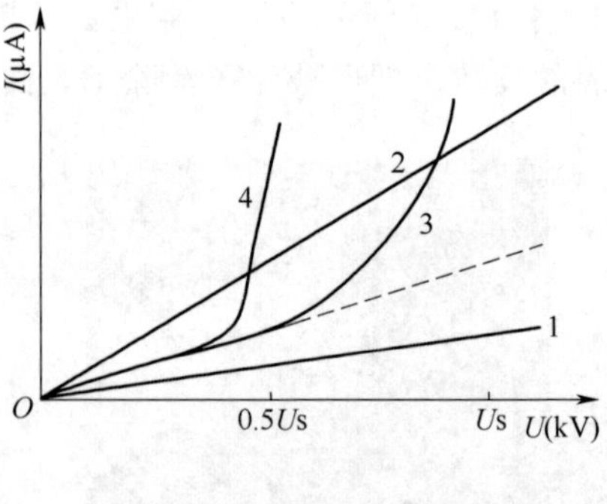

图 2-5　发电机绝缘泄漏曲线

1—良好绝缘；2—绝缘受潮；

3—有集中性缺陷；4—有严重缺陷

泄漏电流试验所用接线如图 2-6 所示。当用图 2-6(a)时，其接线的优点是读数方便安全。但由于回路的高压引线等对地的杂散电流(泄流、电晕等电流 I_g)以及高压试验变压器对地的泄漏电流等都经微安表，使读数中包含被试品绝缘内部泄漏电流以外的电流，造成测量误差。这可以利用接入被试品前后的两次读数之差求得泄漏电流，但其误差也往往较大。因此，在实际测量中，如被试品一端不直接接地，微安表可接在被试品与地之间，如图 2-6(b)所示，则上述误差即可消除。如被试品一端已接地，则可采用图 2-6(b)所示的试验接线，将微安表接在高压端。为了避免高压引线的电晕电流等经过微安表，可采用屏蔽的方法，使微安表处于屏蔽罩内，并用屏蔽线将微安表接到被试品的高压端，如图 2-6(a)中虚线所示。

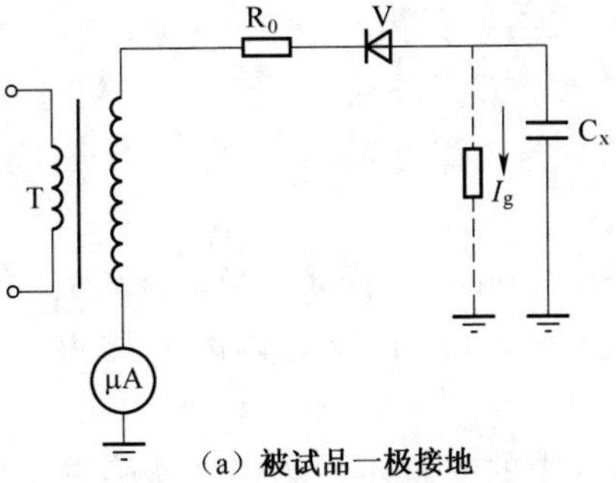

(a) 被试品一极接地

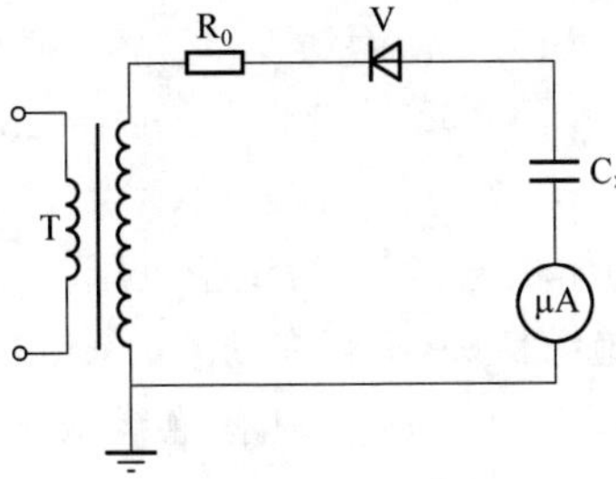

(b) 被试品对地绝缘

图 2-6　微安表处于低压的接线

R_0—水阻；V—整流元件；T—试验变压器；C_x—被试品电容

被试品在试验中可能出现放电以致击穿，为防止大电流流过微安表，试验回路中还必须对微安表进行保护。一般多采用与微安表并联一开关的办法将微安表短路，当读数时把开关打开。

试验注意事项：

(1)用一开关将微安表短路，以保护微安表。

(2)试验完毕，必须将被试品上的剩余电荷放掉。

(3)试验小容量试品时，需接入滤波电容(0.1 μF 左右)以减小电压脉动。

三、介质损失角正切值的测量

如前所述，在交流电压作用下，流过介质的电流由有功及无功分量组成。通常有功分量甚小，故 δ 很小，$\tan\delta$ 也很小，因此，有时也将 $\tan\delta$ 称为介质损失角。

$\tan\delta$ 是一项表示绝缘内功率损失大小的参数，对于均匀介质，它实际上反映着单位体积介质内的介质损失，与绝缘的尺寸、体积大小均无关。通过测量 $\tan\delta$，可反映出整个绝缘的分布性缺陷，如运行中绝缘的普遍受潮和老化(如油的劣化、有机固体材料的老化等)。这时流过绝缘的有功电流分量将增大，$\tan\delta$ 也增大。由于这类缺陷是分布性的，可看成是均匀的，测出的 $\tan\delta$ 增大，实际上反映了绝缘中单位体积内功率损耗的增大。用测量 $\tan\delta$ 的方法检查变压器、互感器、套管、电容器等的绝缘状况都有一定效果。

如果绝缘内的缺陷不是分布性而是集中性的，则用测 $\tan\delta$ 法就不灵敏，被试绝缘的体积越大，就越不灵敏。因为带有集中性缺陷的绝缘是不均匀的，可以看成是由两部分介质并联组成的绝缘，其整体的介质损耗为这两部分之和。即：

$$\omega CU^2\tan\delta=\omega C_1U^2\tan\delta_1+\omega C_2U^2\tan\delta_2$$

$$\tan\delta=\frac{C_1\tan\delta_1+C_2\tan\delta_2}{C_1+C_2}$$

若整体绝缘中有一小部分绝缘有缺陷时，$\tan\delta$ 增加，设这部分体积为 V_2，而良好部分体积为 V_1，因为 $V_2\ll V_1$，则 $C_2\ll C_1$，可得：

$$\tan\delta=\tan\delta_1+C_2/C_1\ \tan\delta_2 \tag{2-2}$$

其中，ω 为电源角频率，C 为被测试品的体积电容，C_1 为 V_1 的体积电容，C_2 为 V_2 的体积电容，U 为试验电压。

当绝缘良好，不存在缺陷时 $\tan\delta$ 应等于 $\tan\delta_1$。若部分绝缘有缺陷，增加的部分是 $C_2/C_1\times\tan\delta_2$。只有绝缘缺陷部分很大时，其在整体的 $\tan\delta$ 中才会反映明显。

对电机、电缆这类电气设备，由于运行中的故障多为集中性缺陷发展所致，且设备体积很大，用测 $\tan\delta$ 法的效果差，因此，通常对运行中的电机、电缆等设备进行预防性试验时，不做这项试验。对套管绝缘，$\tan\delta$ 试验法是一项必不可少且较有效的试验，因为套管体积小，用 $\tan\delta$ 试验法不仅可反映套管绝缘全面情况，而且有时可检查出其集中性缺陷。

在用 $\tan\delta$ 法判断绝缘状况时，必须着重历史的比较以及与处于同样运行条件下的同类型其他设备的比较，即使 $\tan\delta$ 未超过标准，但与过去比较有明显增大时，就必须要进行处理，以免在运行中发生事故。

在预防性试验中，我国常用的方法是西林电桥法，其接线原理如图 2-7 所示。图中 C_N 是无损标准空气电容器、C_4 是可变十进位电容箱、P 是检流计、R_3 是可变无感电阻、Z_X 是被试物阻抗。

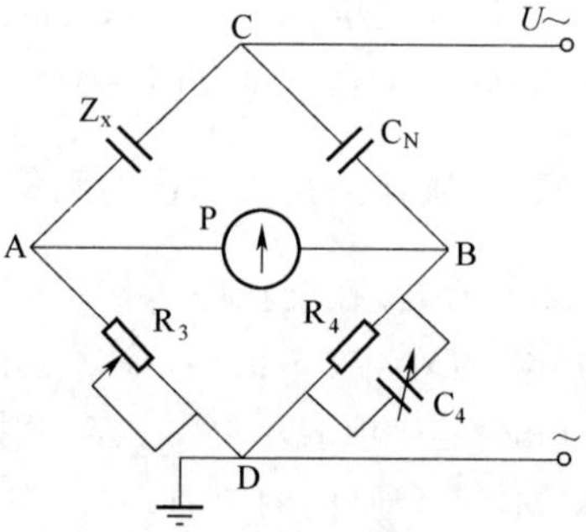

图 2-7 西林电桥接线原理图

当电桥平衡时，桥臂 AC 与 BC，AD 与 BD 的电压降相等，故桥臂阻抗关系为：

$$Z_x/Z_3=Z_N/Z_4 \tag{2-3}$$

式中，Z_x、Z_3、Z_N、Z_4 为电桥各臂的复阻抗，当把被试品用 R_x 与 C_x 并联的等值电路代替时，并依电桥平衡条件可得：

$$\frac{1}{\frac{1}{R_x}+j\omega C_x}\cdot\frac{1}{R_3}=\left(\frac{1}{R_4}+j\omega C_4\right)\frac{1}{j\omega C_N}$$

化简上式，并使等式两边的实部与虚部分别相等，即可求得：

$$\tan\delta = \frac{1}{\omega C_x R_x} = \omega C_4 R_4 \qquad (2\text{-}4)$$

$$C_x = C_N \frac{R_4}{R_3} \frac{1}{1+\tan^2\delta}$$

因 $\tan^2\delta \ll 1$，可略去，则：

$$C_x = C_N \frac{R_4}{R_3} \qquad (2\text{-}5)$$

在使用的频率 $f=50$ Hz 时，$\omega=2\pi f=100\pi$，为便于计算，在仪器制造时，将 R_4 的数值定为 10 000/π，那么 $\tan\delta=C_4$，C_4 的单位符号为μF。

C_x 的测量对判断绝缘状况也是有价值的，如电容式套管 C_x 明显增加，表示内部电容层间有短路或水分侵入。

试验中常用的接线方式有两种，即正接线与反接线。

1. 正接线

图 2-8(a)为西林电桥的正接线，被试品两极对地均应绝缘。在试验室不导电绝缘操作台上采此法进行绝缘材料的试验较为方便准确，试验时对操作人员安全防护的要求较高。在现场如被试设备可以对地绝缘起来，应尽量使用此法以保证测量值的可靠程度。

2. 反接线

图 2-8(b)为西林电桥的反接线，因为现场设备往往一端固定接地，故宜用这种接线方式。此时，R_3、C_4 处于高电压下，要保证安全操作，须使电桥和操作者一起处在绝缘板上(即对地绝缘起来)，或置于法拉第笼里面，使操作者与 R_3、C_4 处于等电位，或由操作者使用绝缘杆来调节。国产 QS1 型电桥即属此类，其调节手柄能保证人身安全。

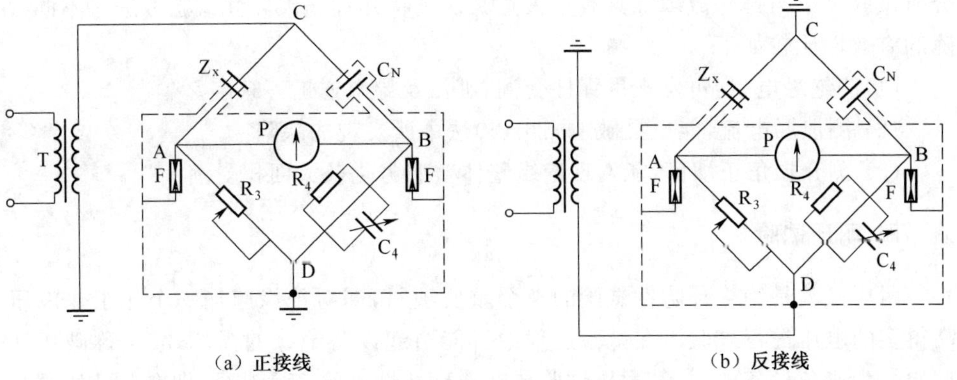

图 2-8　西林电桥的两种接线方式

为使测量精确，需消除外来的杂散电流的影响。当电桥平衡时，流过 R_3 和被试品的电流是相同的，流过 R_4、C_4 及 C_N 的电流是相同的，U_{DB} 等于 U_{DA}，此时 $\tan\delta=C_4$。但实际上桥臂对地有杂散电流，如图 2-8 中 A、B 两点有杂散电流流入地中，在正接线时，因 R_3、Z_4 值小，故杂散电流的影响较小；反接线时，因被试品电容 C_x 阻抗较大，特别足当 C_x 较小时，杂散电流的影响不能忽略。如采用图 2-8 所示办法，除电桥本体采用屏蔽外，电桥至被试品和 C_N 间的连线采用屏蔽线，屏蔽接在 D 点。这样，由屏蔽流至地的杂散电流由电源直接供给，不会影响电桥的平衡条件。

此外，在 A、B 处接有放电管 F，可在试品击穿时起保护作用，免于在电桥本体上出现高的电位差。

试验时，被试品的表面应当干燥、清洁，以消除表面电导电流的影响。

此外，被试品表面泄漏的影响也必须注意，勿使其影响到反映被试品内部绝缘状况的 $\tan\delta$。这点在被试品电容 C_x 小时更须注意，除被试品表面清洁外，可用加屏蔽法消除泄漏影响。以上所提到的非破坏性试验方法，都是在较低电压下进行的，它们不如耐压试验对设备的绝缘考验严格并能确定其绝缘水平。但通过非破坏性试验的结果，进行全面对比分析，可判断出被试设备的绝缘状况与缺陷性质。各种非破坏性试验除在设备出厂试验和交接验收试验时作为电气强度试验的准备和复查试验项目外，在设备运行中还可作为预防设备绝缘事故的重要监测手段，即绝缘的预防性试验，一般每年一次。试验项目、周期和标准在 DL/T 596—1996《绝缘预防性试验规程》中均有明确规定。

如在试验中发现有与 DL/T 596—1996《绝缘预防性试验规程》规定不符时，应查明原因，消除缺陷，还应注意试验条件的影响。

各种试验项目对不同设备和不同故障的有效性和灵敏度是各不相同的，这对分析试验结果与排除故障等具有重大意义。现将几种非破坏性试验方法对不同故障的有效性比较如下：

(1)测绝缘电阻：可发现贯穿性受潮、脏污及导电通道等缺陷。

(2) 测泄漏电流：能更灵敏地测出(1)法中所发现的缺陷。

(3) 测介损角正切值：能发现绝缘整体普遍劣化及大面积受潮。

四、耐压试验

耐压试验是绝缘预防性试验的一个重要项目，即对绝缘施加一个比工作电压高得多的电压进行试验。在试验过程中可能引起设备绝缘的损坏，故又称破坏性试验。为避免设备的损坏，耐压试验要在非破坏性试验之后进行，即在非破坏试验合格后方允许进行。

在耐压试验时所加电压有工频交流、直流高压、冲击高压等。在此仅介绍前两种，其他相关内容另见第七章。

1. 工频耐压试验

工频耐压试验的优点是可准确地考验绝缘的裕度，能有效地发现较危险的集中性缺陷。但是交流耐压试验有一重要缺点：即对于固体有机绝缘，在较高的交流电压作用时，会放大绝缘中一些弱点（但在耐压试验中还未导致击穿），这样，试验本身就引起绝缘内部的累积效应。因此，恰当地选择合适的试验电压值是一个重要问题。一般考虑到运行中绝缘的变化，耐压试验的电压值应取得比出厂试验电压低些，而且不同情况的设备应不同对待，这主要由运行经验确定。例如：在大修前发电机定子绕组的试验电压常取 1.3～1.5 倍额定电压，对于运行 20 年以上的发电机，由于绝缘较老，可取 1.3 倍额定电压来做耐压试验，但对与架空线路有直接连接的运行 20 年以上的发电机，考虑到运行中大气过电压侵袭的可能性较大，为了安全，仍要求用 1.5 倍额定电压来做耐压试验。

供电变压器和互感器全部更换绕组后，也是按出厂试验电压进行试验，其他情况下它们的试验电压值常取出厂试验电压的 85%。别的高压电器常按出厂试验电压的 90%做耐压试验，只有对纯瓷类及充油套管和支持绝缘子，可不计积累效应，就直接按出厂试验电压做耐压试验。

作耐压试验时，常是升压至试验电压后加压 1 min。规定这个时间是为便于观察被试品的情况；同时也是为使已开始击穿的缺陷充分暴露出来。耐压时间不能超过 1 min，以免使绝缘击穿。

试验电压的波形应接近正弦波，一般用高压试验变压器及调压器产生可调高压。调压器应尽量采用自耦式，它不仅体积小，漏抗也小，因而试验变压器激磁电流中的谐波分量在调压器上产生的压降也小，故试验变压器原边电压波形畸变较小，副边电压波形也就接近正弦。如自耦调压器的容量不够，则可以采用移圈式调压器，不过后者的漏抗较大，会使电压波形发生畸变，为改善波形可在试验变压器原边并联以电感、电容串联组成的滤波器把谐波滤去。

交流耐压试验的接线如图 2-9 所示，将图中球隙 3 的放电电压调至耐压试验电压的 1.1 倍，这是为了防止被试品因误操作或谐振过电压时试品上出现超过试验的电压而被损坏。为使测量准确，通常用电压互感器或高压静电电压表进行测量，原边电压表读数只做参考。为了限制击穿或放电时的短路电流，防止耐压试验时在高压侧出现振荡，回路中串有保护电阻 R_1，保护电阻 R_1 的值不应太人或人小。太小起不到保护作用，太大又会使正常工作时由于负载电流而产生较大压降与功率损耗。根据实际经验一般取 R_1 的值为 0.1 Ω/V，并应有足够的容量。通常可利用线绕电阻或水阻作为保护电阻，与高压试验变压器接地端串联的电流表起监视被试绝缘状况的作用。短路刀闸 2 是保护电流表的，为得到较好波形，试验电源最好用线电压。调压器 1 应从零升压，在达到 0.5 倍试验电压以下时可以迅速升压,以后则应徐徐均匀升压,一般应在 20 s 内升至试验电压值。

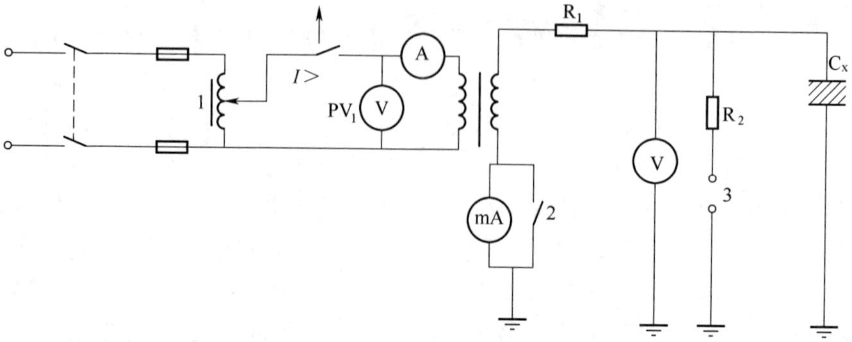

图 2-9　交流耐压试验接线原理图

进行交流耐压试验时,被试品一般是电容性的,试验变压器在电容性负载下,由于电容电流在线圈上会产生漏抗压降,使变压器高压侧电压发生升高现象,即容升效应。这时变压器高压侧电压高于按变比换算的电压,而且低压侧与高压侧之间的电压有相角差,如果试品的容抗一旦与试验变压器的漏抗发生串联电压谐振,则电压升高现象更为显著。

从电机学中可知,变压器的简化等值电路如图 2-10 所示。电路中 r 是变压器电阻,X_L是变压器漏抗,C_x为被试品电容。这样,电路就成为一简单的 RLC 串联回路。显然,由于 C_x上的电压和 X_L上的电压相位差 180°,如图 2-11 所示,可以看出被试品上电压 U_{CX}会比电源电压 U_1高。由于电容效应的存在,就要求直接在被试品两端测量电压。

在被测的电压较高,不能直接用指示仪表测量时,通常采用电容分压器测量,在测量时应对其变比予以校准。

此外还可用球间隙测量工频高压,球间隙装置简单,能直接测出被测量,有足够的准确度(误差不超过±3%),所以在高压测量中应用的非常普遍。我国的国家标准把球间隙作为测量工频高压的基本设备之一。

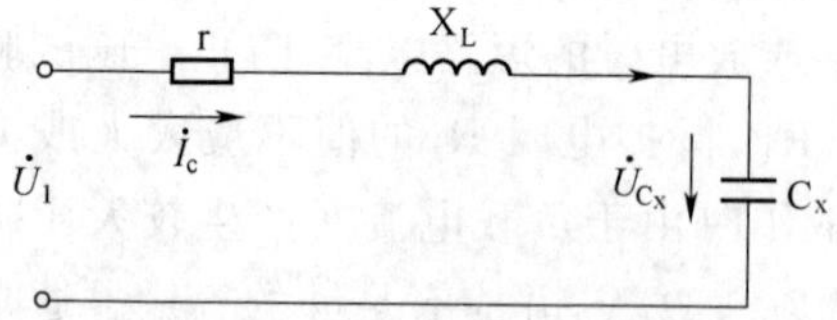

图 2-10　变压器的简化等值电路

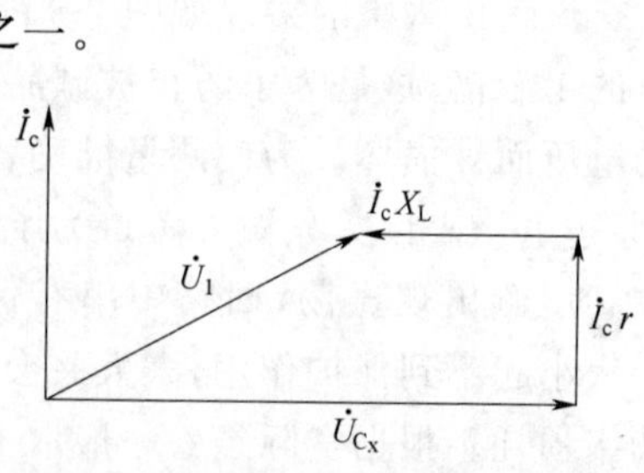

图 2-11　试品电容引起的电压升高

球间隙测量高压的缺点是:通过放电才能进行测量,由于气体放电的分散性,一般需要几次放电才能获得较准确的数值。放电使高压回路突然短路，对设备和试品都不利。再一点是影响气体放电的因素较多，掌握不好不易得到稳定的结果。而且为使测量结果比较准确，要求球间隙周围较大的空间内无其他物体，使试验场自由空间很大，减小了电场畸变对试验的影响。

利用球间隙测量高压，需要注意的事项有二：一是关于球间隙的选择和布置；二是大气条件对放电的影响。

球间隙所构成的电场为稍不均匀电场时，放电才比较稳定，也就是利用这一特点来测量高压的。只有当球电极之间的距离与球的直径保持一定的比例时，才构成稍不均匀电场，使放电分散性较小。但是，同样的球电极在测量较高电压时，间隙距离将相应地增加，在测量更高电压时为保持球电极之间仍是稍不均匀电场，就应采用更大直径的球电极。当然，采用过大的球电极使设备费用和试验场地都大大增加也是不恰当的。所以根据被测电压的大小选择合适的球电极，或者对于一定大小的球电极有一合适的使用范围是相当重要的。通常以 $S/D \leqslant 0.75$ 为限。其中 S 为球电极间距离，D 为球电极直径。在 $S/D \leqslant 0.5$，且满足其他条件时，能使测量准确度在 3%以内。当 $S/D > 0.75$ 以后不仅放电分散性增加，而且周围物体对球间隙电场的分布也将有较显著的影响。球电极与被测电压上限的关系可参照高电压试验标准。

除了球电极使用范围之外，对周围物体如地面、墙壁、高压引线及其他物体的距离也有一定要求，通常这个距离与球电极直径大小有关。此外对球电极本身结构如球柄直径、表面状况等都有相应规定。

球间隙是利用气体介质放电来进行测量的，所以应注意大气条件对测量结果的影响。标准的球间隙放电电压是指标准大气条件下，即大气压力 760 mmHg (101.3 kPa)，周围气温 20 ℃。如果实际测量时大气条件与标准条件不同时应予以校正，但在均匀或稍不均匀电场中，湿度对放电电压的影响不大，因此一般不需校正。

在使用中，通常由球间隙放电时的球间隙距离，在相应的放电电压表中查出标准大气条件下的放电电压值 U_0，同时由试验时的大气条件算出 δ 值，由此可得实际测量时，球间隙的放电电压 $U=\delta U_0$，该电压即为被测高压值。

此外，球间隙周围空气的污染情况也应注意。如放电前球电极表面沉积的尘埃，将会使放电数值不稳定。为此，除应注意试验场地环境清洁外，在利用球间隙进行测量之前，应使球间隙放几次电直到放电电压达到稳定值，然后开始正式记录数据。测量一个电压时，应在球间隙上连续放电三次，每次间隔时间不得少于 1 min。以三次放电电压的算术平均值作为球间隙放电电压，每个放电电压值与平均值之差不得大于 3%等，这些措施都是为了保证测量结果较近于真正的被测电压值。

利用球间隙测量高压时，还须在带电球极与高压引线间串入一个电阻，来限制和削弱球间隙放电时由于振荡造成的过电压，防止球电极表面被烧坏。该电阻值可取 0.1～0.5 Ω/V。

球间隙放电时，绝大部分高压将降落在保护电阻两端，因此它应有足够的长度，以防止发生沿面闪络。电阻一般采用水电阻，此保护电阻一般不宜拆除或测量时兼做他用。球间隙除用作测量外，还往往被用来保护设备或试品不受过高电压的破坏。在高压试验中球间隙常常与测量装置配合使用，以球间隙校正分压比。

2. 直流耐压试验

直流耐压试验也能确定绝缘的电气强度。与交流耐压试验相比，它有以下特点：可使试验设备轻小，即大容量试品（电缆、电容器等）进行交流耐压试验时，试验设备容量往往过大，为使试验及调压设备轻便，可以采用谐振试验线路以减小电源设备容量。其次是在绝缘进行直流耐压试验的同时，可通过测量泄漏电流来观察绝缘内部集中性缺陷。试验的接线同前面介绍的泄漏电流试验相同。

图 2-12 为一台 30 MW，10.5 kV 汽轮发电机各相绕组的直流泄漏电流试验曲线，当试验电压升至 15 kV 时，A 相泄漏电流突然急剧增加，经检查，A 相端部对绑环有一处放电。表 2-2 为该发电机泄漏电流的部分数值，从表中可看出加压过程中泄漏电流的具体数值。

直流耐压试验比交流耐压试验更能发现电机端部的绝缘缺陷。其原因是直流下没有电容电流从线棒流出，因而无电容电流在半导体防晕层上造成的压降，故端部绝缘上的电压较高，有利于发现绝缘缺陷。

在供电电缆进行直流耐压试验时，通常也利用泄漏值寻找缺陷。当测得三相泄漏值相差过大或增长较快时，可依具体情况提高试验电压或延长耐压时间来发现缺陷。

直流耐压试验对绝缘损伤较小，如果被试绝缘中有气泡时，在直流电压作用下，当作用电压较高，在气泡中会发生局部放电，在电场作用下，气泡中的正负电荷将分别反向移动，停留在气泡壁上。这样，使得外电场在气泡里的强度不断减弱，从而抑制了气泡内部的局部放电过程，当正、负电荷慢慢地通过周围的泄漏电阻中和后，才会再发生一次放电。如果在交流电场中，每当电压改变一次方向，空间电荷非但不减弱，却反而会加强气泡里的电场强度，因而加强了局部放电的发展。不仅如此，作交流耐压试验时，每个半波里都要发生局部放电。这种局部放电会促使油和有机绝缘材料的分解与老化、变质等，并使其绝缘性能降低，扩大其局部缺陷。因此直流耐压试验加压时间可以较长，一般采用 5～10 min。

与交流耐压试验相比，直流耐压试验的缺点是对绝缘的考验不如交流下更准确更接近实际值。

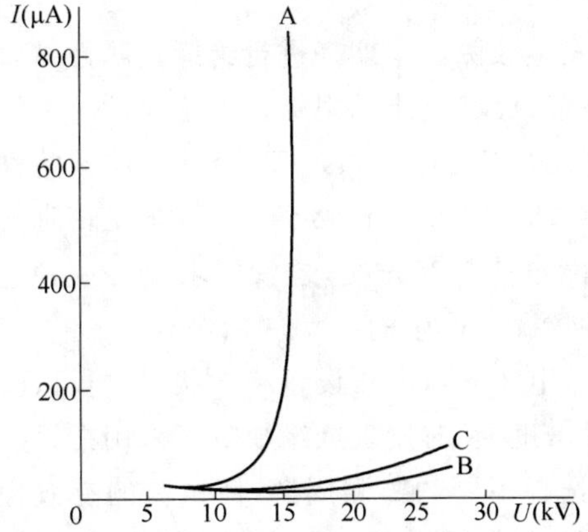

图 2-12　某发电机定子绕组的各相泄漏电流试验曲线

表 2-2　发电机定子绝缘的泄漏电流(μA)

试验电压(kV)	6	8	15	19	23	26	29
A 相	91	102	716	753	790	820	870
B 相	92	100	102	119	137	145	176
C 相	87	98	124	143	179	182	193

直流耐压试验电压的选取，要参考交流耐压试验电压和交直流下击穿强度之比，并主要根据运行经验来确定。例如：对发电机定子绕组取 2～2.5 倍额定电压；对供电电缆 3 kV、6 kV、10 kV 的取 5～6 倍额定电压；20 kV、35 kV 的取 4～5 倍额定电压；35 kV 及以上的则取 3 倍额定电压。直流耐压的时间可以比交流耐压长些，如发电机试验时是以每级 1/2 额定电压的分段升高，每阶段停留 1 min，以观察并读取泄漏电流值。供电电缆试验时，在额定电压下持续 5 min，以观察并读取泄漏电流值。

直流高压的测量，可以用球间隙、静电电压表方法进行。图 2-9 中 R_1、R_2 组成的电阻分压器，在直流电压作用下没有电容电流，所以电阻分压器 R_1 中只有电流 I 流过，若 R_1 为分压器的高压臂电阻，R_2 为低压臂电阻，则：

$$U_1 = IR_1 \tag{2-6}$$

电流 I 一般用微安表测量。如用静电电压表测量，则：

$$U_1 = U_2 \times (R_1 + R_2)/R_2 \tag{2-7}$$

其中分压比是$(R_1 + R_2)/R_2$。

R_1数值的选择视被测电压大小而定，一般取流过 R_1 的电流为数百微安至 1 mA。R_1值太高会造成测量误差，因高电压下高压臂会有电晕电流，流过绝缘材料的泄漏电流等(均是微安级)使上两式发生误差。若 R_1 中的工作电流大大超过杂散电流，则这种杂散电流的影响便可不计。

第四节　电气设备状态的在线监测

常规的电气设备预防性试验一般以一年为一周期，供电设备虽然都按规定、按时做了常规预防性试验,但事故仍然时有发生,主要原因之一是由于现有的试验项目和方法往往难以保证在这一个周期内不发生故障。定期来进行绝缘预防性试验固然可以发现一些缺陷,但由于要停电后才能试验,就难以根据设备绝缘状况灵活地选取试验周期。另外,供电设备的运行电压已达 110～500 kV,而现行的预防性试验其施加的试验电压仍然很低,如测量在 10 kV 下的 tanδ 值,就不能反映真实运行电压下的绝缘性能。由于绝大多数故障事前都有先兆,这就要求发展一种连续或选时的监测技术,在线监测就是在这种情况下产生的。

供电设备在线监测技术是一种利用运行电压来对高压设备绝缘状况进行试验的方法,它可以大大提高试验的真实性与灵敏度,及时发现绝缘缺陷。采用在线监测的方法可以根据设备绝缘状况的好坏来选择不同的监测周期,使试验的有效程度明显提高。在线监测可以积累大量的数据,将被试设备的当前试验数据(包括停电及带电监测)和以往的监测数据相结合,用各种数值分析方法进行及时、全面地综合分析判断,就可以发现和捕捉早期缺陷、确保安全运行,从而减小由于预防性试验间隔长所带来的误差。

通常,一种供电设备的在线监测仪器或系统由传感器系统、数据采集和预处理系统、数据处理系统、诊断决策系统组成,其结构如图 2-13 所示。传感器系统用于感知所需要的电气参量或非电气参量,目前常用的传感器有电磁传感器、力学量传感器、声参数传感器、热参数传感器、化学量传感器等。数据采集和预处理系统是将传感器得到的模拟量转换成数字量进行传输,应用数字滤波技术对采集到的信号进行滤波处理,抑制和消除外界干扰和背景噪声,提取真实信号,并进行信号的还原,光电转换和光纤传输的引入有效地解决了高压隔离的问题。数据处理是设备监测、诊断中重要的一环,它往往是由各种分析仪、信号处理仪或计算机来完成。诊断决策系统利用小波分析技术、神经网络技术、模糊诊断技术、专家分析技术等方法对所采集信号进行分析、处理和诊断,得到所测电气设备绝缘的当前状况,并根据需要进行绝缘判断和寿命评估。

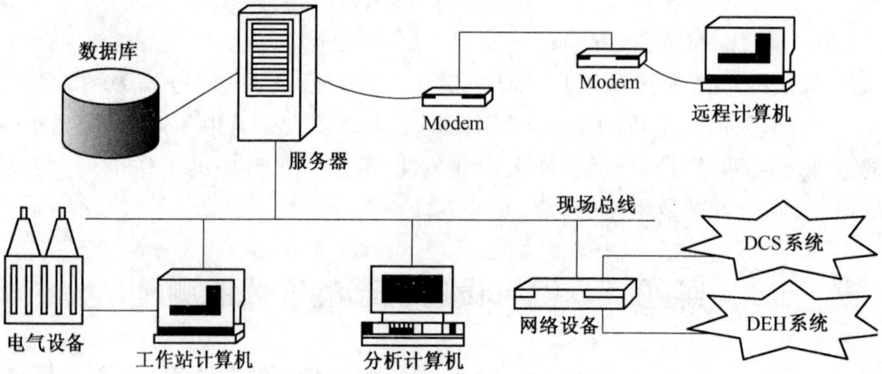

图 2-13　电气设备状态在线监测系统

在线监测可分为集中式实时在线监测系统和便携式在线监测系统。集中式实时在线监测系统通常是由安装在设备上的传感器、信号转换装置、信号传输电缆、信号显示和信号分析装置组成。为了实现整座变电站的在线监测，常常将各种监测信号集中传送到一台计算机，由计算机来承担各类数据的采集、处理、分析、显示和报警等方面的工作。便携式在线监测系统可由安装在运行设备上的传感器、信号转换器和专用便携式信号接收机组成。某些便携式在线监测仪还可以自成系统独立完成对运行设备的探测，无需在运行设备上安装传感器。集中式实时在线监测系统和便携式在线监测系统所取得的实际效果相近，但在经济效益、稳定性和运行维护等方面，便携式在线监测技术具有明显的优势，因此在同等的情况下，目前宜大力推广便携式在线监测技术和监测装置。

对运行中的供电设备实施在线监测具有相当的难度。首先是尚无统一的标准，各研究单位、各仪器制造商开发的在线监测仪所采用的监测方法、监测参量、判定标准均不相同，导致不同在线监测装置之间不具有可比性。其次是对供电设备绝缘特征量研究不够，现普遍采用监测绝缘电阻、泄漏电流、局部放电等传统监测量，且各监测量与绝缘剩余寿命的关系也没有明确的数值关系。再次在线监测时干扰抑制十分困难，运行环境下存在的各种干扰直接影响监测结果的正确性。目前采用了硬件滤波、数字滤波等许多方法，起到了一定的效果。

在线监测的推广还有利于从定期维修制过渡到更合理的状态维修制。按事先制订的检修周期按期进行停机检修，虽对提高设备可靠性起了一定作用，但由于未考虑设备的具体状况，且制订的周期往往比较保守，以至于出现了过多不必要的停机及维修，甚至因拆卸、组装过多而出现过早损坏。我国目前执行的大多是定期维修制，一般都要求“到期必修”，没有充分考虑设备实际状态如何，以致超量维修，造成了人力及物力的大量浪费。状态维修制的基础就在于绝缘监测及诊断技术，既要通过各种监测手段来正确诊断被试设备的目前状况，又要根据其本身特点及变化趋势等来确定能否继续运行或停电检修。

供电设备的状态监测按其监测的作用可分为保护性监测和维护性监测两类。保护性监测也就是故障监测，通过对常规运行参数（如电流、电压、功率、温度、流量、图像、压力等）的监测，提供供电设备的正常运行工况。同时，还在故障敏感的部件设置一些专用监测器，通过对反应异常现象的特征量的监测，帮助运行人员及时了解这些部件的状态，在故障发生之前发出报警，以便采取必要的措施，避免严重事故的发生。维护性监测是通过在线监测、离线检查和试验，发现缺陷、监视缺陷的发展趋势并预测发展的后果，以指导制订维修策略。维护性监测需要在运行和停机时完成一系列的周期性或连续试验，当发现有异常现象时，进行原因分析和适当维护，以消除异常现象的根源。目前世界各国普遍认为电气设备应当从定期的预防性维修逐步过渡到根据其状态进行的预测性维修。

目前已经比较成熟的在线监测方法主要有以下几个方面：电流的在线监测、$\tan\delta$ 的在线监测、局部放电的在线监测、油中气体含量的在线监测等。

近年来，随着先进的传感器技术、信号采集技术、数字波形采集与处理、计算机技术的发展和应用，在线监测技术得到了飞速发展。在线监测将在很多方面弥补仅靠定期停电预防性试验的不足之处，它将成为绝缘监测中的一个重要组成部分，并向更高阶段发展，实现全自动在线监测系统与专家诊断系统的完美结合，从而构成电气化铁路智能化高压电气设备绝缘及特性的在线监测与诊断系统，并可纳入整个电网的自动化系统。但目前尚不能认为在线监测将全面替代停电预防性试验。这主要是一方面在线监测理论和技术尚不完善，必须开展进一步的工程应用研究；另一方面，在线监测测量的是工频电压下的供电设备绝缘参数，对供电系统内时常发生的瞬态过电压情况下的绝缘品质和剩余寿命尚无法测量。

思考与练习

1. 绝缘的缺陷可分为几类？什么是绝缘的老化？
2. 绝缘预防性试验可分为几类？各有何特点？
3. 测量绝缘电阻、泄漏电流时分别有哪些注意事项？
4. 介质损失角正切值的测量接线有哪两种？各适用在什么场合？
5. 工频耐压试验和直流耐压试验的优、缺点是什么？
6. 什么是供电设备在线监测技术？它有何优点？
7. 简述供电设备的在线监测仪器或系统的组成及其各部分的作用。
8. 何为绝缘水平？对电气化铁道供电系统绝缘管理有何意义？
9. 绝缘状态评价的方法与原理是什么？

第三章　高压供电设备的绝缘

电气化铁路高压供电设备与配电装置是组成供电系统的基础，它们的安全运行和可靠工作是保障不间断供电的前提条件。常见且重要的高压供电设备有旋转电机设备、供电变压器、高压断路器、供电电缆、供电电容器、电抗器、避雷器等。在一般情况下，高压供电设备的绝缘结构和绝缘零件发生故障，是大多数电气设备不能正常工作的主要原因。因此，有必要讨论常见高压供电设备的绝缘结构特征与绝缘工作条件，这将有助于更加深入了解高压供电设备的工作原理，进一步理解电气设备的绝缘变化特征。

第一节　旋转电机的绝缘

一、旋转电机绝缘的工作条件

目前大型旋转电机的额定电压一般为 6.3 kV、10.5 kV、13.8 kV、15.75 kV、18 kV、20 kV、24 kV、27 kV 及 30 kV 等，电机绝缘的工作条件限制了大幅度地提高电机额定电压的范围。

首先，因电机中有高速旋转部分，不可能像变压器、电缆那样把它全浸在绝缘油里。固体绝缘不浸在油里，其电气强度将受到气体的影响而显著降低。

其次，电机定子铁芯的槽内尺寸本来就很小，如果再提高额定电压，势必要增加槽内绝缘的厚度，槽内铜导线的截面将更小，那么槽满率(槽内铜导线的截面与整个线槽截面之比)将更低，而且绝缘越厚，向外散热就越困难。这样也就限制了电机额定电压的提高。

旋转电机的绝缘在运行中主要受到热、机械和电场的作用。在正常环境下工作的低压电机，其绝缘损坏的主要原因是热老化。运行中，电机的热量不仅来源于铜损、铁损、介质损耗等，还由于高速旋转的摩擦等所引起的发热，在长期较高温度下，会引起电机绝缘的老化。此外，电机在运行中随温度的变化，各种材料也发生膨胀或收缩，当处在一起的几种材料膨胀系数不一样时，将引起绝缘的分层、开裂。由于电机在制造过程中其绝缘要多次受到较大的机械力的作用，在旋转运行中，绝缘绕组还要受到交变电流引起的周期性的电动力作用和机械振动作用。因此，电机绝缘容易松动、变形以至损坏。

此外，电机在运行过程中其绝缘还可能遇到短时过电压，而绝缘中的局布放电会引起绝缘的电老化。随着绝缘老化过程的发展,使其在过电压或试验电压下发生击穿,有时甚至在工作电压下也可能发生击穿。

二、旋转电机常用的绝缘材料

1. 云母制品

云母制品是由云母、补强材料(如玻璃布,有的云母制品没有补强材料)和黏合剂组成,是电机、特别是高压电机中极为重要的绝缘材料。云母是一种硅酸盐矿物晶体,具有很好的电气性能和机械性能,且耐热、耐燃、化学性能稳定、很少吸水,具有非常良好的耐电晕性能。在高压电机绝缘中,迄今尚无其他材料可与之比拟。云母制品按用途可分为云母板、云母箔、云母带三大类。云母板是由云母片和黏合剂(如环氧树脂胶或紫虫胶)一起经加工压制而成,用作电机的绝缘衬垫,也可以制成不同形状的绝缘零件。云母箔是将云母片用黏合剂黏合在整张薄纸上制成,主要用于电机绕组直线部分的绝缘。云母带过去用沥青云母带,目前广泛用环氧粉云母带代替沥青云母带,作为高压电机绕组对地的绝缘。环氧粉云母带的电气性能、机械性能、耐热性能都大为提高,很适宜作为大型旋转电机的绝缘材料。

2. 绝缘漆和漆布

绝缘漆由漆基、溶剂或稀释剂和辅助材料三部分组成。绝缘漆按用途可分为浸渍漆、覆盖漆、黏合漆三种。浸渍漆用于浸渍电机绕组及纤维材料,以提高绝缘的电气性能、导热性、耐热性、耐湿性以及绕组的整体性。覆盖漆又叫涂刷漆,是涂在已浸渍过的绝缘表面,以加强绝缘的机械性,使绝缘光滑、防潮、防尘等。黏合漆用以黏合各种绝缘材料。

漆布是棉布或玻璃布在绝缘漆中浸渍干燥后制成的一种柔软绝缘材料,多用于高压电机绝缘外层作防护层。漆布与青壳纸复合,也可用于中小型低压电机的槽绝缘。

三、旋转电机常用的绝缘结构

旋转电机绕组的绝缘一般可分为主绝缘、匝间绝缘、股间绝缘和层间绝缘,主绝缘是指绕组对机身和对其他绕组间的绝缘,一般电称对地绝缘;匝间绝缘是指同一绕组的各线匝之间的绝缘;股间绝缘是指并联导线各股导线间的绝缘;层间绝缘是指绕组上下层之间的绝缘。

旋转电机定子绕组主绝缘的绝缘结构(见图 3-1)可以分为套筒式(又叫衬套式)绝缘和连续式绝缘两类。

1. 套筒式绝缘

套筒式绝缘是在电机绕组的直线部分用大张云母箔包绕到所需的绝缘厚度,然后经过钢模热压而成。绕组端部则是用云母带作螺旋状包绕,包绕时,后一圈绝缘带将前一圈绝缘带搭盖上一半，称为半叠包绕。包绕达所需厚度后，外面再缠绕一层漆布带作防护层。在直线部分与端部绝缘交接处包绕成反锥形，如图 3-2 所示，以增加沿绝缘间隙表面放电的距离，即增加所谓爬电距离。套筒式绝缘工艺简单，成本较低，绝缘表面平整光滑。但是，由于直线部分与端线部分的绝缘处存在接缝，形成电和机械的薄弱点，另外，大张的云母箔烘卷时，常在层间留下气隙，容易产生局部放电，介质损耗较大。目前，我国在大型电机的制造时采用连续式绝缘。

图 3-1　电动机的绝缘结构

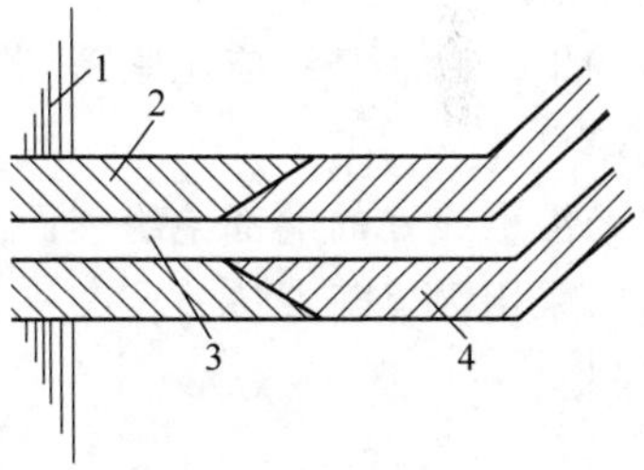

图 3-2　套筒式绝缘反锥形包绕示意图

1—铁芯；2、3—云母箔带；4—铜导体

2. 连续式绝缘

连续式绝缘是在整个绕组上采用同一种绝缘带半叠包绕若干层，以达所需厚度，然后再外包几层纱布带，进行真空压力浸渍沥青胶，再解除外层纱布带而成。连续式绝缘的直线部分与端部是同一种绝缘，没有套筒式那样的两种绝缘间的接缝，直线与端线交接处的绝缘与槽部绝缘的电气强度相同。另外，由于经过真空压力浸胶，绝缘内部气隙极少，所以不容易产生局部放电，介质损耗小，但是连续式绝缘的工艺复杂，成本较高。另外，运行过程中，在热和机械力的作用下，连续式绝缘容易产生松动和分裂，特别是电机槽口部分更是如此，从而显著降低该处的电气强度。此外，由于浸渍沥青胶，受沥青胶软化点温度的限制，连续式绝缘运行允许温度较低。

四、旋转电机中的电场分布及防电晕措施

1. 旋转电机中的电场分布

在旋转电机定子槽部的绕组与槽壁间存在一定的空气间隙，这样在具有高电位的导线与具有零电位的铁芯之间既有固体绝缘层，又有薄层空气隙，两层介质互相串联，由于空气的介电系数比固体绝缘的小，空气层更容易发生电晕放电。电机绕组在制造过程中，尽管经过热压或浸胶，绝缘中难免存在气隙，这些气隙在高电压作用下也会发生电晕放电。

在高压电机端部出槽口处，越是靠近槽口，电容电流 I_c 越大，沿绝缘表面的电位梯度越高，电场越强，这里的气隙越是容易发生电晕放电，因此电机端部槽口处的电晕常常比槽内的更为严重。

2. 旋转电机的防电晕措施

(1)改进工艺、改善材料，以尽量减少由于制造或运行中带来的绝缘内部的气隙。

(2)在绕组的外层包以半导体玻璃丝带，在定子绕组下线前将定子槽内壁涂以半导体漆，从而将绕组固体绝缘与铁芯间的气隙短路，减小气隙上所承担的电压，以抑制电晕的发生。

(3)下线以后绕组应压紧密，若间隙过大，用半导体适行材料或半导体纹板等塞紧。

(4)沿出线处的端部绝缘表面涂半导体漆或包半导体带。

(5)采用内屏蔽方法。像高压套管那样，在槽口处的绝缘层中加进不同长度的均压极板。

五、新技术、新产品简介

现今大型高压发电机的绝缘技术主要可分为少胶带和多胶带这两大体系。少胶带采用环氧粉云母少胶带，连续包扎后经真空压力浸渍无溶剂树脂后烘焙固化成型。多胶带则采用环氧粉云母多胶带，连续包扎后经过液压或模压固化成型。

少胶带体系的特点是粉云母带中胶的含量较少，约为 6%～10%，不含挥发物，由于采用真空压力浸渍(VPI)工艺，生产效率较高，绝缘性能较好，基本上没有气隙，但所需生产设备、材料和管理都要求较高。这种绝缘技术早在 20 世纪 80 年代就已投入实际应用，至今为止已用在额定电压高达 27 kV 的大型发电机上。

多胶带体系的特点是粉云母带中胶的含量较多，一般大于 34%，挥发物在 1%以下，既可采用模压成型，也可采用液压成型。采用模压时，线棒几何形状较好，截面尺寸均匀，与液压相比时生产效率较低；采用液压时，线棒截面和几何尺寸不易控制，但液压缸中可多放线棒，生产效率较高，很适用于线棒数量较多的水轮发电机。这种绝缘体系早在 20 世纪 50 年代就已投入生产，至今为止已用于额定电压高达 24 kV 的大型发电机上。

近年来国内外都在努力研制一种新型的圆形电缆。圆形电缆不存在矩形线棒的 4 个棱角，不会产生电场强度集中问题。因此，采用圆形电缆取代矩形线棒便从根本上消除了角部场强集中的问题，而绝缘厚度获得最大程度的减薄，槽满率也获得最大程度的提高。这项革命性技术的实现是与现代化高电压输电电缆的发展分不开的，这种已商品化的交联聚乙烯电缆的耐电压等级可达到 500 kV，使发电机的输出电压提高到高压电网的水平，从而不必再经过变压器升压后并网，而传统的发电机至今为止的额定电压多为 18 kV 或 20 kV，最高不超过 30 kV。用于发电机上的这种电缆与普通输配电用电缆的不同之处在于它既没有金属屏蔽，又没有外皮，其采用的材料、工艺与现代应用的高压电缆技术相同，该技术已经非常成熟，完全可以满足圆形绕组电缆的要求，从而实现用廉价的聚乙烯取代昂贵的云母带。采用圆形电缆的发电机还可使电站省去变压器、开关、连接铜排、通道等许多电气专业、机械专业、土建专业的工程数量。

第二节　供电变压器的绝缘

一、供电变压器绝缘的工作条件

供电变压器在供电系统中用以降压和传输电能，是电气化铁路供电系统的核心元件。目前大容量的供电变压器主要采用的是油浸式变压器，其中要使用大量的油、纸等绝缘材料。供电变压器绝缘要求能在供电系统中长期工作，使用年限不低于 25～30 年。在运行中主要面对电、热、机械三方面的作用，此外还有化学、老化和环境等问题。

1. 电气性能方面的要求

供电变压器的绝缘水平是电气性能方面的最基本要求，国家标准对供电变压器的各项试验电压和试验方法均作了规定。

1 min 工频耐压试验主要检验供电变压器主绝缘的耐电强度，冲击耐压试验主要检验从绝缘的耐电强度。主要试验还有：测量绝缘电阻、泄漏电流、介质损耗以及绝缘油气相色谱分析等。

2. 机械性能方面的要求

供电变压器绝缘结构在机械强度方面的要求是在制造上主要考虑结构结实和尺寸准确，在运行中主要考虑能承受一定短路电流的电动力。

3. 热性能方面的要求

供电变压器大都为油浸式，主要绝缘材料是变压器油和纸，在电压等级不高的变压器中也有用酚醛筒、漆布等材料，均属 A 级绝缘，最高允许温度为 105 ℃左右。通常采用强迫油循环加强迫风冷或水冷的冷却方式。

4. 其他性能方面的要求

必须考虑老化性能和环境的问题。供电变压器绝缘主要依靠变压器油的耐电强度，油的老化、受潮，含有气泡、杂质，均能使耐电强度下降。因此，绝缘设计中必须注意油的各项性能指标以及它与纸、酚醛、油漆、金属等材料的相容性。

二、油浸式供电变压器中常用的绝缘材料

1. 变压器油

变压器油在运行中逐渐老化变质，通常可分为热老化及电老化两类。

(1)热老化。所有变压器油都会发生热老化。油箱中可能有原来残留的氧，纤维分解时也会产生氧，这样在运行温度较高时，变压器油的氧化过程进行得较快，使得油的黏度增高、颜色变深、油泥增多、出现介损值增大、击穿电压下降等不利现象。

(2)电老化。随着加压时间的延长，油间隙的击穿电压会下降，在高场强处产生的局部放电，促使油分子进一步互相缩合成更高分子量的蜡状物质，同时逸出低分子的气体。蜡状物质积聚于高场强附近的绕组绝缘上，堵塞油道、影响散热，产生更多气体，使放电加快。

2. 绝缘纸

供电变压器中常用的绝缘纸包括纸板、纸筒等，主要是由经漂白的硫酸纤维制成，在纤维之间有大量孔隙，具有很强的透气性、吸油性、吸水性等。干纸的电气强度不高，浸变压器油后，电气性能显著提高。使用频率较高的绝缘纸是：电缆纸、电话纸、皱纹纸、纸板(筒、环)等。

电缆纸主要用作导线绝缘、层间绝缘及引线绝缘等；电话纸比电缆纸薄，用作导线或层间绝缘、分接头或出线头的绝缘等；皱纹纸包扎引线可提高机械强度，而且包扎工艺性好；绝缘纸板用作绕组油道间的垫块、撑条、相间绝缘隔板，或制成绝缘筒及对铁轭绝缘的角环、端圈等。

除以上的绝缘材料，现代大容量变压器还是用绝缘布，高强度绝缘编织物，交联聚氯乙烯等。

三、油浸式供电变压器的绝缘结构

1. 概述

油浸式供电变压器主要由铁芯、绕组、套管、油箱以及附件组成。附件有分接开关、散热器、气体继电器、温度计等。图 3-3 为供电变压器的绝缘结构。

按照铁芯和绕组的相对位置，供电变压器可分为芯式和壳式两种。绕组包在铁芯外面的称为芯式变压器；铁芯包在绕组外面的为壳式变压器。铁芯一般由 0.35～0.5 mm 厚的硅钢片叠装而成，片与片之间有很薄的绝缘层。

图 3-3　供电变压器的绝缘结构

供电变压器绕组按高低压相互位置的不同分为两种基本形式，如图 3-4 所示。

(1)同心式绕组。如图 3-4(a)所示，通常把低压绕组放在靠近铁芯附近，这便于绝缘结构的布置(低压电流特别大的供电变压器，由于引出线工艺困难，可将低压绕组放在外面)。同心式绕组的特点是高、低压绕组高度几乎一样，而直径不同，通常用于芯式供电变压器。由于芯式供电变压器采用同心式绕组结构，安装比较简单、性能良好，大多数国家供电变压器都采用同心式绕组芯式变压器。

(2)交叠式绕组。如图 3-4(b)所示，其高低压绕组为饼式绕组，依次交替叠装，靠近铁轭的两端均为低压绕组，特点是高低压绕组的直径几乎一样，而高度不同。这种绕组基本上用于壳式供电变压器，其优点是漏抗小、短路电流大、机械强度好、引出线方便，电弧炉变压器常采用这种结构。

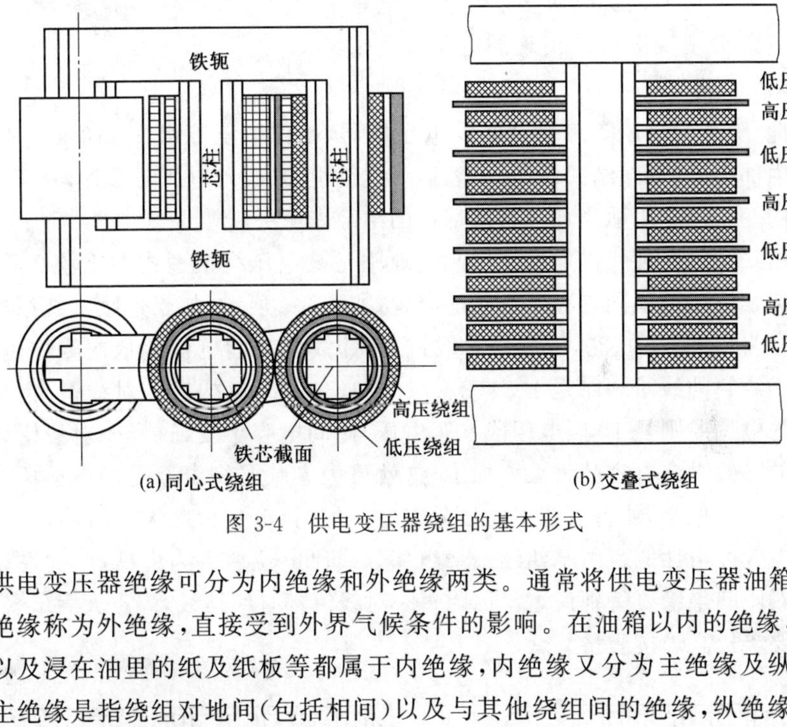

图 3-4　供电变压器绕组的基本形式

供电变压器绝缘可分为内绝缘和外绝缘两类。通常将供电变压器油箱以外的空气绝缘称为外绝缘，直接受到外界气候条件的影响。在油箱以内的绝缘，包括绝缘油以及浸在油里的纸及纸板等都属于内绝缘，内绝缘又分为主绝缘及纵绝缘两种。主绝缘是指绕组对地间(包括相间)以及与其他绕组间的绝缘，纵绝缘是指同一绕组内部各部分间的绝缘。处于绕组以外，连接绕组的各部分及绕组与套管的连接线的绝缘，称为引线绝缘。目前国内外的供电变压器，特别是大容量供电变压器几乎都是用油绝缘。在要求防爆防火等特殊场合，才用干式变压器(见图 3-5)。如地下铁道供电系统的整流变压器与动力变压器，都采用干式变压器。

2. 油浸式供电变压器的主绝缘

油浸式供电变压器的主绝缘主要由“相间绝缘”和“相地绝缘"两部分构成。一般情况下，变压器主绝缘发生故障，变压器不能继续工作。

绕组至分接开关或套管等的引线，大多采用直径较粗的圆导线，在高压下必须采用较厚的绝缘层以降低绝缘层表面（在油中）和导线表面（在纸中）的最大电场强度。在布置引线时还应有足够的机械强度。

3. 油浸式供电变压器的纵绝缘

供电变压器绕组纵绝缘击穿是变压器试验和运行中常见的绝缘损坏之一。因为在冲击电压作用下，层间、饼间、匝向等纵绝缘上的电压分布很不均匀，即使采取了一些改善措施，仍有一定程度上的不均匀。所以应根据在冲击电压下纵绝缘各部分上实际可能出现的电位梯度来考虑应有的绝缘强度。

图 3-5　某牵引变电所干式变压器

为此，除了对电压等级较高的供电变压器（工作电压等级在 110 kV 及以上）要采用内部措施（如纠结式绕缉、电容插入式绕组）来改善电压分布外，对于电压等级较低的变压器常用适当加强某些部位的绝缘来解决。

纠结式绕组在现代供电变压器制造业中是高电压绕组型式中比较好的一种。它与连续式绕组的不同点在于线匝的布置，如图 3-6 所示，如果连续式绕组的线匝布置顺序为 1、2、3、…、20，构成一对线饼，相邻线匝之间电位差依次为一匝电压，而纠结式绕组的线匝顺序是 1、11、2、12、3、…、10、20，也构成一对线饼，但相邻线匝之间的电位差则是 10 匝电压或 9 匝电压，匝间电容不变，这样一对线饼以至整个绕组的等效纵向电容就大大增加了，这就可大大减弱绕组遭受冲击电压波作用时产生的电磁振荡，使得沿绕组电位分布趋于均匀，电位梯度大大减小，从而获得优良的电气冲击性能。由于纠结式绕组相邻线匝电位差大为提高，因此在设计和绕制时对匝间绝缘要特别注意。因为每一对线饼都有纠结线，焊点大大增多，要在绕制时要求提高焊接质量。

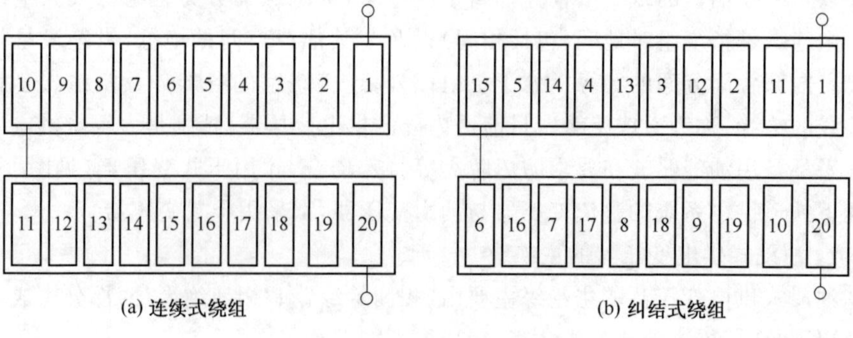

(a) 连续式绕组　　(b) 纠结式绕组

图 3-6　线匝布置的顺序

这样，薄纸筒小油道主绝缘结构与纠结式绕组结合，成为现今高压和超高压供电变压器绝缘结构的最普遍采用的主要型式。

四、干式供电变压器

近年来环氧树脂浇注绕组的干式供电变压器得到了越来越广泛的应用，它适用于发电厂厂用变压器、高层建筑、商业中心、地下铁道、矿山井下等防火防爆场所。高压电压为 6 kV、10 kV、35 kV，低压电压为 400 V，容量从几十千伏安直到 16 000 kVA，这类变压器具有以下特点。

(1)无局部放电。高、低压绕组均用玻璃纤维绝缘导线统制而成，在制作过程中用玻璃纤维增强可达到 F 级绝缘。然后在真空状态下浇注环氧树脂，形成坚固的圆筒形绕组，保证绕组中无气泡。

(2)阻燃、防爆、无污染。绕组采用玻璃纤维等绝缘材料，具有自动熄火的特点，不会因短路产生的电弧或外界火源而持续燃烧，而且树脂等材料也不会因燃烧产生有毒气体。

(3)绕组不吸潮、机械强度高，铁芯及夹件等经特殊防锈处理。因此产品适应在恶劣环境中运行，特别是在热、潮湿环境下运行。

(4)抗短路、耐雷电冲击性能好，过载能力大。由于散热性能好采用强冷型产品，则持续输出容量可增加到额定容量的 150%。

(5)损耗低、体积小、重量轻，节省安装空间。

(6)经济性能好。由于产品无火灾爆炸之虑，可分散装，让负荷充分靠近用电点，节省低压设施；不必考虑排油、集油及防火措施；不用维修，可以节省维修费用等。

一般来说，与油浸式变压器相比干式变压器散热较困难，需要在安装处装设通风系统和温控设备保证其散热。这在某些方面限制了干式变压器的容量，目前我国大型变压器还是以油浸式为主，以沪宁高铁为例，采用的是容量为 90 mVA 的充油单相变压器。

五、新技术、新产品简介

目前，在高压，超高压大容量电力电压器采用 SF_6 气体绝缘变压器，简称 GIT。美国 GE 公司首先在 1956 年生产了第一台 GIT。在 GIT 制造设计上，必须考虑到绝缘、冷却、机械强度等多方面因素，其中最大的困难是绕组的冷却问题。虽然 SF_6 气体的比热远比油浸变压器的绝缘油低，但因 60 mVA 以下中小容量的 GIT 发热量小，SF_6 循环冷却方式尚可适应，当容量高于 70 mVA 以上时，这种循环冷却方式则难以适用。

1990 年，三菱公司制造出世界上第一台液体冷却式的 275 kV、300 mVA 的

GIT，于次年在关西枚方变电所开始试运行。而东芝公司经过大量的基础研究和同等规模的实用化试验之后，在 1994 年制造出世界上第一台气体冷却式 275 kV、300 mVA 的 GIT 和 275 kV、150 mVA 并联电抗器，安装于东京东新宿变电所，至今运行正常。此外，还有一台同电压等级、同容量的 GIT 和并联电抗器，安装于东京葛南变电所，使变电所节约了一半的空间。

GIT 有如下优点：

(1)体积小。因 GIT 没有油枕和放压装置，高度比同容量的油浸变压器低，机房可降低 2 m 多高度。

(2)布置更合理。GIT 与 GIS 因使用同样的 SF_6 气体，所以可直接连接，实现全气体绝缘变电所，省略了以往变压器与开关的隔墙，使地面和空间的安排更自由、更合理。

(3)安全性高。由于使用不燃的 SF_6 绝缘气体代替了变压器绝缘油，万一 GIT 内部发生故障或周围发生了火灾，GIT 本身不会着火燃烧，也不会爆炸，因此能防止火灾事故的扩大。且由于 GIT 与 GIS 直接连接，带电部分都装进金属罐内，维修检查工作可以安全地进行。

(4)现场安装简单、清洁。特别是气体冷却式的 GIT，结构简单、安装方便，而只需将储气瓶内的 SF_6 气体灌入经抽真空后的 GIT 容器内，不影响周围环境。

第三节　供电电容器的绝缘

一、供电电容器分类

1. 移相电容器

移相电容器并联于供电线路上，以补偿感性无功功率提高功率因数，因此又称为余弦或并联电容器。它的需要量很大，在有些供电系统中可达装机容量的一半。感性负荷上并联电容器后，不仅由线路所供给的电流对电压滞后的相角会减小，而且线路电流幅值也会减小，因此，从发挥作用看，移相电容器宜靠近各负荷集中处安装。为了能根据系统的需要而随时自动调节电容器组所提供的无功功率，国内正在大量使用静止补偿器——移相电容器并联以可调电抗器组成。

2. 串联电容器

串联电容器和输配电线路串联运行，可以补偿输配电线路的感抗，从而减少线路压降，提高线路稳定度，改进电压调整率。加入串联电容器后，电压调整率明显改善，通过端电压升高，使得功率因数角增大。当线路出现短路等情况时，故障电流很大，因而在串联电容器的两端也将引起比电容器额定电压高得多的过电压。

3. 耦合电容器

耦合电容器直接接在高压输电线与地之间，以进行通信、测量、保护之用，因此长期承受工频电压且叠加用以通信的高频信号(如 40～500 kHz),也要经受高压线路上所出现的各种过电压,工作场强也选得较低。耦合电容器的电容和电感值是高频信号的电路参数,所以其电感和电容值要准确,电容的温度系数要小。

4. 脉冲电容器

脉冲电容器常用于各种科学技术的试验装置中,如冲击电压(或冲击电流)发生器、振荡回路等。其工作条件比前几类在交流电压下长期运行的电容器要轻松,工作场强可取得很高。

二、供电电容器常用的绝缘材料

1. 液体介质

液体介质在电容器中用作浸渍剂,用来填充固体介质中的窄隙,从而提高组合绝缘的介电常数、电气强度及散热条件等,油浸式电力电容器外形如图 3-7 所示。

图 3-7　油浸式电力电容器

在选用电容器的浸渍剂时,应考虑以下几方面的性能要求。

(1)电气性能。电阻率及击穿场强要高,介电常数要大,而介质损失角正切要小,而且希望随着温度的变化而变化的小。

(2)理化性能。凝固点低,黏度小以便于浸渍,与曲膜等固体介质的相容性好。

(3)电容器油。来源广泛,其电气强度高、介损小,且价廉、无毒;但易老化,它极性弱、介电常数较低,浸渍电容器纸后不但组合绝缘的介电常数不高、比特性低,而且交流油纸组合绝缘中的电场分布也很不理想。

(4)三氯联苯。是偶极介质,介电常数高,允许工作温度也高,稳定而不易在电场下老化、燃烧,因此国内外曾经广泛将它用作浸渍剂。但三氯联苯有毒,我国已停止生产。

(5)蓖麻油。是植物油且具有极性,故介电常数高,电气强度较高,耐电弧性能好,击穿时无碳粒,特别是在高温、高场强下能在电极表面形成一层聚合物薄膜,寿命较长。但它的体积电阻率低、净化处理困难。它适宜于制造直流或小体积的脉冲电容器等。

(6)硅油。是有机合成液体,耐热性高、化学稳定性好、介损低、所以适宜于制造耦合电容器等。

2. 固体介质

在电容器中用的固体介质主要是电容器纸及塑料薄膜。

(1)电容器纸。用硫酸盐木纸浆制成,其特点是厚度薄、密度(或称紧度)大、机械强度高。由于其含杂质少、薄而密,所以电气强度比其他电工用纸都高。电容器纸中纤维为极性介质,而且为多孔性材料,因此吸湿性很强。水分的存在不但使纸的绝缘性能下降,而且将加速纸的老化,制造电容器时,卷绕好的电容元件必须认真进行干燥,然后再浸以优良的液体介质。

(2) 塑料薄膜。塑料薄膜已日益取代纸作为极间介质,塑料薄膜的特点是机械强度、电气强度及绝缘电阻都很高,中性或弱极性的塑料薄膜其介损远比电容器纸要小。一般塑料薄膜表面光滑互相紧贴,浸渍剂难以进入,为此,目前经常有用纸与膜交替排列。在国内,大量生产表面已粗化的聚丙烯薄膜后,再配以在较高的真空度下浸渍,浸渍剂同样可以很好浸透,这样的薄膜或纸—膜电容器的比矿物油浸纸电容器的特性大为提高。

至于低压电容器,用金属化纸(或金属化薄膜)更为合适。它是在纸(或薄膜)上真空喷镀一层薄薄的金属(常用锌,因其沸点低),这层极强的金属就起了原来的铝箔极板的作用。

3. 组合绝缘

组合绝缘的电气强度随温度升高而急剧增大,容易引起热不稳定、热击穿;此外,在短暂的高电压作用下也可能发生电击穿。影响这些击穿电压的因素很多,如组合绝缘各层间的电场分布在交流电压及直流电压下就不一样,另外,温度、油压、介质厚度、电压作用时间等也都对其有影响。

三、新技术、新产品简介

20 世纪 60 年代后期,随着聚丙烯电工薄膜的出现,供电电容器很快地从全纸介质经过纸膜复合介质向全膜介质发展,产生了全膜供电电容器。欧美发达国家在 20 世纪 80 年代初就已经实现了全膜化供电电容器,我国在 20 世纪 90 年代中期也实现了全膜化供电电容器。

全膜供电电容器具有以下优点:

(1)击穿场强高(平均值达 240 mV/m),局部放电电压高,绝缘裕度大。

(2)介质损耗低(平均水平为 0.03%),消耗有功少、发热少,节能而且运行温度低,产品寿命长。

(3)比特性好、重量轻、体积小。

(4)运行安全可靠。由于薄膜一旦击穿,击穿点可靠短路,避免了发生由于纸介质击穿碳化造成击穿点接触不良而反复放电造成电容器爆裂的严重故障。

由于全膜供电电容器特点显著,一出现就得到了推广和应用,产品也得到了不断的发展。目前,先进国家的全膜供电电容器的设计场强已达到了 80 mV/m,比特性已达到 0.1 kg/kvar。我国的制造企业也正在努力研究、提高全膜供电电容器的技术水平。

第四节　供电电缆的绝缘

供电电缆经常用作发电厂、变电站以及工矿企业的动力引入或引出线，当需跨越江河、铁路等时也常用它。随着城市电网的建设与发展，线路走廊的占地面积逐渐减小，不少国家还将供电电缆用作城市的输配电线路。供电电缆与架空线路相比，其优点是受外界环境等的影响少、安全可靠、隐蔽、耐用。缺点是电缆结构和生产工艺都比较复杂，成本较高，工程应用不如架空线那样广泛。但在某些特殊情况下，它能完成架空线路不能完成的供电任务。

目前供电电缆已应用于交流 500 kV 及以下的电压等级，下面对供电电缆的分类和特点作简要介绍。

一、供电电缆的分类

1. 按绝缘材料性质

(1)油纸绝缘。黏性浸渍纸绝缘型(统包型、分相屏蔽型)，不滴流浸渍纸绝缘型(统包型、分相屏蔽型)，有油压、油浸渍纸绝缘型(自容式充油电缆和钢管充油电缆)。

(2)塑料绝缘。聚氯乙烯绝缘型、聚乙烯绝缘型、交联聚乙烯绝缘型。

(3)橡胶绝缘。天然橡胶绝缘型、乙丙橡胶绝缘型。

2. 按结构特征

(1)统包型。在各缆线芯外包有统包绝缘，并置于同一内护套内。

(2)分相型。分相屏蔽，一般用在 10～35 kV 电缆，有油纸绝缘和塑料绝缘两种。

(3)扁平型。三芯电缆的外形呈扁平状，一般用于较长的水下和海底电缆。

(4)自容型。护套内部有压力的电缆，如自容式充油电缆。

3. 按敷设方式

(1)直埋式。将电线埋在地中或沟内，并加沙土覆盖。

(2)沟架式。将电缆敷设在沟内或隧道内的支架上。

(3)水下敷设。将电缆敷设在湖泊、海洋和河流内。

二、供电电缆常用的绝缘材料

在较低电压时，如 35 kV 及以下，国内广泛采用的是黏性浸渍的油纸绝缘、橡皮绝缘、塑料(聚氯乙烯、聚乙烯等)绝缘。更高电压时，大多改用充油电缆、钢管油压电缆、充气电缆等。

橡皮绝缘或丁基、乙丙合成橡胶绝缘电缆弹性好、柔软可绕，适宜用于 35 kV

及以下的移动式供电设备上。塑料绝缘供电电缆也没有敷设落差的限制，且加工方便、维护简便。其中聚氯乙烯电缆常用到 6～10 kV，它价格低廉、耐酸耐碱，但介质损耗大、允许工作温度较低、耐老性能差。因此更高电压的塑料电缆不少国家都采用交联聚乙烯，由于经过交联，线状分子结构变成了网状，这样既保留了聚乙烯原有的优良电气性能又提高了机械强度与耐热性能。丁丙橡胶的耐热性与交联聚乙烯相近，而局部放电的性能比交联聚乙烯还好，但是损耗较大。所以两者各有优缺点，154 kV 或 220 kV 级的聚乙烯及丁丙橡胶绝缘的供电电缆国外都有采用。

三、纸绝缘电缆

1. 黏性浸渍电缆

油浸纸绝缘供电电缆具有使用寿命长、热稳定性高等优点，所以用量最大，但是工艺过程较复杂。在 35 kV 及以下时以黏性浸渍绝缘较为合适，黏性浸渍电缆所采用的是在光亮油中加入松香而成的黏性浸渍剂，这样在较高的浸渍温度下（120 ℃～140 ℃）仍具有比较低的黏度，保证了浸渍完善；而在电缆的正常工作温度下，它的黏度已很高，已不大会流动，但在电缆弯曲时，纸层间仍能有相对位移。

黏性浸渍电缆在运行过程中，内部往往会产生气隙，特别是当它敷设在落差较大处或工作温度较高时。浸渍剂的热膨胀系数要比电缆中其他材料大好多倍，这样在运行过程中随着负荷变动所引起的温度升降，浸渍剂的体积将显著地改变。而铅层是缺乏弹性的，以致当冷却时铅护套内部的绝缘体积虽已缩小，可是铅层已不可能恢复到原来的尺寸了，于是在铅护套里形成了空隙，如此反复多次后，气隙将逐渐增大。随着外施电压升高，这些气隙中的局部放电使介损增大如果敷设在倾斜角度较大的场所，则当温度稍高时，浸渍剂还易于渐渐向下淌流使电缆下部的护套受到较大的压力而更膨胀，甚至可能破裂；而上部因缺乏浸渍剂而形成更多的空隙。表 3-1 为电缆中几种材料的热膨胀系数。

表 3-1　电缆中几种材料的热膨胀系数

材料名称	铝	铜	铅	电缆纸	浸渍剂
体积膨胀系数(1/℃)	72×10^{-6}	51×10^{-6}	69×10^{-6}	90×10^{-6}	约 900×10^{-6}

对于需要敷设在较大的落差处时，常改用滴干绝缘电缆。就是在经过像黏性浸渍电缆那样的干燥浸渍以后，再增加一个滴干（或称贫乏）过程。由于绝缘中浸渍剂含量已显著减小，淌流现象可以改善。当需要更大的敷设落差时，可改用不滴流电缆，它是用合成微晶地蜡与光亮油组成的复合物来浸渍。

黏性浸渍电缆中的绝缘层常用狭长的电缆纸螺旋式地包缠在导电线芯上。电缆纸中一般含水 6%～8%，水分含量增多时介损增大、体积电阻率 ρ 减小，如图 3-8 所示。因而在包缠好绝缘后，要充分进行烘干，干燥后期用真空干燥以利于除去水分，含湿量稍增多将直接影响到浸渍后的油纸绝缘的电气强度，如图 3-9 所示。

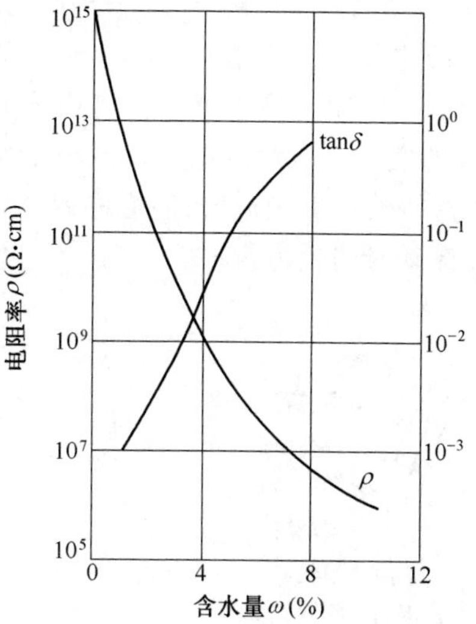

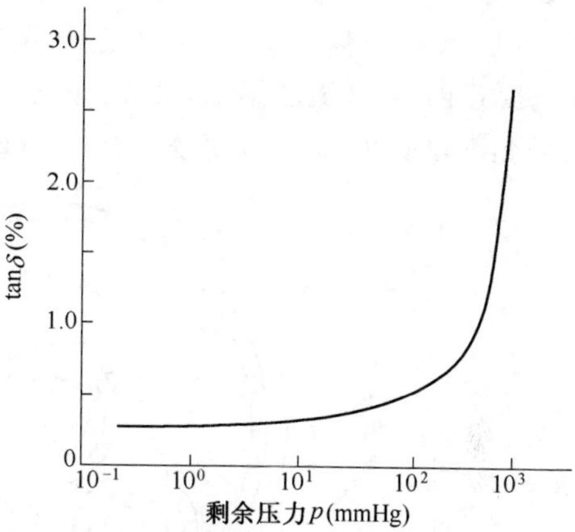

图 3-8　纸的介损及电阻率与含水量的关系　图 3-9　电缆纸的介质与干燥后期剩余压力的关系

在导电线芯表面和铅(或铝)护套内侧，通常包以半导电纸带或金属化纸带的屏蔽层。

以上所介绍的黏性浸渍绝缘电缆(包括淌干及不滴流绝缘电缆)，其结构比较简单，也不需要附属设备(如压力箱等)。但它在生产过程中、特别是运行过程中，不可避免地会在绝缘中形成气隙，因而一般只能用于交流 35 kV 及以下。

2. 充油电缆

常用的充油电缆有钢管充油式或自容式两种型式。

(1)自容式充油电缆。其结构与前述的黏性浸质电缆的结构相似，如图 3-10 所示，导电线芯或用图示的型线，或用螺旋管支撑圆线绞合，特大容量还有用分裂线芯的。自容式电缆中用的高压电缆油黏度比较小(比钢管充油电缆里所用的油黏度要小得多)，以便及时通过绝缘层以及导电线芯中的油道补充到所需要的部位。为了减小铜对油老化的催化作用，铜导体表面镀锡。电缆的两端应装有重力箱或压力箱，当距离很长时(加 4 km 以上)沿途再要加压力箱，使电缆油始终处于某必要的表压力之下，从而消除了绝缘中可能出现的气隙，以确保可靠的绝缘性能。

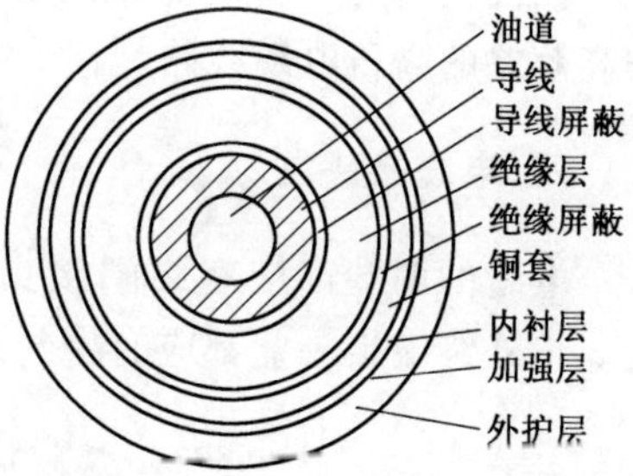

图 3-10　自容型单芯充油电缆

为提高纸层的电气强度，采用了比前述黏性浸渍电缆中所用的纸更薄的高压电缆纸。油浸电缆纸的短时电气强度将随纸带减薄而提高；但纸带越薄，往往纸的密度也越大、纤维素含量也越高，这样将引起介损的增大，介质损耗的大小将直接影响到超高压电缆的传输功率。

(2)钢管充油电缆。其结构是将三根单芯屏蔽电缆拉入钢管内，如图 3-11 所示，屏蔽外包有铜带，并有2～3 根半圆形铜丝(滑丝)以便于拖进钢管。管内充有油压(15 大气压左右)，以消除绝缘层中可能形成的气隙。电缆绝缘层的浸渍剂常用高黏度的油(如聚丁烯油)，以防止当拖进钢管时浸渍剂大量流出；而拖进钢管后再用黏度较低些的油，以便浸渍充分且降低油在流动时的阻力。

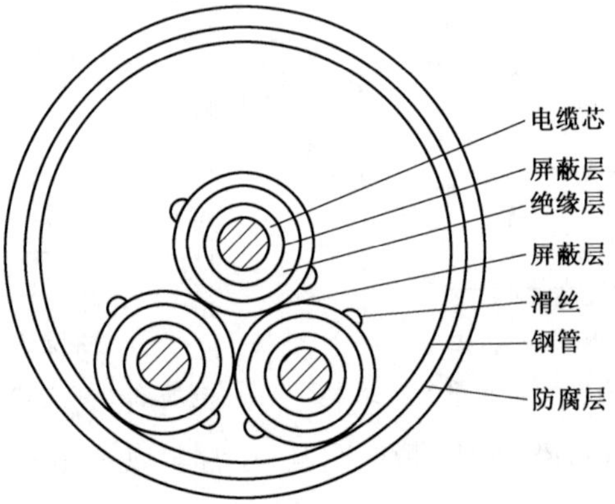

图 3-11　钢管充油电缆截面图

3. 充气电缆

既然电缆绝缘在制造与运行过程中常可能产生气隙，就可以用提高气压的办法来提高气隙的电气强度。充气电缆所充入的气体应是绝缘性能良好的干燥气体，如高纯度(99.95%以上)的氮气或 SF_6 等。

充气电缆的附属设备等较充油电缆简单，而且没有液体静压力，特别适宜于用作高落差的高压电缆线路。

四、电缆接头盒

电缆的两端都应有终端接头盒(见图 3-12)，通过它与变压器或架空线相连接。户外终端接头盒都应有密封的瓷套(或环氧树脂套等)以防止潮气进入。

图 3-12　某地铁 35 kV 供电电缆接头外形

正常情况下，单芯的(或分相铅包的)电缆本体中几乎只有垂直于纸层的径向场强，对此，油纸绝缘的电气强度是很高的。但是在电缆终端处，在金属护层终端处附近不仅电场异常集中,而且有很强的轴向分量,如不采取相应的措施,在较低的电压下,就会在这护层边缘处发生电晕、甚至滑闪放电,这时仅仅靠增加沿面距离并不会带来显著效果。所以为要提高放电电压,必须设法改善电场分布。

对 110 kV(或 220 kV)以下的电缆常用增绕式终端盒结构如图 3-13 所示,使得原来集中由铅套终端处发出的供电线变为沿应力锥面上较均匀地发出,这样沿锥面各点的轴向场强都可降低到允许的数值以下。

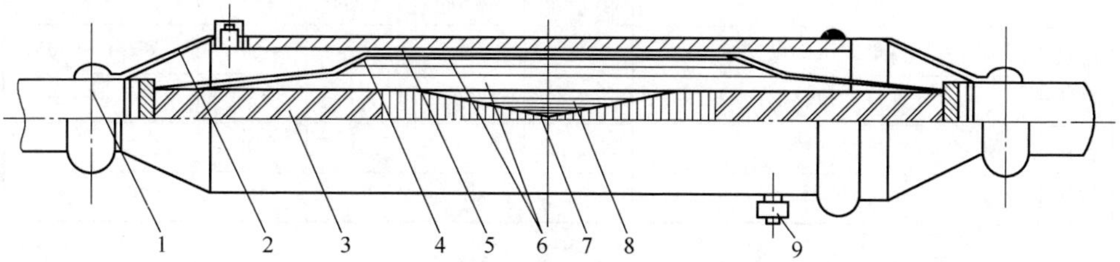

图 3-13　充油电缆连接接头盒结构

1—铅封;2—外壳;3—电缆;4—半导体屏蔽;5—接地屏蔽;6—增绕绝缘;7—芯管;8—压接管;9—油嘴

为了进一步使轴向场强均匀化,使用电容式终端盒,它是在电缆终端瓷套里附加了一些电容器,以强制轴向场强均匀分布,这样还可以缩短电缆终端的长度。但无论是增绕式还是电容式终端盒,整个电缆终端都应密封在瓷套内(或环氧树脂套)。

当电缆线路较长时,必须在现场用连接接头盒将多根电缆连接起来。也不像电缆本体中那样全为径向分布,而是在施工现场制作,其性能取决于施工工艺与条件。将线流芯连接后,还需包缠增绕绝缘层,并在两端加上应力锥,使沿此锥面各点的轴向场强均匀。

五、新技术、新产品简介

交联聚乙烯(XLPE)属于固体材料。它是由聚乙烯(PE)加入交联剂挤出成形后,经过化学或物理方法交联成交联聚乙烯。交联聚乙烯绝缘电缆的优点:电气性能好,击穿电场强度高,介质损耗角正切值小,绝缘电阻高。有较高的耐热性和耐老化性能,允许工作温度高,载流量大,适宜于高落差与垂直敷设,是一种很有发展前途的高压电缆。

交联聚乙烯电缆与油纸电缆相比,具有结构简单,制造周期短,工作温度高、无油,敷设高差不限,运行可靠,质量轻,安装、维护简单和输电损耗小等优点。表 3-2 列出了交联聚乙烯绝缘与其他绝缘的性能比较,也充分证明了交联聚乙烯绝缘是一种优良的绝缘材料。由于耐热性和机械性能好,传输容量大,所以交联聚乙烯绝缘电缆不仅在中低压范围内能代替传统的油纸绝缘电缆,而且在高压或超高压等级上可与自容式充油电缆相竞争。

表 3-2　交联聚乙烯绝缘与其他绝缘材料的性能对比

性　　能		单位	交联聚乙烯	聚乙烯	聚氯乙烯	乙丙橡胶	油浸纸
电气性能	体积电阻(20 ℃)	Ω·m	10^{14}	10^{14}	10^{14}	10^{13}	10^{12}
	介电常数(20 ℃,50 Hz)		2.3	2.3	5.0	3.0	3.5
	介质损耗角正切(20 ℃,50 Hz)		0.000 5	0.000 5	0.07	0.003	0.003
	击穿强度	kV/mm	30～70	30～50	—	—	—
耐热性能	导体最大工作温度	℃	90	75	70	85	65
	允许最大短路温度	℃	250	150	135	250	250
机械性能	抗张强度	N/mm²	18	14	18	9.5	—
	伸长率	%	600	700	250	850	—

第五节　避 雷 器

当保护间隙在大气过电压作用下发生击穿,将雷电流引入大地后,系统还有工频电压的作用,于是保护间隙随即流过工频短路电流,如工频电弧不能熄灭,就会使供电中断。由此可见,对任何一个避雷器都应有以下两个要求。

(1)当过电压超过一定值时,避雷器发生放电(动作),将供电系统直接或经电阻接地以限制过电压。

(2)在过电压作用过去后,能迅速截断在工频电压作用下的电弧(即称工频续流),使断路器不至于跳闸动作,避免中断供电。

根据截断续流(避雷器动作后,流过冲击电流途径的工频电流)的方法不同,避雷器可分为管型与阀型两种。

一、管型避雷器

管型避雷器(简写作 GB)的结构如图 3-14 所示。它由装在产气管 1 的内部间隙 S_1(由棒电极 2 对环形电极 3 构成)和外部空气间隙 S_2 构成,其外形如图 3-15 所示。其动作过程是在大气过电压作用下,间隙 S_1、S_2 同时击穿,冲击波被截断。间隙击穿后,在系统工频电压的作用下,流过避雷器的短路电流称为工频续流。在工频续流电弧的高温作用下,使产气管分解出大量气体,其中绝大部分均储存于储气室中,使管中压力升高(管型避雷器的一端是密封的)。高压的气体急速地由其排气口 5 喷出,产生了纵吹作用,使电弧在工频续流第一次过零时熄灭,系统恢复至正常状态。因此,解决了保护间隙不能可靠地自动熄弧,使供电中断的缺点。为了使工频续流电弧熄灭,管型避雷器必须有足够的气体,而产生气体的多少又与流过管型避雷器的短路电流大小以及电弧与产气管的接触面有关。短路电流过小，产气不足，不能切断电弧，故管型避雷器有一个切断电流的下限。如果短路电流过大，产生的气体过多，管内的压力会超过产气管的机械强度，使管型避雷器爆炸。因此，避雷器应有一个切断电流的上限。

管型避雷器的主要缺点是：伏秒特性较陡，放电分散性较大，不能与伏秒特性平直的变压器绝缘很好配合；动作后产生截波，对变压器纵绝缘极为不利。放电特性受大气条件影响，故它只使用于线路的大跨和交叉挡距处及发、变电站的进线保护。

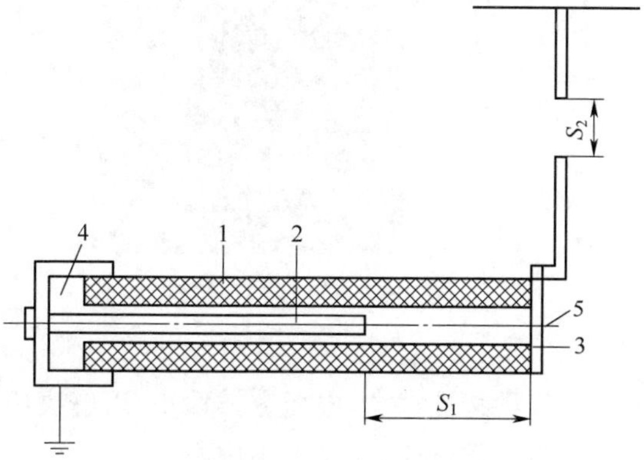

图 3-14　管型避雷器结构

1—消弧棒；2—棒电极；3—环形电极；4—储气室；5—排气口

图 3-15　管型避雷器外形

二、阀型避雷器

阀型避雷器（简写作 F）是由多个火花间隙与阀片串联构成，其结构如图 3-16 所示，外形如图 3-17 所示。间隙具有平坦的伏秒特性，放电电压分散性小，能与变压器绝缘的冲击放电特性很好配合。阀片具有良好的非线性特性，其电阻值与流过的电流大小有关，电流愈大时电阻愈小；反之，电流愈小时电阻愈大。F 的基本工作原理如下：当系统正常工作时，间隙将阀片电阻与工作母线隔离，以免由于工作电压在阀片电阻中产生的电流使阀片烧坏。由于采用电场较均匀的火花间隙，所以其伏秒特性较平，分散性较小，能与伏秒特性较平的变压器的绝缘特性相配合。当系统中出现过电压，其幅值超过间隙的放电电压时，间隙击穿，因此限制了作用于设备的过电压值。冲击电流经阀片电阻流入大地，由于阀片的非线性，在雷电流通过时，呈现低电阻，故在阀片上的压降（避雷器动作残压）也被限制在一定值，此值如低于被保护设备的冲击耐压，设备就得到保护。在过电压消失后，间隙中由工作电压产生的工频电弧电流（称为工频续流）将仍通过避雷器。工频续流受阀片电阻的限制较冲击时电流值大为减小，故阀片电阻将变大。工频续流值得到进一步限制，能使间隙在工频续流第一次过零值时熄灭电弧。以后，间隙的绝缘强度恢复，系统的正常工作不会受到影响。

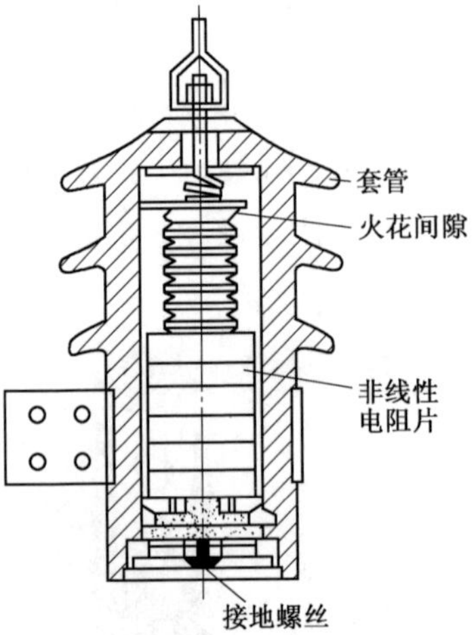

图 3-16 阀型避雷器内部结构

图 3-17 阀型避雷器外形

1. 火花间隙

对火花间隙的要求是应具有平坦的伏秒特性，放电电压分散性小，以解决伏秒特性配合问题。并能在规定的时间内切断工频电弧，使供电不中断。

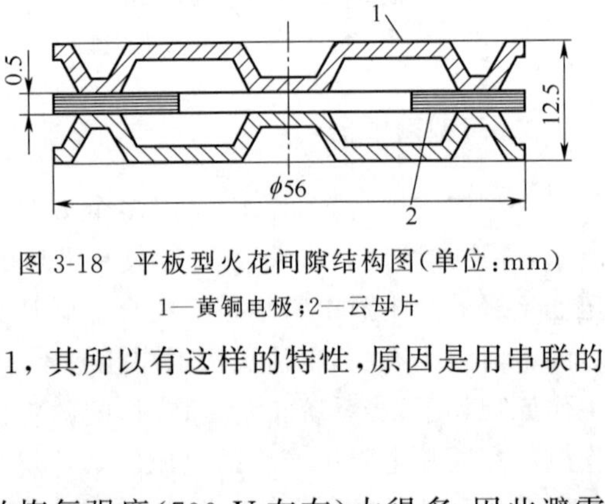

图 3-18 平板型火花间隙结构图(单位:mm)

1—黄铜电极;2—云母片

普通的阀型避雷器的火花间隙如图 3-18 所示。其上下有两个黄铜电极，中间用厚约 0.5 mm 的云母垫片隔开。当过电压作用于火花间隙时，其上下电极中部的工作面处发生放电。工作面处的距离很小，这样的间隙有比较平的伏秒特性，放电电压的分散性也很小，其冲击系数约等于 1.1，其所以有这样的特性，原因是用串联的短间隙来代替长间隙。

2. 并联电阻的作用

由于要求的灭弧电压比单个间隙的恢复强度(700 V 左右)大得多，因此避雷器多用较多个单个间隙串联起来。但多个间隙串联使用时，存在一个问题，就是电压分布不均匀和不稳定，在电压等级高的供电系统中尤为严重。引起电压分布不均的原因是各个间隙的电极对地及对高压端有寄生电容存在，因而使沿串联间隙上通过的电流和电压不相等。为克服这个缺点，通常可采用分路电阻使电压分布均匀。其原理是:在工频电压作用下，分路电阻中的电流比流过间隙中的电容电流大，此时，电压分布主要决定于并联电阻值，因此使电压分布得以改善。

3. 阀片电阻

避雷器中所用的阀片电阻，其电阻值不是常数，它是随通过电流的大小而变化的，称其为阀片电阻。其电压降 U 和流过电流 I 的关系(伏安特性)为：

$$U=CI^{\alpha} \tag{3-1}$$

式中 C——常数；

α——阀片的非线性系数，$0<\alpha<1$，其值愈小愈好，一般取 α 约等于 0.2。

为有较好的保护效果，希望在一定幅值、一定波形的雷电流流过阀片的压降(残压)愈小愈好，即阀片阻值愈小愈好。

另一方面，为可靠地熄弧，必须限制续流的大小，希望在工频电压升高后流过间隙、阀片的电流不超过规定值。由此可见，只有电阻值能随电流值而变的阀片电阻才能同时满足上述两个要求。

目前所用的圆饼形阀片(非线性材料)是由 SiC 加黏合剂压制后焙烧而成，图 3-19 为普通阀型避雷器的阀片实物图。

图 3-19　普通阀型避雷器的阀片

三、磁吹避雷器

磁吹避雷器(见图 3-20)的续流值较高，故残压较低。提高该避雷器切断工续流值的方法之一是“磁吹”，即利用磁场对电弧的电动力作用，使电弧运动(拉长或旋转)，以提高间隙灭弧能力。现介绍一种目前采用的使电弧拉长的磁吹间隙的磁吹避雷器，其结构如图 3-21 所示。图中表明的间隙结构：间隙 1 为一对角状电极组

图 3-20　阀式磁吹避雷器

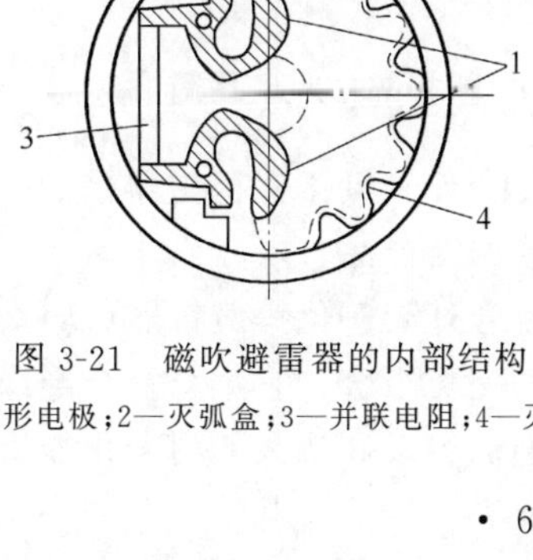

图 3-21　磁吹避雷器的内部结构

1—角形电极；2—灭弧盒；3—并联电阻；4—灭弧栅

成，磁场是轴向的，续流电弧（虚线所示）被磁场拉入灭弧栅 4 中，可被拉长为起始长度的几十倍。因此，电弧在灭弧栅中受到强烈去游离而熄灭。电弧在形成后立即被拉至远离间隙处，故间隙绝缘强度恢复很快，熄弧能力很强。由于电弧被拉的很长且处于去游离很强的灭弧栅中，放电弧电阻很大，可起到限制续流的作用，因而这种间隙又称限流间隙。当采用限流间隙后，就可减少阀片数目，使避雷器的残压降低。阀式磁吹避雷器的电气参数见表 3-3，主要有以下 5 项。

（1）额定电压。避雷器的额定电压必须与其安装点的供电系统的电压等级相同。

（2）灭弧电压。避雷器耐受不发生电弧重燃的最高工频电压。

（3）工频放电电压。工频放电电压的上限不能太高，因其间隙的冲击系数是一定的，当工频放电电压高时，其冲击放电电压也高，避雷器的保护特性不好。工频放电电压下限不能过低，因为工频放电电压过低，即说明其灭弧电压低及可能在内过电压下动作。这样会导致避雷器不能可靠熄弧或爆炸。

（4）冲击放电电压。指在预放电时间为 1.5～20 μs 的冲击放电电压。

（5）残压。防雷计算中 220 kV 及以下的避雷器以 5 kA 下的残压作为避雷器的最大残压，对 330 kV 的避雷器则取 10 kA 的冲击电流为准。

表 3-3　阀式磁吹避雷器主要参数

特性参数 \ 产品型号	电机额定电压(kV)(有效值)	避雷器额定电压(kV)(有效值)	工频放电电压(kV)	冲击放电电压 1.5～2.0 μs ≥kV（峰值）	8/20 μs 残压 (5 kA) ≥kV（峰值）	通流能力		电导电流		伞径 ϕ (mm)	高度 H (mm)
						20 ms 方波 (A)	8/20 μs 冲击 (kA)	外施电压 (kV)	电流值 ≥ (μA)		
FCD3-3	3.15	3.8	7.5～9.5	9.5	9.5	400	10	3	30	100	220
FCD3-4	4	4.6	9～11.4	12	12.0	400	10	4	30	100	220
FCD3-6	6.3	7.6	15～18	19	19.0	400	10	6	30	100	220
FCD3-10	10.5	12.7	25～30	31	31.0	400	10	100	30	100	270

四、新技术、新产品简介

复合外套氧化锌避雷器是 20 世纪 80 年代发展起来的新技术、新工艺和新材料集成的新产品。

复合外套氧化锌避雷器（简称 CMOA）是氧化锌电阻片的优良性能与新型硅橡胶的完美组合。它集合复合绝缘子与氧化锌避雷器的优点，以其优异的非线性、大的通流容量和持久的耐老化能力，取代了当时大量使用的碳化硅避雷器。

金属氧化物避雷器是一种新型保护电器。它的关键元件是氧化锌阀片，它是以氧化锌为主要原料，掺以各种金属氧化物，经高温烧结而成，其结构为氧化锌晶粒及其间的晶介层所组成，其外形和结构如图 3-22 所示。当所加电压较低时（如在系统运行电压下），其近于绝缘状态，电压几乎都加在晶界层上，流过避雷器的电流仅为微安级，而当电压增加时（如加在过电压下），其电阻率骤然下降进入低阻态，使流过避雷器的电流急剧增加，从而使供电设备得到了可靠的保护。

现在将两种避雷器的伏安特性曲线做一下比较，如图 3-23 所示。

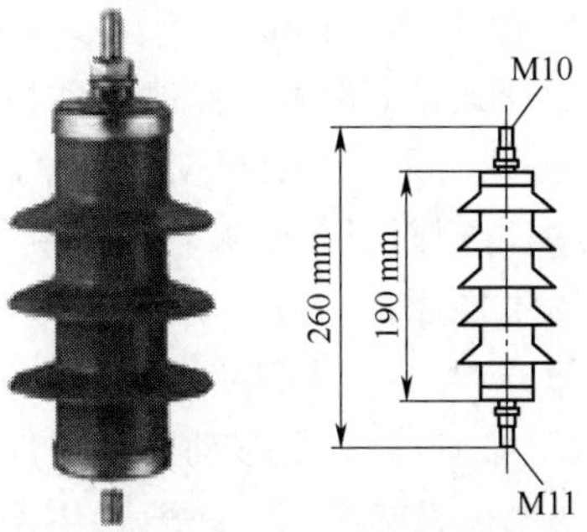

图 3-22　氧化锌避雷器外形及结构

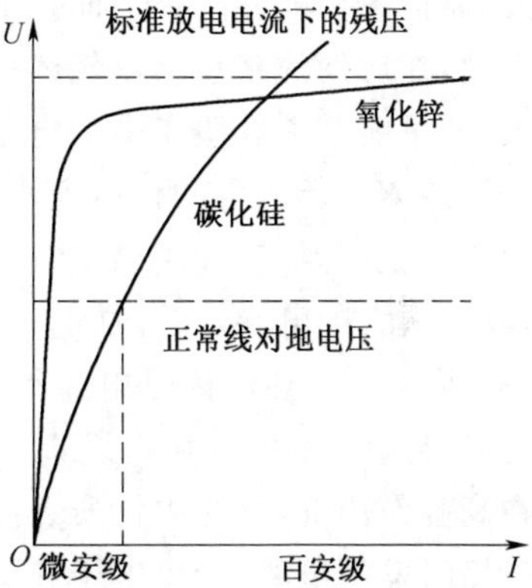

图 3-23　氧化锌和碳化硅两种材料的伏安特性曲线

经过两种避雷器特性曲线的比较可以看出，由于金属氧化物避雷器其内部氧化锌阀片具有优异的非线性特性，所以它可以不用串联间隙，与碳化硅避雷器相比有如下优点。

（1）保护特性优异。没有放电时延，伏安特性比较平坦，残压较低。

（2）运行性能良好。阀片性能稳定，耐冲击能力强，通流容量大，耐污秽性能较好。

（3）实用性好。结构简单，高度低，安装维护方便。

第六节　断路器

一、断路器中电弧的形成和熄灭

断路器中最基本的部件是触头，当用断路器断开电路时，如果电路电压或电流达到一定值时，动静触头间便会产生电弧。电弧的温度很高，常常超过金属汽化点，可能损坏触头或使触头附近的绝缘结构遭受破坏。如果电弧长久不熄，将会引起电器烧毁，危害供电系统的安全运行，因此，一般用于断开电流的开关电器都具有专门的熄弧装置。在介绍开关电器的结构和工作情况之前，首先介绍电弧形成和熄灭的基本原理。

开关触头间的电弧，实际上是由于中性质点游离而引起的一种气体放电现象。从电弧形成过程来看，游离放电可分为以下四个阶段。

(1)强电场发射。通有电流的开关触头分离之初，触头间距离很小，电场强度很高。如果电场强度超过一定值，则在强电场作用下阴极表面发射出电子，这种现象称为强电场发射。当开关触头继续分离时，由于触头间距离增大，电位梯度相对减小，强电场发射也就逐渐减弱。

(2)碰撞游离。从阴极表面发射出来的自由电子，在电场力的作用下向阳极作加速运动，在运动的路径上与气体的中性质点(原子或分子)相碰撞，若电子的动能足够大，就可能使中性质点中的电子游离出来，形成自由电子和正离子，这种现象称为碰撞游离。新产生的自由电子也向阳极作加速运动，继续与其他中性质点碰撞而使之发生游离，碰撞游离连续不断地进行下去。结果，触头间充满了电子和正离子，具有很大的电导，在外加电压作用下，介质被击穿而引起电弧。

(3) 热游离。热游离是电弧得以维持燃烧的主要原因。在电弧燃烧时，电弧表面温度可达 3 000～4 000 ℃以上，电弧中心部分(弧柱)温度可达 10 000 ℃以上。在高温作用下，气体中性质点的不规则热运动增加，具有足够动能的中性质点互相碰撞时发生游离，产生电子和正离子，这种现象称为热游离。一般气体发生游离所需的能量(游离能)较大，发生热游离的温度约为 9 000～10 000 ℃；金属蒸汽的游离能较小，其热游离温度约为 4 000～5 000 ℃。因为开关电器的电弧中总有一些金属蒸气，而弧心温度总大于 4 000～5 000 ℃，所以热游离的强度足以维持电弧的燃烧。

(4)热电子发射。电弧产生后，由于温度很高，阴极表面的电子将获得足够的能量向外发射，称为热电子发射。

从上分析可以看出：电弧由碰撞游离产生，由热游离维持，而阴极则通过强电场发射或热电子发射提供自由电子。

电弧燃烧时，弧隙中除了存在上述游离过程之外，同时还存在着去游离过程(即自由电子和正离子相互吸引发生中和的过程)。去游离的主要方式有复合和扩散两种。

(1)复合。复合是正负离子互相接触时，交换多余的电荷，成为中性质点。由于电子运动的速度约为正离子运动速度的 1 000 倍，故电子与正离子直接复合的可能性很小。在气体内，复合是借助中性质点进行的。首先是电子碰撞中性质点时，附着在中性质点 E 而形成负离子，然后再与正离子结合，形成中性质点。

(2)扩散。扩散是弧柱中的自由电子及正离子由于热运动而从弧柱内部超出，进入周围介质的一种现象。电弧和周围介质的温度差以及离子浓度差越大，扩散作用也越强。

二、交流电弧

1. 交流电弧的特性

在交流电路中，电流瞬时值随时间不断地变化，每半周要过零一次。交流电弧变化很快，且弧柱具有很大的热惯性，所以交流电弧的伏安特性都是动态特性，如图 3-24(a)所示。如果电流按正弦波形变化，根据伏安特性，可得到如图 3-24(b)所示的电弧电压波形图。图中的 A 点是产生电弧的电压称为燃弧电压，而 B 点是电弧熄灭的电压称为熄弧电压。由于是动态的原因，熄弧电压总是低于燃弧电压。

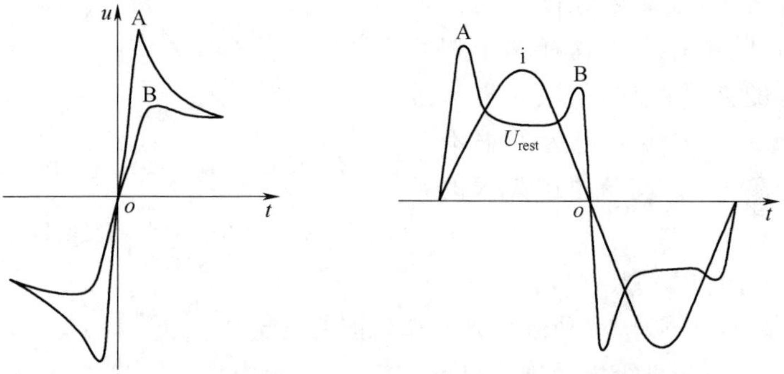

(a) 伏安特性　　(b) 电弧电压电流波形

图 3-24　交流电弧的伏安特性及电弧电压、电流的波形

2. 交流电弧的熄灭

交流电流过零时，电弧将自然暂时熄灭。如果此时采取一些措施，加强去游离过程。使其大于游离过程，则在下半周电弧就不会重燃而最终熄灭。

在电弧电流过零前的几百微秒，由于电流减小，输入弧隙的能量也减小，弧隙温度剧降，因而弧隙的游离程度下降，弧隙电阻增大，当电流过零时，电源停止向弧隙输入能量。此时，由于弧隙不断散发热量，其温度继续下降，去游离继续加强；另外，由于电流过零的速度较快，而弧隙温度的降低和弧隙介质恢复到绝缘的正常情况总需要一定的时间，因此，当电流过零后很短时间内，弧隙中的温度仍比较高，特别在开断大电流时，还会存在热游离，致使弧隙具有一定的导电性(称为残余电导)。在弧隙电压的作用下，通过残余电导，使弧隙中有电流(称为残余电流)通过。而电源仍有能量输入弧隙，使弧隙温度升高，热游离加强。所以，此时在弧隙中存在着散失能量和输入能量的两个过程。如果输入的能量大于散失的能量，则弧隙游离过程将会胜过去游离过程，电弧会重燃，这种由于热游离而使电弧重燃的现象称为热击穿。反之，如果在电流过零时加强弧隙的冷却，并使输入的能量小于散失的能量，弧隙将由导电状态向介质状态转变，电弧就会熄灭。

当电弧温度降低到热游离基本停止时，弧隙已转变为介质状态，此时，虽然不会出现热击穿而重燃，但弧隙的绝缘能力恢复到绝缘的正常情况仍需要一定的时间，此过程称为弧隙介质强度的恢复过程，以耐受电压 $U_{med}(t)$ 表示；同时在电弧电流过零后，弧隙电压将由熄弧电压经过由电路参数所决定的电磁振荡过程，逐渐恢复到电源电压，此过程称为电压恢复过程，以 $U_{res}(t)$ 表示。

弧隙介质强度的恢复过程，主要与弧隙的冷却条件有关，而弧隙电压的恢复过程，主要与线路参数有关。事实上，弧隙电压又影响到弧隙游离，弧隙电阻是线路参数之一，也影响弧隙电压的恢复。因此，弧隙中存在着这样两个相互联系且对立的恢复过程，是决定电流过零以后电弧是否重燃或熄灭的根本条件，如图 3-25 所示。交流电弧熄灭的条件为：

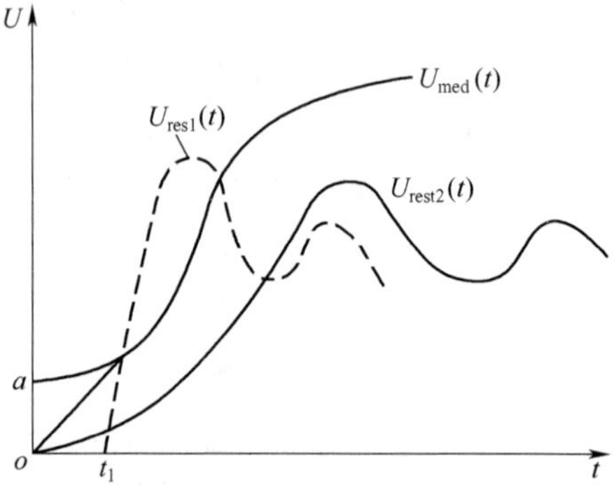

图 3-25　介质强度与恢复电压的时间曲线

$$U_{med}(t) > U_{res}(t) \qquad (3\text{-}2)$$

式中　$U_{med}(t)$——弧隙介质强度恢复所能耐受的电压；

$U_{res}(t)$——系统电源恢复电压。

可见，只要电流过零后，弧隙介质强度永远大于恢复电压，则弧隙不再被击穿，电弧即熄灭；否则，弧隙再次被击穿，电弧重燃。

3. 介质强度的恢复

介质强度的恢复与弧隙的冷却条件、电弧电流强度、介质特性、触头分断速度等因素有关。电弧电流愈大，温度愈高，介质强度恢复得愈慢；对电弧冷却愈好，电流过零时电弧温度下降愈快，介质强度恢复也愈快；如采用绝缘强度高的气体，提高气体的压力或利用真空作介质等，都可提高电流过零后弧隙的介质强度；提高触头分断速度，弧阻增大的速度也加快，于是也提高介质强度恢复的速度。

4. 熄灭交流电弧的基本方法

(1)吹弧。用气体或液体介质进行吹弧，既能起到对流换热、强烈冷却弧隙的作用，又可部分取代原弧隙中游离气体或高温气体。吹动电弧的方法有纵吹和横吹。

(2)采用多断口熄弧。高压断路器常制成每相有两个或更多个串联的断口。采用多断口是将电弧分割成若干小电弧段，在相等的触头行程下，多断口比单断口的电弧拉长，弧隙电阻增大。且电弧被拉长的速度增加，加速了弧隙电阻的增大，同时也就增大介质强度的恢复速度。另外，由于加在每个断口的电压降低，使弧隙的恢复电压降低，因此灭弧性能更好。

(3)利用短弧原理熄弧。这种方法利用了交流电弧的初始介质强度，将电弧分割成许多短弧。当所有的阴极介质强度总和大于施加于触头上的电压时，电弧熄灭。低压电器中广泛采用的灭弧栅装置，即是这种将电弧分割成许多短弧的灭弧方式。

(4)采用新介质。利用灭弧性能优越的新介质作为断路器的绝缘和灭弧介质，SF_6 气体、压缩空气或真空等。

三、电气化铁路中常用的断路器

断路器的类型很多，就其结构而言，都是由开断元件、支撑绝缘件、传动元件、基座及操动机构五个基本部分组成。开断元件是核心元件，完成控制、保护等方面的任务。其他组成部分都是配合开断元件，为完成上述任务而设置的。开断元件包括触头、导电部分及灭弧室等，触头的分合动作是靠操动机构通过传动元件来带动的。开断元件一般安放在绝缘支柱上，使处于高电压的动静触头及导电部分与地绝缘，绝缘支柱安装在基座上。

1. 少油断路器

在油断路器中按绝缘结构的不同，可分为少油断路器与多油断路器两种。多油断路器由于体积大，耗用钢材多，经济性能差，几乎被少油断路器替代了。在少油断路器中，断路器的导电部分与接地部分之间的绝缘主要靠瓷件完成，油只用作灭弧和触头开断后弧隙的绝缘介质，用油量比多油断路器少得多。因而，少油断路器的体积小、重量轻、能节约大量的油和钢材，占地面积小。又由于少油断路器用油量很少，油箱结构坚固，制造质量良好的少油断路器可以认为具有防爆、防火特征。在我国少油断路器的应用曾经非常广泛，目前逐步被无油化产品代替。

我国生产的 20 kV 以下的少油断路器为户内式，过去都用金属油箱固定在支持绝缘子上；新型的少油断路器都改用环氧树脂玻璃钢筒作为油箱，这样不仅节约钢材，且减少涡流损耗。35 kV 及以上的少油断路器为户外式(35 kV 也有户内式的)，均采用高强度瓷筒作为油箱，同时作为绝缘。

少油断路器的缺点是不适宜于多次重合闸，不适宜于严寒地区(油少易凝冻)，附装电流互感器比较困难。

下面介绍电气化铁道常用的 SW6 型少油断路器。

SW6 型少油断路器为积木式结构，断路器的每一相是由三节瓷套管组成“Y”形单元，如图 3-26 所示。两个断口及灭弧室分别置于“Y”形单元的两侧瓷套管中，这两个瓷套管用螺栓分别固定在中间机构箱上，均与水平成 55°角，再用瓷套筒支持在角钢支架上，支架下装有传动机构。

110 kV 少油断路器每相为一个单元，三相共用一个操动机构操作。而220 kV 的少油断路器每相为两个单元(共四个断口)相串联，每相用一个操动机构进行分相操作。绝缘支柱套筒随电压等级而增加，110 kV 用一个、220 kV 用两个，构成

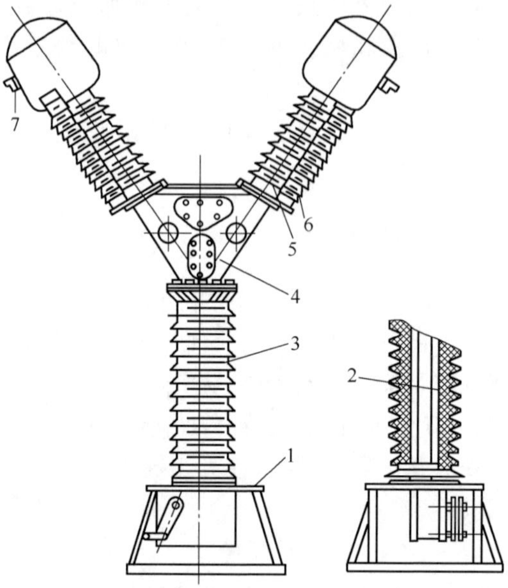

图 3-26　SW6-110GA 型少油断路器外形图

1—底架；2—提升杆；3—支柱瓷套；4—中间机构箱；5—灭弧室；6—均压电容；7—接线板

断路器对地的主绝缘。整个支柱瓷套筒及支架下的传动机构中均充油，以起一定的绝缘作用。

少油断路器的灭弧室及中间机构箱的装于支柱瓷套筒里的提升杆（图小未示出）带动中部三角形机构箱中的连杆；使导电杆上下运动，进行分合闸操作。断路器在合闸位置时，导电杆插入定触头中，经另一个相同结构的灭弧室，最后从另一灭弧室的引线端流出。

灭弧装置的主体是一个高强度玻璃钢筒，它既起压紧保护瓷套的作用，又承受灭弧时的高压力，从而保证了在开断短路电流时不致发生爆炸。

2. SF_6 气体断路器

SF_6 气体断路器早期应用于高压和超高压系统，将其应用于电气化铁路供电系统则是近些年来技术发展和工程实践的结果。我国通过合资与技术创新已经能够生产具有自主知识产权的 SF_6 气体断路器系列，我国研制的 SF_6 气体断路器一般采用单压式（气体压力一般为 3～7 个工程大气压）灭弧室结构，利用压气活塞的冲击气流熄灭电弧。气体封闭循环使用，与周围大气不接触，允许年泄漏量为 1%。

(1)SF_6 的特性。SF_6 气体是一种无色、无味、无毒、无臭、不可燃、不助燃的人工合成惰性气体。常压下，气体的密度为空气的 5 倍左右，熔点为 −63.8℃。SF_6 分子结构为正八面体，完全空间对称。硫原子与氟原子以极强化学键（共价键）相连，化学性能稳定，不易电离。SF_6 分子具有极强的电负性，分子体积大，极容易捕捉到电子并吸收电子的能量，生成低活性低动能的稳定负离子，使电弧中的电子浓度大幅下降，容易熄灭电弧。

更为重要的是其不溶于水和绝缘油，不与金属铜、铝和铁发生化学反应。SF_6 分子在高温电弧作用下迅速分解为系列低氟化物和单质硫，一旦分解条件恢复，又会迅速结合成 SF_6。因此，在交流电弧过零时弧隙介电强度恢复的速度极快，是空气恢复速度的 100 倍左右。在一个工程大气压下，绝缘水平是空气的 2 倍。电弧在 SF_6 气体中的直径与体积很小，弧隙电压极低，非常利于断路器灭弧。

应当指出，SF_6 高温分解出的低氟化物与水分发生反应，可生成极具毒性的氟化亚硫酰、氟化硫酰和氟化氢。因此在处理 SF_6 时需谨慎操作，且要戴防毒口罩，穿安全防护服和防护手套。

(2)SF_6 气体断路器的绝缘结构。电气化铁路供电系统中使用的 SF_6 气体断路器主要分为分体式和组合式(GIS)两类。分体式主要用于敞开布置的牵引变电所，通常用于高压侧的主断路器。图 3-27 为某牵引变电所 110 kV 侧主断路器户外布置结构。组合式主要用于室内牵引变电所(如沪宁高铁上海虹桥牵引变电所的 220 kV 侧主断路器，55 kV 侧断路器，27.5 kV 侧馈线断路器全部采用 SF_6 断路器)。SF_6 气体断路器的主绝缘由相间绝缘和相地绝缘构成。分体式断路器相间绝缘主要由灭弧室外瓷套和空气间隙构成，相地绝缘由瓷套和操动机构绝缘拉杆组成。图 3-28 为 SF_6 气体断路器灭弧室的结构示意图。组合式断路器的相间绝缘和相地绝缘由 SF_6 气体间隙构成和绝缘操作拉杆构成 。

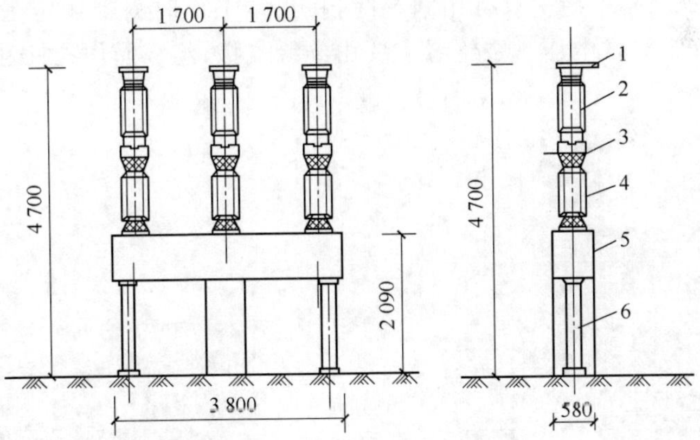

图 3-27　分体式 SF_6 断路器结构(单位：mm)

1—引线端子；2—上部灭弧室；3—中间机构；4—下部灭弧室；5—操动机构箱；6—基础底座

3. 真空断路器

第一台真空断路器诞生于 20 世纪 60 年代初期的美国 GE 公司，随着技术水平和制造工艺水平的不断提高，越来越广泛的应用于电力系统的中压(10～35 kV)

领域和电气化铁路的牵引供电系统。

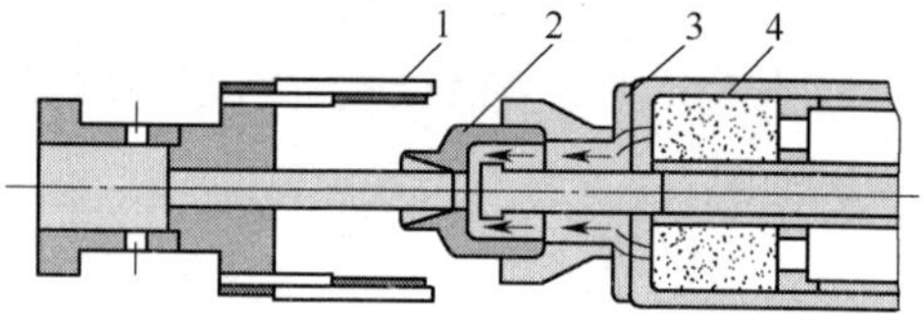

图 3-28　SF_6 灭弧室结构

1—静触头；2—动触头；3—压气活塞；4—SF_6 气体

(1)真空介质。真空是指绝对压强低于 1 个工程大气压的稀薄气体空间，气体的稀薄程度用真空度来表示。真空度是气体绝对压强与标准大气压强的比值的倒数，绝对压强越小则真空度越高。在一般情况下，当容器中气压小于标准大气压时，就认为是低真空环境了，气压低于 1.33×10^{-5} Pa 时，为高真空度。

电气化铁路的真空断路器的真空度一般为 1.33×10^{-6} Pa 左右。在真空中电极(断路器的动静触点)的间隙称为真空间隙。真空间隙在某一电压下击穿几次后，由于触点表面的毛刺与不光滑的突起和锐角等会被高温电弧冲击掉，使得触点表面光洁度提高。此真空间隙再在此电压作用下就不会被击穿，击穿电压会明显提高，这种现象称为真空电弧的老化特性。

在高真空中，气体分子含量极少，分子间自由行程相当大，当电子或负离子高速向阳极发射运动时，与气体分子发生碰撞电离形成电子崩的概率大为降低。即使发生了碰撞，也不会引发大规模的电子雪崩和流注，因此真空间隙的绝缘强度是非常高的。

(2)真空断路器的绝缘结构。交流电气化铁路使用的真空断路器一般为单相，单断口(单灭弧室)手车式断路器，如图 3-29 所示，其核心部件为真空灭弧室，结构如图 3-30 所示。其主绝缘只有相间绝缘，在正常工作时耐受额定工作电压，系统操作过电压和大气过电压。主绝缘主要由绝缘支撑，绝缘操作拉杆和互感器主绝

图 3-29　电气化铁路真空断路器

1—绝缘支撑；2—真空灭弧室；3—绝缘拉杆；4—电流互感器；5—绝缘撑杆

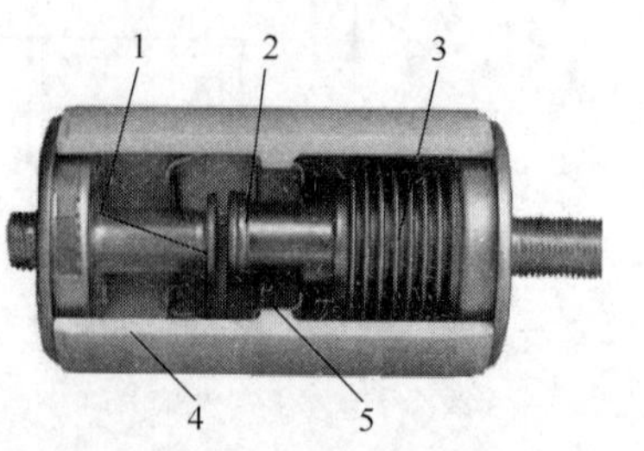

图 3-30　真空断路器的灭弧室

1—静触头；2—动触头；3—波纹管；4—外瓷壳；5—屏蔽罩

缘构成。在直流电气化铁路供电系统中(如地下铁道供电交流 35 kV 高压侧)采用的三相真空断路器,往往采用 GIS 结构。此类真空断路器的相间绝缘主要由 SF_6 气体间隙构成,具有占地面积小,可靠性高的特点。

第七节　电瓷绝缘子

绝缘子在供电系统及电气设备中应用十分普遍,它的作用是将处于不同电位的导电体在机械上相互连接,而在电气上则相互绝缘。很多绝缘子是在户外工作的,由于大气经常在发生变化,某些情况对绝缘是很不利的,如雨、露、冰、雪、雾、长期曝晒、突然下雨温度剧变等。厂矿周围的大气还常常被污染,有时还会含有酸碱等有腐蚀性的导电尘埃。盐碱地带、海岸附近的绝缘还会附着一些盐分。户外露天工作的绝缘必须在这些不利条件下长期工作而仍然具有足够的电气和机械性能。目前工程上应用的主要是电瓷,绝大多数高压设备都用电瓷做外绝缘。

按照绝缘和连接形式的不同,电工瓷产品可以分为两大类。

(1)绝缘子。用作导电体和接地体之间的绝缘和固定连接,如隔离开关安装触头的支柱绝缘子。

(2)套管。用作导电体穿过接地隔板、电器外壳和墙壁的绝缘部件,如变压器的出线套管、配电装置的穿墙套管等。用电瓷作为主要绝缘的套管,另外还有充油套管、电容套管等,它们的外绝缘都采用瓷套。

上述两类产品有时统称为绝缘子。

绝缘子及套管的基本用途是在电气设备和供电系统中将不同电位的导体机械固定起来。在近代高压输电线路中,绝缘子的投资百分比随电压等级升高而上升。110 kV、220 kV 的架空线中,分别约占输电线路造价的 10%和 16%。

绝缘子和套管与其他绝缘结构相比,具有下列一些特点。

(1)由于高电压、大容量输变电的发展,对绝缘子电气和机械性能的要求相应提高,绝缘子的闪络电压,大致可因高度或长度的增加而增加,但是机械性能特别是抗弯性能都因高度或长度的增加而下降,所以绝缘子的机械性能已成为一个突出的严重问题。

(2)绝缘子大多在大气中工作。由于大气条件(雷、雨、雾、霜、雪、温度、压力、湿度等)变化,以及污染和地震等各种环境条件的不同,对其性能要求常是多样性的。

(3)绝缘子在供电系统中数量极大。一条电气化铁路供电系统所用的绝缘子少则几万,多则以百万计,均要求保证良好的抗老化性能。如果抗老化性能不良,如年老化率达 1%,则因绝缘子的不断损坏和检修而经常停电,以致线路无法正常运行。

(4)由于无机材料的特点，绝缘子仍以传统材料电瓷作为主要材料。20 世纪 50 年代初玻璃绝缘子开始大量的应用。20 世纪 60 年代有机绝缘材料如环氧玻璃钢或环氧浇注品用作绝缘子，硅橡胶绝缘子近年已见应用。

以制造而言，绝缘子无论采用瓷或玻璃，在一个工厂从最基本的原料直接制成最后的产品。绝缘子在设计制造上的工艺性是一个突出问题，从使用条件和工作性能来决定绝缘子的形状和尺寸，与工厂从制造工艺力便来决定绝缘子的形状和尺寸可能有不同，两者应力求兼顾，因此必须熟悉绝缘子的材料性能和工艺性能。

一、电瓷绝缘子

高压绝缘子通常按用途分为支柱绝缘子和线路绝缘子两大类。绝缘子按其他方式也有不同分类。如户外或户内；用于户外是清洁地区还是污秽地区，污秽是属于尘土、烟灰、盐雾还是化学的；是否采用半导体釉；表面形状如何；有无伞、裙、棱或其他如螺旋形裙等，这些都关系绝缘子的设计和制造。裙的作用是防止雨水淋湿整个绝缘子表面以提高湿闪络电压；棱的作用主要是延长表面泄漏距离；伞兼有棱和裙的作用，在下雨时还保持一部分干燥的瓷表面和增加电极间沿瓷表商的泄露距离，以提高淋雨闪络电压。

1. 支柱绝缘子

支柱绝缘子包括棒形支柱绝缘子和针式支柱绝缘子两种，多用于发电厂、变电所支持母线或隔离开关等电器上。它由瓷柱和上下金属附件通过水泥胶装组成。由于棒式支柱绝缘子的老化性能较好，它的最高耐受电压一般为 110 kV。在更高电压时，可串联叠装成绝缘子柱使用。针式支柱绝缘子逐渐为棒形支柱绝缘子所代替。支柱绝缘子按外形结构和工作条件的不同，分为户外和户内两大类。

(1)户外支柱绝缘子。如图 3-31 所示，棒形支柱绝缘子是一个实心带伞的圆瓷柱。实心瓷柱沿外部空气的闪络距离和内部贯通击穿路径差不多相等，在高电压作用下，只会出现外部闪络而不会发生瓷介质的内部击穿，具有“不击穿”的特点，该绝缘子在运行中受到弯曲力矩的作用，随着电压等级升高，绝缘子高度增加，弯曲力矩也增加，这就要增大该绝缘子直径，随着直径的增大，在制瓷工艺上有较大困难，同时瓷件重量也显著增加。

还有采用针式支柱绝缘子，它内部击穿距离远小于外部空气的闪络距离，属于“可击穿”型式，正逐渐被淘汰。但其泄漏距离长，防污性能较好，许多污秽地区目前仍在使用。

(2)户内支柱绝缘子。户内支柱绝缘子由空心或实心的圆柱形瓷件和金属附件组成，其外形如图 3-32 所示，按照金属附件和胶装方式的不同，户内支柱绝缘子分为外胶装、内胶装和内外联合胶装三种结构形式。其中外胶装绝缘子的瓷件是空心带厢板的，它的金属附件胶装在瓷件外面。瓷件顶部的隔板是用来防止沿内

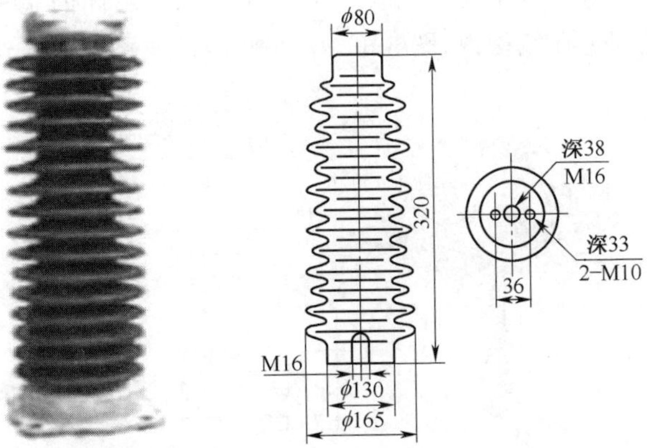

图 3-31　户外支持绝缘子外形及结构(单位:mm)

表面的闪络、瓷件表面有凸出不多的棱,用以阻止放电发展和增长闪络距离,从而可提高闪络电压。由于外胶装绝缘子的金属附件胶装在瓷件外面,不能充分利用瓷件的高度,因此绝缘子较高,金属材料消耗较多,为此生产了一种金属附件均胶装在瓷件内的内胶装绝缘子。其尺寸和重量比较小,使得采用它作为配套的电器尺寸和重量也减小了。瓷件内的金属附件(内电极)还可使绝缘介质表面的电压分布均匀一些,从而提高闪络电压。由于内胶装绝缘子的金属附件都胶装在瓷件内部,不能有效地利用瓷件的机械强度,还容易由于热应力而损坏,因此仅使用在6～10 kV 电压等级。综合上述内胶装和外胶装的特点,又发展了一种内外联合胶装的绝缘子。上附件内胶装,降低了绝缘子高度,下附件外胶装,有效地利用瓷件的机械强度,缩小瓷件直径。

2. 线路绝缘子

线路绝缘子是输配电线路固定导线用的绝缘部件,它也用在户外配电装置中。按结构不同分为针式绝缘子、盘形悬式绝缘子、棒形悬式绝缘子、横担绝缘子以及蝴蝶形绝缘子和拉紧绝缘子等。其中盘形悬式绝缘子最为重要,在高压线路中广泛应用。当线路电压等级增高时,增加绝缘子串的片数即可。针式绝缘子用于 35 kV 及以下电压等级的线路上。我国瓷横担绝缘子从 20 世纪 60 年代开始发展,目前用于 110 kV 及以下电压等级的线路。

图 3-32　户内支持绝缘子外形

(1)针式线路绝缘子。该线路绝缘子在 6～10 kV 配电线路中广泛被采用,其瓷件与针式支柱绝缘子基本相同，属于“可击穿”型式，不同的是顶部有一线槽，可将输电线用绑线固定在线槽内，图 3-33 为 P-10 型针线路绝缘子外形及结构。

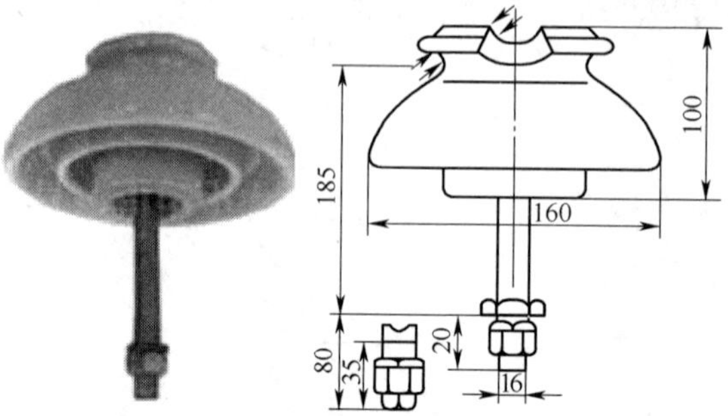

图 3-33　线路盘型针式线路绝缘子外形及结构(单位:mm)

(2)悬式绝缘子、绝缘子串。如图 3-34 所示的 X-4.5 型悬式绝缘子，该绝缘子由铁帽、钢脚和瓷件三部分组成。铁帽用锻铸铁、钢脚用低碳钢做成，金属和瓷件之间用水泥胶合。瓷件是圆盘形的，目的是为了增长闪络路径和泄漏距离，以及为防止下表面被雨水淋湿。悬式绝缘子一个突出的优点是：当工作电压很高时，可将许多的绝缘子用简单的机械连接组成绝缘子串，绝缘子串的机械强度仍与单个元件相同，闪络电压则随绝缘子片数的增多而提高。悬式绝缘子串，若每片绝缘子承受的电压相同，则利用率最高。但由于绝缘子的金属部分对接地铁塔及带电导线间分别有杂散电容存在，造成沿绝缘子串的电压分布不均。用分裂导线或增设均压环可使绝缘子上的电压降均匀些。

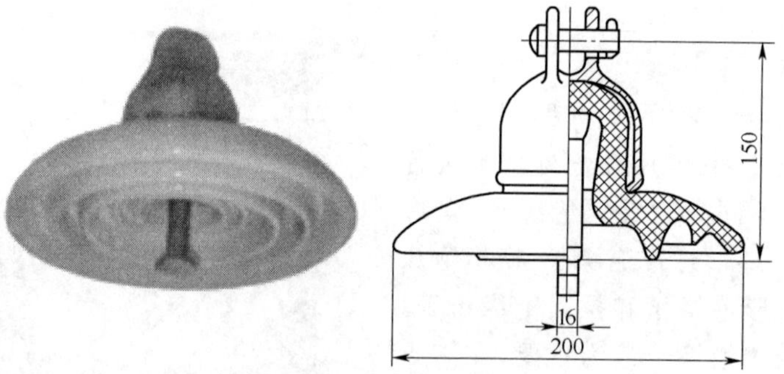

图 3-34　X-45 悬式绝缘子外形及结构(单位:mm)

(3)瓷横担绝缘子。该绝缘子是棒形的瓷件，安装在电杆金属横担上支承导线，使输电线对地绝缘，又将各相导线隔开一定距离，保证电杆间输电线摆动时，有足够的绝缘距离。瓷横担绝缘子有许多优点：电气性能高，运行安全可靠；35 kV 以下的瓷横担绝缘子制造方便，采用瓷横担绝缘子的线路结构简单，线路造价较低，一般可节约成本 20％～50％。

3. 新技术、新产品简介

(1)有机复合绝缘子。20 世纪 60 年代,以硅橡胶和玻璃纤维增强塑料材料制成的有机合成绝缘子问世。与在电气设备中使用的瓷空心绝缘子相比,具有如下优点:

①防爆性和抗破坏性强。复合空心绝缘子为非脆性材料制作,在内部加压或极端机械冲击下,不会引起设备爆炸,亦无碎片飞逸伤害人身和设备。

②抗震性好。复合空心绝缘子材料坚韧,弹性好。各种模拟地震的测试表明其能承受极大的弯曲负荷,在地震多发地区安全性能极高,无须加装减震装置。

③体积小,重量轻。复合空心绝缘子重约为瓷套管的 1/3～1/5,方便产品运输安装。

④良好的耐污性。硅橡胶良好的憎水性,使复合空心绝缘子在潮湿、污秽、濛濛细雨、雾凇天气或倾盆大雨时都具有可靠的防污闪能力,不会发生污闪或湿闪。

⑤良好的抗老化性。在受气候和电气影响的老化过程中,其憎水性能保持稳定,且硅胶抗老化性能卓越,加之材料特性抗机械冲击力、防震,可保证复合空心绝缘子长期运行的可靠性。

⑥免维护,无须清扫。由于硅橡胶具有憎水性的迁移性,故无须定期对绝缘子外部进行清扫或硅烷化处理,减少了运行维护工作量。

(2)玻璃绝缘子。玻璃绝缘子有标准型、耐污型和直流型等 30 多个品种,在 35～500 kV 线路上投运总数 2 200 万片以上,其中 330～500 kV 线路 102 条,共用高吨位产品 350 万片。玻璃绝缘子的自破率是产品质量的重要指标之一,它与自然条件、运行环境有着密切关系。瓷和合成绝缘子的老化属于后期暴露,随运行时间延长呈上升趋势,当老化率高达不能承受时,只好全线更换绝缘子,而玻璃绝缘子仅需零星的更换自破的残锤片,利于节省线路投资和降低维护费用。

二、高压套管

高压套管是将载流导体引入供电变压器、断路器等电气设备的金属箱内或母线穿过墙壁时的引线绝缘。高压电容套管具有内绝缘和外绝缘。电器用瓷套是不带金具或只带法兰的圆柱形或圆锥形绝缘套,如电容套管的大瓷套和电容器、电压互感器、电流互感器、断路器、电缆出头及避雷器等所用的大瓷套,一般均以高压电工瓷制成,瓷套只是作为内绝缘的保护容器和外绝缘。空气断路器所用瓷套一般直径不大,但要求能承受高的机械应力与电场应力,故常采用高强度电工瓷制造。

按使用绝缘介质和内部绝缘结构可分为三类:纯瓷套管、充油套管及电容套管,其外形如图 3-35 所示。

(1)纯瓷套管。纯瓷套管以电瓷(还有空气)为绝缘,结构简单,维护方便,广泛用作 35 kV 及以下电压等级的穿墙套管和 10 kV 及以下电压等级的电器套管。纯瓷套管由瓷套、接地法兰及导体三部分组成。电场分布极不均匀,导体表面极易产生电晕,瓷套表面易产生滑闪放电。为此采取措施有:①增大接地法兰附近瓷的厚度以便提高放电电压;②增大套管导体与瓷壁间的空气间隙;③在 20 kV 及 35 kV 电压等级的瓷套接地法兰外面和瓷套内表面涂半导电釉层,并使导体与瓷壁短接,防止套管内腔发生放电,提高套管滑闪放电电压。

(2)充油套管。35 kV 及以上套管采用油屏障绝缘结构。以矿物油作为绝缘的主体,在油间隙中设置了薄层的固体绝缘介质(屏障),并在电极表面包覆上固体绝缘介质,以提高油间隙的击穿电压。

(a) 充油套管　　(b) 纯瓷套管

图 3-35　变压器套管外形

(3)电容套管。采用电场分布较均匀的电容芯棒为主要绝缘,同时采用全封闭结构。因此运行可靠、体积小、重量轻、易于维护,已全面代替充油套管。

电容套管由电容芯棒、瓷套和金具三部分组成。为阻止芯棒受潮,以瓷套作为和大气隔绝的保护容器,并作为外绝缘。瓷套内腔灌满青胶或变压器油。按此可分为充胶电容套管和充油电容套管,充胶电容套管多用作 35 kV 多油断路器套管。电容套管按芯棒的结构可分为胶纸型和油纸型两种。部分套管的基本技术参数如表 3-4 所示。

表 3-4　变压器套管技术参数

电压等级	500 kV 套管		750 kV 套管	特高压套管按绝缘配合的推荐要求
	要求水平	达到或实际值	要求水平	
最高电压(kV)	550	550	800	1 100
工频耐受电压(kV)	740/1 min	880/1 min	960/1 min	1 200/5 min
雷电全波冲击耐压(kV)	1 675	1 800	2 250	2 400
雷电载波冲击耐压(kV)	1 927	2 050	2 590	2 670
操作冲击耐压(干/湿)(kV)	1 175	1 300	1 650	1 950
海拔高度(m)	1 000	1 000	1 000	1 000
污秽等级	Ⅲ	Ⅲ	Ⅲ	Ⅲ
外绝缘(干弧)距离(mm)	≥4 100	4 100～4 350	≥6 300	≥8 200
外绝缘爬电距离(mm)	≥15 1500	15 150～16 500	≥24 000	33 000～35 750

思考与练习

1. 旋转电机常用的绝缘材料有哪些?
2. 油浸式供电变压器的绝缘材料有哪些?
3. 什么是变压器的主绝缘和纵绝缘?
4. 供电电容器的作用是什么?
5. 供电电容器的绝缘材料有哪些?
6. 供电电缆的绝缘材料有哪些?
7. 绝缘子有哪几类?各有何特点?
8. 避雷器的工作原理是什么?
9. 电气化铁道使用哪些高压电气设备?这些设备的绝缘结构有何特点?

第四章　供电系统的雷闪过电压及其防护

由于雷电活动而引起的大气过电压会对供电系统产生较大影响，甚至会造成严重事故，中断供电。电气化铁路的牵引供电设备有相当部分安装布置在户外，容易受到雷电影响。因此了解雷闪过电压产生的基本物理过程和特征规律，掌握雷闪过电压防护方法和措施，对牵引供电系统的防雷和安全运行具有重要意义。

本章重点讲述了雷闪过电压的参数描述、输电线路、牵引变电所、旋转电机的雷闪过电压及其防护，是分析和解决电气化铁路牵引供电系统过电压具体问题的理论基础。

第一节　雷闪过电压

通常由于雷电引起供电系统产生的过电压，称为大气过电压，也叫雷闪过电压，雷闪过电压可分为直击雷过电压和感应雷过电压。直击雷过电压由雷电流流经被击物体而产生，感应过电压由超瞬变磁场变化而在导体中产生。

雷闪过电压的幅值取决于雷电参数与防雷的措施，与供电电网的标称电压无关。雷闪过电压对电气化铁路供电设备绝缘威胁很大，为了保证供电系统安全运行，必须对雷电发展过程进行分析研究，掌握雷电过电压内部规律和防雷措施。

一、雷闪放电及雷电参数

雷电放电包括雷云对大地放电和云间放电两种情况。研究雷电的重点是雷云和大地间的放电过程与形式，这是决定雷电过电压的主要因素。

根据雷电产生初期的发展方向，雷电可分为上行雷和下行雷。下行雷在雷云间产生并向大地发展，上行雷由地面物体激发，向雷云发展。雷电的极性有雷电流的电荷性质决定。试验与观测显示，不论自然地质条件与地理环境如何，90％的雷电都是负极性的。

一般来说，下行的负极性雷对地放电可分为先导放电、主放电和余辉放电三个主要阶段。

(1)雷电先导放电阶段

雷云带电荷后，其电荷通常形成几个电荷中心，每个中心的电荷数量也不相同。当某点电荷多时，该点附近的电场强度(电势梯度)也很大，当大到一定数值时则可使周围的空气放电游离。当空间某一部分空气游离后，则这部分空气就由绝缘状态变为导电性通道，此刻先导放电通道形成。

先导放电通道是由雷云电荷中心向地面发展生长的，呈现逐级跳跃发展特点，每级的速度极高（$1\sim8\times10^5$ m/s）。先导每一级通常都会有一个明显的间隙（一般为 30～90 μs）。

在先导通道发展的初期，其方向是不确定由外部因素随机决定。但当先导发展到离地面一定高度时（定向高度），从地面高凸建筑物顶端产生迎面先导，当迎面先导产生后则雷击点随之确定。

当先导通道的头部与迎面先导上的异号感应电荷与大地之间距离较小，在下行先导极高的电位下，可使剩余的空气间隙击穿，便形成放电的第二阶段，即主放电阶段。

(2)雷电的主放电阶段

随着先导通道头部逐渐接近地面（这里设不存在迎面先导），先导通道头部对大地的极大电位差，全部作用在越来越短的剩余间隙上，使剩余间隙中产生极大的场强，造成极强烈的游离，最后形成高导电通道，使先导通道头部与大地短接，这就是主放电阶段的开始。主放电开始阶段游离出来的电子迅速入大地，留下的正离子中和了该处先导通道中的负电荷。剩余间隙中形成的新通道，由于其游离程度比先导通道强烈得多，正、负电荷密度比先导通道中大很多，故具有更强的光亮和很大的电导，使间隙中的新通道好似一个良导体把大地电位带到出事主放电通道的上端，该处电位接近于大地，而先导通道其余部分中的电荷仍留在原处未变，这些先导电荷所造成的电场也未变。这样，就在初始主放电通道上端与原先导通道下端的交界处出现了极大的场强，形成强烈得游离，也就是说将该段先导通道改变成更高电导的主放电通道，所以说主放电是从地面向云端发展的。主放电速度发展极大，根据统计，约在 0.07～0.5 倍光速的范围内，离地越高，速度就越小。主放电通道到达云端时，主放电结束。主放电的延续时间一般不超过 100 μs，其放电电流幅值可达几十千安培甚至几百千安培。电流的瞬时值是随着主放电向高空发展而逐渐减小的，形成雷电流冲击波形。

主放电时，通道突发的明亮，产生巨大的雷响，沿着雷电流通道流过很大的雷电流，且由于电流突然增加，使被雷击点周围的磁场发生很大的变化。这就是主放电过程会造成雷电放电具有最大的破坏作用的原因。

(3)余辉放电阶段

主放电完成后，云中的剩余电荷沿着雷电流通道继续流向大地，形成余辉放电。与余辉放电阶段相对应的电流是逐渐衰减的，约为 1 000～10 A，持续时间约为几毫秒。上述放电的三个阶段是下行负雷的第一次放电组成部分。由于雷云中存在的几个电荷中心，故雷电往往是重复的，一般重复约为 2～3 次。重复放电就是第一次放电后，经过几十毫秒间隔沿第一次放电通道又开始了第二次放电。重复放电时仍由先导、主放电和余辉三个阶段组成，只是先导放电不再是分级，且电流比前一次为小。

每次雷电对地泄放电荷的总量在很大范围内(从不足一库仑到几百库仑)变化，平均约为 35C，其中约有 30%～50%是在余辉放电阶段泄入大地的。

二、雷电参数

几十年来，人们对雷电进行了长期的观察和测量，积累了不少有关雷电参数的资料。目前有关雷电的发生、发展过程的物理本质，虽尚未完全掌握，但随着今后的不断深入地对雷电进行研究，雷电参数也必将不断地加以修改和补充，使之更符合实际。

1. 雷电通道波阻抗

主放电时，雷闪通道是导体，故可以将它看做和普通导线一样，对电流波呈一定的阻抗，沿闪击通道运动的电压波 u 与电流波 i 的比值，就叫做雷电通道波阻抗 $Z=\frac{u}{i}$，在我国有关规范 GB 50057—2010 中建议取 300～400 Ω。

2. 雷电流的波形

主放电时的电流波形的波前部分接近半余弦波，如图 4-1 所示。

雷电流的波头和波尾都是随机变量，其平均波尾为 40 μs 左右；对于中等强度以上的雷电流，主放电时的电流波形如图 4-1 所示，其中，图 4-1(b)代表波前部分的半余弦波，其波头大致在 1～4 μs 内。有关规程建议计算用雷电流波长约为 40～50 μs，波头长度 τ_1 取为 2.6 μs，即认为雷电流的平均上升陡度为：

$$\frac{di_L}{dt}=\frac{I_L}{2.6} \tag{4-1}$$

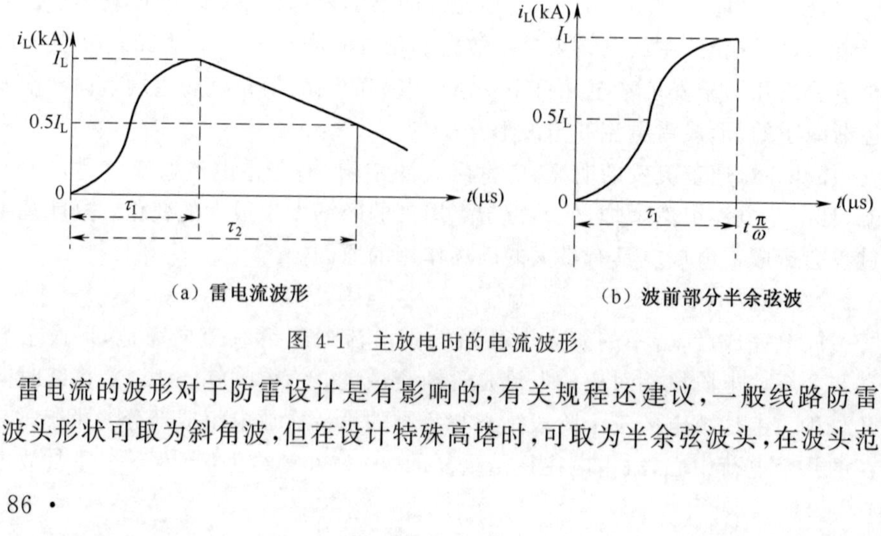

图 4-1 主放电时的电流波形

雷电流的波形对于防雷设计是有影响的，有关规程还建议，一般线路防雷设计，波头形状可取为斜角波，但在设计特殊高塔时，可取为半余弦波头，在波头范围内，雷电流的表达式为：

$$i_L = \frac{I_L}{2}(1 - \cos\omega t) \tag{4-2}$$

3. 雷电流的幅值

电击于具有分布参数特性的避雷针、线路杆塔、地线或导线，流经被击物时的电流与被击物的波阻(Z_j)有关。Z_j 愈大，i_Z 愈小，反之 Z_j 愈小、则 i_Z 愈大。当 $Z_j=0$ 时，流经被击物体的电流被定义为"雷电流"，以 i_L 表示。但实际上，被击物体的阻抗不可能为零，当其值小于 30 Ω 时，通过被击物的电流与其为零时相差不多，故规程中建议雷击小于接地电阻($R_e<30\ \Omega$)的物体时，可认为通过该物体的电流等于雷电流，其幅值可表示为：

$$I_L = \frac{2U_o}{Z_o} \tag{4-3}$$

雷电流 I_L 为非周期冲击波，其幅值与气象、自然条件有关，是个随机变量，只有通过大量实测，才能正确估计其概率分布规律。图 4-2 是我国目前使用的雷电流幅值概率分布曲线，适用于我国平均雷暴日大于 20 的一般地区。该曲线可用下式表示为：

$$\lg P = -\frac{I_L}{108} \tag{4-4}$$

式中 I_L——雷电路幅值，kA；

P——雷电流超过 I_L 的概率。

如当雷击时，出现幅值大于 108 kA 的雷电流的概率 P 约为 10%。

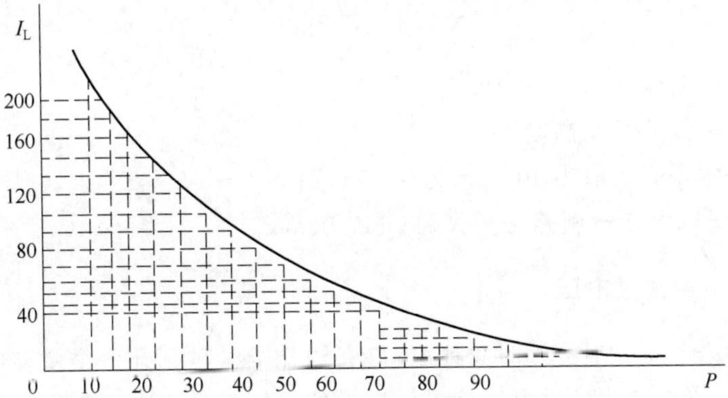

图 4-2 我国雷电流概率分布曲线

我国西北地区、内蒙古等地，雷活动较弱(平均雷暴日在 20 天以下)，雷电流幅值较小，可由给定的概率曲线按图 4-2 给定的 P 值查出直击雷电流幅值后减半求得。也可按下式求得：

$$\lg P = -\frac{I_L}{54} \tag{4-5}$$

4. 雷暴日与雷暴小时

在进行防雷设计和采取防雷措施时，必须掌握该地区的雷电活动规律，从实际情况出发采用适当的防雷措施。某一地区雷电活动强度可用该地区的雷暴日或雷暴小时来表示。

雷暴日是每年中有雷电的日数。一天内只要听到雷声就作为一个雷暴日。雷暴小时是每年中有雷暴的小时数，即在一个小时内听到雷声就作为一个雷暴小时。据统计，我国大部分地区雷暴小时与雷暴日的比值约为3。

根据长期统计的结果，有关规程中绘制了全国平均雷暴日数分布图，可作为防雷设计的依据。全年平均雷暴日数为40的地区为中等雷电活动强度地区，如长江流域和华北的某些地区；平均雷暴日不超过15日的为少雷区，如西北地区；超过40日的为多雷地区，如华南某些地区。

5. 地面落雷密度和输电线路落雷次数

每一雷暴日、每平方公里地面遭受雷击的次数称为地面落雷密度，以 r 表示。有关规程建议 r 为0.015次/(雷暴日)。

对于架空线路来说，由于其高出地面有引雷作用，根据模拟实验和运行经验，一般高度的线路，其等值受雷面的宽度为 $10h$（h 为线路的平均高度），也就是说线路两侧各 $5h$ 宽的地带为等值受雷面积。显然，线路愈长则受雷面积愈大。若线路经过地区的平均雷暴日数为 t，则每年每100 km一般高度的线路的落雷次数为：

$$N = \gamma \frac{10h}{1\,000} 100t \tag{4-6}$$

式中　N——落雷次数，次/(100 km·年)；

h——线路平均高度，m。

若平均雷暴日 t 取为40，γ 取为0.015，则 $N=0.6h$。

上式表明100 km新路每年收到 $0.6h$ 次雷击。

三、雷电冲击过电压

雷电冲击电压一般持续时间很短，只有约几个微秒到几十个微秒的非周期性变化的电压，雷电产生的过电压就属于这样的电压。由于电压作用时间短到可以与放电需要的时间相比拟，所以空气间隙在雷电冲击电压作用下所呈现的一些主要放电特性。

1. 标准波形

为了检验绝缘耐受雷电冲击电压的能力，在试验室中可以利用冲击电压发生器产生冲击高电压，以模拟雷电放电引起的过电压，为了使所得到的结果可以互相比较，需规定标准波形。标准波形是根据电力系统中大量实测得到的雷电过电压波形制订的。我国规定的雷电冲击电压标准波形如图 4-3 所示。冲击电压波形成波前时间 τ_1 及半峰值时间 τ_2 来确定。由于试验室中一般用示波器摄取的冲击电压波形图在原点附近往往模糊不清，波峰波形较平，不易确定原点及峰值的位置，因此视经过 $0.3U_m$ 和 $0.9U_m$ 两点的直线构成的斜角为波前。我国国家标准规定的雷电冲击电压标准波形的参数为 $\tau_1=(1.2\pm0.36)\mu s$，$\tau_2=(50\%\sim20\%)\mu s$。冲击电压除了 τ_1 及 τ_2 外，还应指出其极性（不接地电极相对于地而言的极性）。标准波形通常可以用符号 1.2/50 μs 表示。

2. 放电延时

图 4-4 表示冲击电压作用下，空气间隙的击穿电压波形。设经过时间 t_1 后，电压由零升到间隙的静态击穿电压（即直流或工频击穿电压幅值）U_0 时，间隙并不能立即击穿，而要经过一定的时间间隔 t_1，到达 t_2 时，才能完成击穿。因为要放电，首先必须在阴极附近出现一个有效电子，通常的从 t_1 开始到间隙出现第一个有效电子为止所需的时间 t_s 称为统计时延。由于间隙自由电子的出现与许多不能准确估计的因素有关，特别是在依赖自然界的宇宙线辐射产生游离的情况下，更是如此，而由此产生的自由电子也不一定都能成为有效电子，因此 t_s 有分散性。其次，从有效电子出现到间隙完成击穿，还需要一定的放电发展时间 t_f，叫放电形成时延。t_f 包括从电子崩，流注到主放电的发展所需的时间，由于受各种偶然因素的影响，t_f 也具有分散性。t_s 和 t_f 均服从统计规律，气体间隙在冲击电压作用下击穿所需的全部时间为：

$$t=t_1+t_s+t_f \tag{4-7}$$

式(4-7)中，t_s 及 t_f 之和通常称为放电时延，即 t_1。

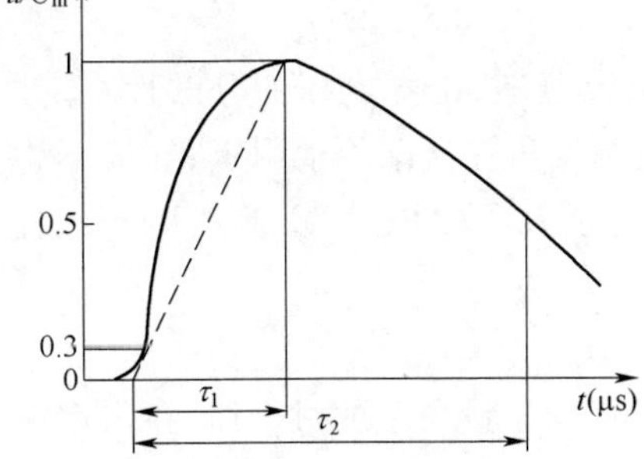

图 4-3　冲击电压标准波形

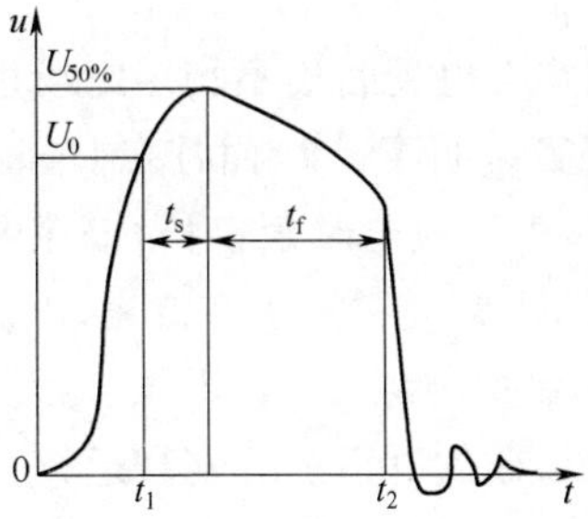

图 4-4　放电时延的组成

在电场比较均匀的短间隙（如球隙）中，t_f 较稳定，其值也较小，这时统计时延 t_s 实际上就是放电时延。

统计时延 t_s 和外加电压大小、照射强度等很多因素有关。t_s 随间隙上外施电压的增加而减小，这是因为间隙中出现的自由电子转变为有效电子的概率增加的缘故。若用紫外线灯高能射线照射间隙，使阴极释放出更多的电子，就能减少 t_s，利用球隙测量冲击电压时，有时需采用这一措施。在电场极不均匀的间隙，如棒-板间隙中，由于在局部强电场区较早地出现游离，出现有效电子的概率增加，所以 t_s 较小，放电时延主要取决于 t_f，特别当间隙距离较大时，t_f 较长。若增加间隙上的电压，则电子的运动速度及游离能力都会增大，从而使 t_f 减小。

3. 50%冲击放电电压 $U_{50\%}$

在持续电压作用下，当气体状态不变时，一定距离的间隙，其击穿电压具有确定的数值，当间隙上所加的电压到达其穿击电压时，其间隙即被击穿。

为了求得在冲击电压作用下空气间隙的击穿电压，应保持冲击电压波形不变，逐渐升高冲击电压的幅值，在此过程中发现：当冲击电压幅值很低时，每次施加电压，间隙都不击穿；随着外施电压的增高放电时延的缩短，当电压幅值增高到某一定值时，由于放电时延有分散性，对于较短的放电时延，击穿有可能发生。亦即，在多次施加此电压时，击穿有时发生，有时不发生；随着电压幅值的继续升高，多次施加电压时，间隙击穿的百分比越来越高；最后，当冲击电压幅值超过某一值后，间隙在每次施加电压时都将发生击穿。从说明间隙耐受冲击电压的绝缘能力来看，当然希望求得刚好发生击穿时的电压，但这个电压值在实验中很难准确求得，所以工程商采用 50%冲击放电电压，用 $U_{50\%}$ 来表示。$U_{50\%}$ 就是指在该冲击电压作用下，放电的概率为 50%。实际上 $U_{50\%}$ 和绝缘的最低冲击放电电压已相差不远，因此可用 $U_{50\%}$ 反映绝缘耐受冲击电压的大小。

50%冲击击穿电压（$U_{50\%}$）与静态击穿电压（U_0）的比值，称为绝缘的冲击系数，用 β 表示，即：

$$\beta=\frac{U_{50\%}}{U_0} \tag{4-8}$$

在均匀电场和稍不均匀电场中，由于放电时延短，击穿电压的分散性小，其冲击系数实际上等于 1，而且在 $U_{50\%}$ 下，击穿通常发生在波前峰值附近；在极不均匀电场中，由于放电时延较长，击穿电压的分散性也大，故冲击系数通常大于 1，且在 $U_{50\%}$ 下，击穿通常发生在波尾。

4. 保护间隙

为保证供电系统的安全运行，必须限制作用与于设备上的过电压，在与雷害事故斗争的过程中人们利用空气间隙在一定电压下会发生放电的特性，作出了保护空隙，它就是原始的避雷器。

保护间隙由两个电极组成，常用的角型电极间隙与设备并联的接线如图 4-5 所示。保护间隙有一定的限制过电压的效果，但不能避免供电中断。其优点是：结构简单、价廉，但保护效果差；和被保护设备的伏秒特性不易配合，动作后产生截波。为解决其不能自动灭弧引起供电中断的问题，可自动重合闸配合使用。保护间隙的电极（主间隙）为棒形，因此极间电场很不均匀。

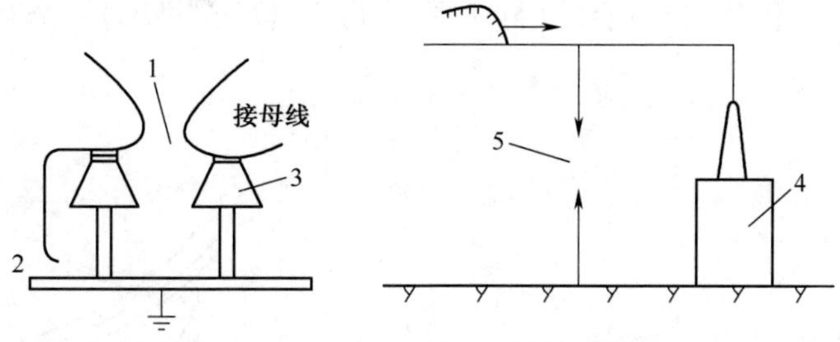

（a）结构　　（b）接线

图 4-5　角型保护间隙

1—主间隙；2—辅助间隙；3—瓷瓶；4—被保护设备；5—间隙

在不均匀的电场中，当放电时间减小时，放电电压增加的比较多，即伏秒特性较陡，且分散性也较大，故不宜用于保护具有较平坦伏秒特性的设备，如变压器、供电线路等的绝缘，由图 4-6 可以看出，当用保护间隙保护设备时，被保护设备的伏秒特性（曲线 2）的下包线必须超过保护间隙的伏秒特性（曲线 1）的上包线。当被保护设备的伏秒特性较平（曲线 3）时，保护间隙的特性已确定后，为了能使间隙对设备有保护作用，两者的伏秒特性间需有一定距离，其配合较困难。由于保护间隙不能熄弧，其放电电压应超过供电系统中出现较频繁的内过电压，即间隙的距离不能过小（其特性曲线不能下移）。而为了保证在放电时间比较短时仍有足够的间隔，则被保护设备的绝缘强度要取得高些（设备的绝缘特性向上移）。此外当间隙动作后，出现一个变化很快过零的振荡电压，这对变压器匝间绝缘有很大威胁。目的只在缺乏避雷器的情况时才采用，并应与自动重合闸配合使用，以增加系统供电可靠性。

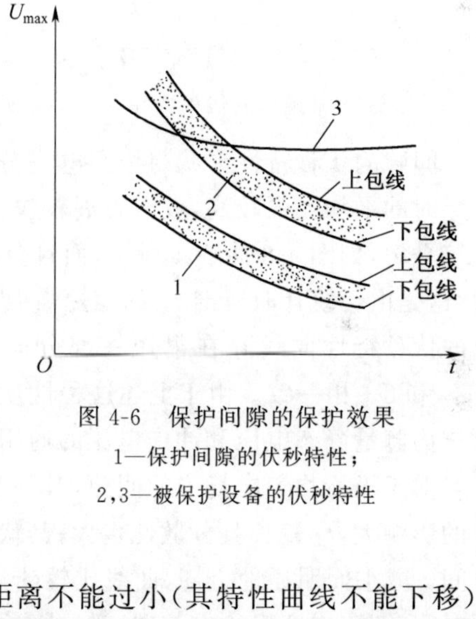

图 4-6　保护间隙的保护效果

1—保护间隙的伏秒特性；

2，3—被保护设备的伏秒特性

5. 伏秒特性

在同一波形、不同幅值的冲击电压作用下，间隙上出现的电压最大值和放电时间的关系曲线称为间隙的伏秒特性曲线。工程上常用伏秒特性曲线来表征间隙在冲击电压下的击穿特性，伏秒特性可用实验方法求取。对于某一间隙施加冲击电压，并保持其为标准冲击电压波形不变，逐级升高冲击电压幅值，得到间隙的放电

电压 U 和放电时间 t 的关系，则可绘出伏秒特性，如图 4-7 所示。

由于放电时间具有分散性，同一个间隙，在同一个幅值的标准冲击电压波的多次作用下，每次击穿所需的时间不同，故在每级电压下，可得到一系列的放电时间。所以伏秒特性曲线实际上是以上、下包线为界的一个带状区域，如图 4-8 所示。

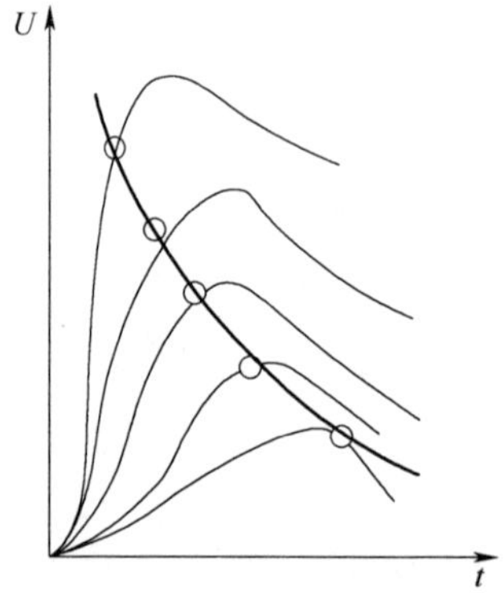

图 4-7　某绝缘的伏秒特性

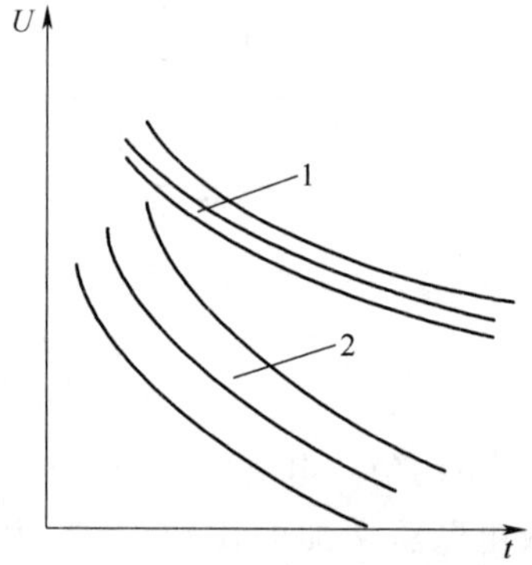

图 4-8　均匀和不均匀电场伏秒特性

间隙的伏秒特性形状与极间电场分布有关。对于均匀或稍不均匀电场，由于击穿时的平均场强较高，放电发展较快，放电时延较短，所以间隙产伏秒特性曲线比较平坦，如图 4-8 曲线 1 所示，而且分散性也较小，仅在放电时间极短时，略向上翘，这是由于统计时延时 t_s 的缩短需要提高电压的缘故。由于均匀及稍不均匀电场的伏秒特性曲线除在很短一部分向上翘以外，很大一部分曲线是平坦的，其 $U_{50\%}$ 和 U_0 相一致。由于上述这种性质，在实践中常常利用电场比较均匀的球间隙作为测量静态电压和冲击电压的通用仪表。

对于极不均匀电场中的间隙，其平均击穿场强较低，放电形成时延时 t_f 受电压的影响大，t_f 较长且分散性也大，其伏秒特性曲线在放电时间还相当大时，便随时间 t 减小而明显地上翘，曲线比较陡，如图 4-8 曲线 2 所示，而且，即使在电压作用时间较长（击穿发生在波尾）时，冲击击穿电压也高于静态击穿电压。

间隙的伏秒特性在考虑保护设备（如保护间隙或避雷器）与被保护设备（如变压器）的绝缘配合上具有重要的意义。在图 4-9 和图 4-10 中，S_1 表示被保护设备绝缘的伏秒特性，S_2 表示与其并联的保护设备绝缘伏秒特性。图 4-9 中 S_2 总是低于 S_1，说明在同一过电压作用下，总是保护设备的绝缘先击穿，从而限制了过电压的幅值，这时保护设备就可对被保护设备起到可靠的保护作用。但若 S_2 与 S_1 相交，如图 4-10 所示，虽然在放电时间长的情况下保护设备有保护作用，但在放电时间很短时，保护设备绝缘的击穿电压已高于被保护设备绝缘的击穿电压，被保护设备就有可能先被击穿，因而此时保护设备已起不到保护作用。

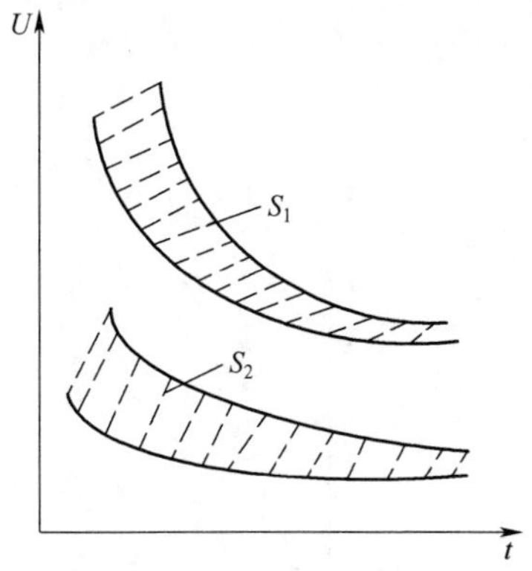

图 4-9 两种不同绝缘的伏秒特性(S_1 位于 S_2 上面)

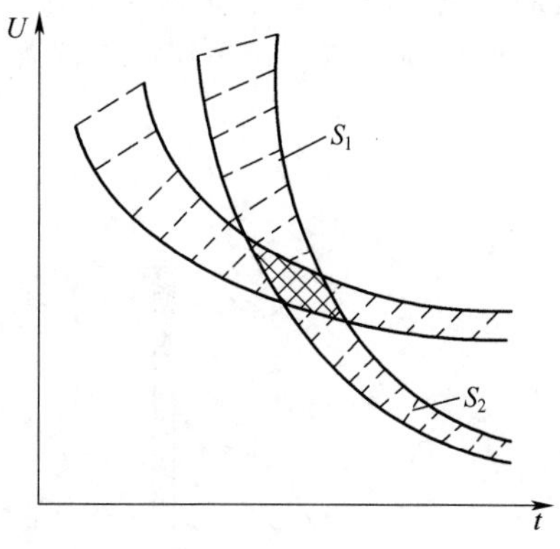

图 4-10 两种不同绝缘的伏秒特性(S_1 与 S_2 交叉)

伏秒特性是防雷设计中实现保护设备和被保护设备间绝缘配合的依据。为了使被保护设备能得到可靠的保护,被保护设备绝缘间隙的伏秒特性曲线的下包线应始终高于保护设备的伏秒特性曲线的上包线。为了得到较理想的绝缘配合,保护设备绝缘的伏秒特性曲线总希望平坦一些,分散性小一些,即保护设备应采用电场比较均匀的结构。

第二节 输电线路的雷闪过电压及其保护

输电线路是供电系统的动脉。由于线路很长,地处旷野容易遭受雷击,因此供电系统的雷害事故多发生在线路上。在线路上,只要有一处发生雷击闪络,形成短路,线路就要跳闸。事故跳闸影响系统的正常供电,给国民经济造成极大的损失。同时雷击线路后,自线路有一雷电波侵入变电所,有可能危及变电所中电气设备的安全。因此对线路的防雷保护应充分重视。

输电线路上出现的大气过电压有两种:一种是雷击线路引起的,称为直击雷过电压;另一种是雷击线路附近地面,由电磁感应所引起的,称为感应雷击过电压。输电线路防雷性能的优劣主要用耐雷水平和雷击跳闸率来衡量。雷击线路时,线路绝缘不发生闪络的最大雷电流幅值称为线路的耐雷水平,以 kA 为单位。低于线路耐雷水平的雷电流击于线路,不会引起闪络,反之则必然(大概率事件)。每 100km 线路每年由雷击引起的线路跳闸次数称为雷击跳闸率,这是衡量线路防雷性能的综合指标。

一、输电线路的感应雷击过电压

当雷没有直接击于线路上,而是击于线路附近的大地或建筑物时,由于主放电通道周围电磁场的剧烈变化，在线路上将产生过电压，这种过电压称为感应过电压。主放电前后感应过电压的形成如图 4-11 所示。

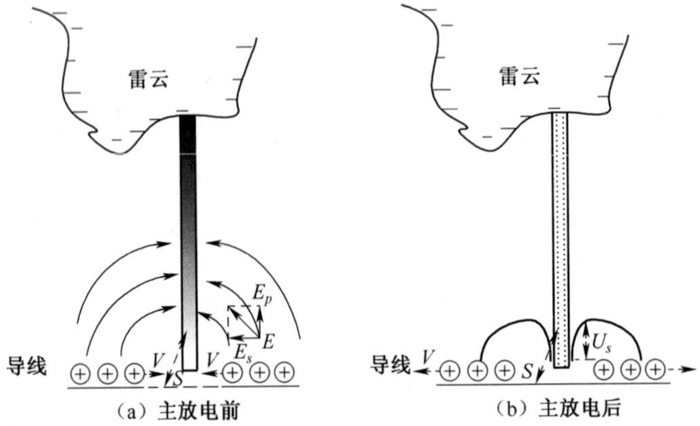

图 4-11　感应过电压的形成

在雷云放电的起始阶段，存在着由云向大地发展的先导放电过程，在先导通道中充满了电荷，线路处于雷云先导通道的电场中，由于静电感应，沿导线方向的电场强度 E_X 将导线两端与雷云异号的正电荷吸引到先导通道的一段导线上，成为束缚电荷，导线上与雷云同号的负电荷，则因 E_s 的排斥作用向两端运动，通过线路的泄漏电导和系统接地的中性点而流入大地。因先导通道发展速度不大，所以导线上电荷运动也很缓慢，因此而引起的导线的电流很小。同时由于导线对地泄漏电导的存在，导线电位将与远离雷云处导线的电位相同，当雷云对附近地面放电时，先导通道中的负电荷被迅速中和，先导通道所产生的电场将迅速降低，使导线上的束缚电荷获得释放，沿导线向两侧运动，形成过电压，此时的过电压称为感应过电压的静电分量 $U_s = IZ$ (Z 是波阻抗)。与此同时，雷电通道中的雷电流在通道周围的空间还建立一个强大的磁场，此磁场的突然变化也将在导线上感应很高的电压，这种感应过电压称为感应过电压的电磁分量 $U_m = L\dfrac{di}{dt}$ 。雷击线路附近的地面时，感应过电压的电磁分量 U_m 比静电分量 U_s 小得多，大多数情况下雷电感应过电压的幅值可以表示为 $U=\sqrt{U_s^2+U_m^2}$ 。

线路上感应过电压有以下特点：感应过电压与直击雷过电压极性相反，由于雷云中大多数带有负电荷，所以感应过电压大多数是正极性的；三相导线会同时产生过电压，其值相差很小感应过电压有较长的持续时间(可达数百微秒)，而波头较缓。

感应过电压的幅值与雷电流大小、雷电通道与线路间的距离以及导线的悬挂高度等因素有关。根据理论分析与实测结果，感应过电压的大小可按有无避雷线的情况求得。

1. 无避雷线时

当雷击点离开线路的距离 $S>65$ m时，导线上的感应雷过电压最大值可按下式计算。

$$U_g = 25\frac{I_L h_d}{S} \tag{4-9}$$

式中 U_g ——感应过电压最大值，kV；

I_L ——雷电流幅值，kA；

h_d ——导线悬挂的平均高度，m；

S——雷击点与线路的距离，m。

感应过电压的大小与雷电流的幅值 I_L 成正比，与导线悬挂的平均高度 h_d 成正比，导线悬挂的平均高度 h_d 越高，则导线对地电容越小，感应电荷所产生的过电压也越高。感应过电压与雷击点到线路的距离 S 成反比，式(4-11)是指 $S>65$ m的情况，更近的落雷事实上将因线路的引雷作用而直击于线路。

由于雷击地面时，雷击点的自然接地电阻较大，雷电流幅值 I_L 一般不超过100 kA。实测证明，感应过电压一般不超过500 kV，对35 kA及其以下的线路可能会引起闪络事故；对110 kV及其以上的线路，由于线路绝缘水平较高，一般不会引起闪络事故。

由于感应过电压同时存在于三相导线上，相间不存在电位差，故只能引起对地闪络，如果两相或三相同时对地闪络，即形成相间闪络事故。

2. 有避雷线时

如果导线上方挂有避雷线，由于接地的避雷线对导线的屏蔽作用，导线上感应的束缚电荷将会减少，导线上感应过电压因而降低。避雷线的屏蔽作用可用下面的方法求得。

设避雷线不接地，导线和避雷线的对地平均高度分别为 h_d 和 h_b，根据式(4-9)可求得避雷线和导线上的感应过电压分别为：

$$U_{g\cdot b} = 25\frac{I_L h_b}{S} \quad U_{g\cdot d} = 25\frac{I_L h_d}{S}$$

所以

$$U_{g\cdot b} = U_{g\cdot d}\frac{h_b}{h_d}$$

式中 $U_{g\cdot b}$ ——避雷线上的感应过电压；

$U_{g\cdot d}$ ——导线上的感应过电压。

但实际上，避雷线是接地的，其电位为零，因此可以设想在避雷线上，还有一个 $-U_{g\cdot b}$ 的电压与其叠加，以此来保持避雷线电位为零。这个电压由于耦合作用，将在导线上产生耦合电压 $K(-U_{g\cdot b})$，K 为避雷器与导线的耦合系数。其数值主要决定于导线间的相互位置与几何尺寸。这时导线上的感应过电压 $U'_{g \cdot d}$ 将为两者叠加，即：

$$U'_{g \cdot d} = U_{g \cdot d} - KU_{g \cdot b} = U_{g \cdot d}(1 - K\frac{h_b}{h_d}) = U_{g \cdot d} = U_{g \cdot d}(1 - K') \quad (4\text{-}10)$$

式 4-10 表明，由于避雷线的屏蔽作用，可使导线的感应电压降低，降低的数值约等于 $KU_{g \cdot b}$，耦合系数 K 愈大，导线的感应过电压愈低。

3. 雷击线路杆塔

雷击线路杆塔时，由于雷电通道所产生的电磁场迅速变化，将在导线上感应出与雷电流极性相反的过电压。在无避雷线时，对于一般高度（约 40 m 以下）的线路，这一感应电压的幅值可用下式计算：

$$U_{g \cdot d} = \alpha h_d \quad (4\text{-}11)$$

式中　α ——感应过电压系数，kV/m；

α 值等于以 kA/μs 计的雷电流平均陡度，即 $\alpha = \frac{I_L}{2.6}$。

有避雷线时，由于其屏蔽效应，式(4-11)应为：

$$U'_{g \cdot d} = \alpha h_d(1 - K') \quad (4\text{-}12)$$

二、输电线路的直击雷过电压

1. 雷直击导线时的过电压

雷直击导线后，雷电流将沿被击导线向两侧分流，如图 4-12(a)所示。这样，就开成向两边传播的过电压波，在未有反射波之前，电压与电流的比值为线路的波阻抗 Z。架空线路的波阻抗在大气过电压的情况下，可认为接近等于 400 Ω。这数值远大于测定雷电流时的接地电阻值(一般不大于 10 Ω)。因此，雷直击于架窄线时的电流要小于统计测量的雷电流，一般认为是减半，即 $\frac{I_L}{2}$；其等值电路如图 4-12(b)，此时

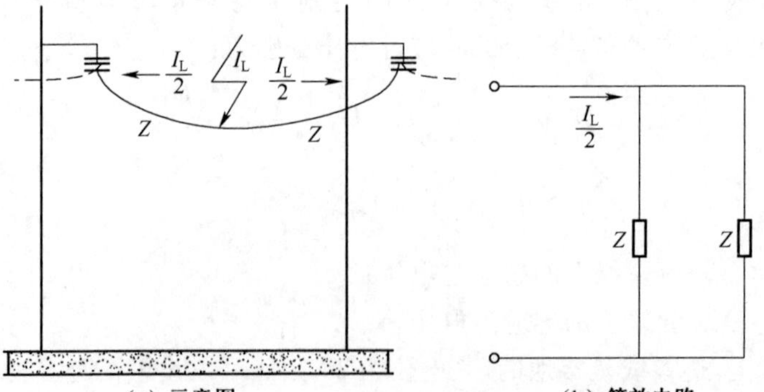

图 4-12　雷直击导线的情况

架空线上的过电压，也即作用在线路绝缘上的电压的最大值 $U_g = \frac{I_L}{2} \times \frac{Z}{2} = 100I$。

如用绝缘的 $U_{50\%}$ 来代替 U_g，那么 I_L 就代表能引起绝缘闪络的雷电流幅值，通常称为线路在这种情况下的耐雷水平。因此

$$I_L = \frac{U_{50\%}}{100}$$

110 kV 线路绝缘（XP-4.5）的 $U_{50\%} \approx 700$ kV，由上式可求得其耐雷水平为 7 kA。从雷电流概率分布曲线查得，超过 7 kA 的雷电流出现的概率为 86.5%，即在 100 次雷击中有 86 次要引起绝缘闪络。可见雷直击导线后是非常容易引起闪络的。

雷直击导线，多发生在无架空避雷线的线路；但对有架空避雷线的输电线路，避雷线的保护作用也不是绝对的，仍有一定的绕击概率。

绕击概率 P_a 与避雷线对外侧导线的保护角 α 的大小有关，α 愈小，则 P_a 也愈小；当 α 固定，如杆高 h 增大，P_a 也增大；线路经过地区的地形、地貌、地质条件等因素也影响到 P_a 的大小。规程建议用下列公式计算绕击率 P_a。

$$\text{对平原地区：}\lg P_a = \frac{\alpha\sqrt{h}}{86} - 3.9 \tag{4-13}$$

$$\text{对山区：}\lg P'_a = \frac{\alpha\sqrt{h}}{86} - 3.35 \tag{4-14}$$

从上式反映出，山区的绕击率为平原的 3 倍或保护角增大 8°。从减少绕击率的观点出发，应尽量减少保护角 α 和降低杆塔高度 h，即采用双避雷线为宜，一般杆高超过 30 m 时，保护角 α 不宜大于 20°。

2. 雷击杆塔顶时的过电压

雷直击杆塔顶时，雷电流大部分经过被击杆塔入地，小部分 i_b 则经过避雷线由相邻杆塔入地。如图 4-13 所示。

流经被击杆塔入地的电流 i_{gt} 与总电流 i_L 的关系为：

$$i_{gt} = \beta i_L \tag{4-15}$$

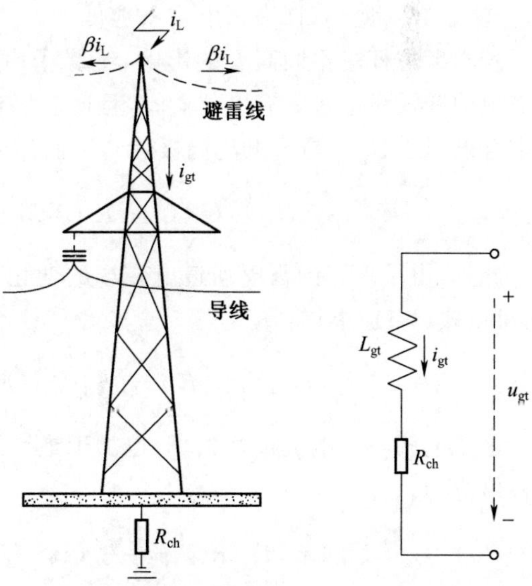

（a）雷击杆塔顶部的雷电流分布　（b）等效电路

图 4-13　雷直击杆塔顶

式中　β——杆塔的分流系数，它小于1。

对一般挡距的架空线路，可取分流系数β值见表4-1。

表4-1　分流系数β

线路电压(kV)	110	220	330	500
单避雷线	0.90	0.92		
双避雷线	0.86	0.88	0.88	0.88

这样，雷击杆塔时，杆塔顶电位u_{gt}可以表示为

$$u_{gt}=i_{gt}R_{ch}+L_{gt}\frac{di_{gt}}{dt}$$

由$i_{gt}=\beta i_L$可得

$$u_{gt}=\beta i_L R_{ch}+L_{gt}\beta\frac{di_L}{dt}$$

式中　R_{ch}——杆塔的冲击接地电阻；

　　L_{gt}——杆塔的等值电感。

用$I_L/2.6$代替dI/dT，这样，杆塔顶电位的幅值可写成：

$$U_{gt}=\beta I_L\left(R_{ch}+\frac{L_{gt}}{2.6}\right) \tag{4-16}$$

式中　I_L——雷电流幅值。

由式(4-17)可见，由于避雷线的分流作用，降低了雷击杆塔顶时的杆塔顶电位，分流系数β愈小，杆塔顶电位就愈低。

若不考虑杆塔不同高度的影响，绝缘子串A端的电位即为杆塔顶电位U_{gt}．杆塔顶的避雷线也将具有电位U_{gt}，且通过耦合作用，将在与被击线平行的导线上个耦合电压KU_{gt}（与雷电流同极性），因而作用在绝缘子串的这一部分电压为：

$$U_{gt}-KU_{gt}=U_{gt}(1-K)=\beta I_L\left(R_{ch}+\frac{L_{gt}}{2.6}\right)(1-K) \tag{4-17}$$

此外，由于垂直的雷电通道电磁场的变化，又在导线上感应电压，由于有避雷线，可由式(4-11)求得：

$$U'_g=U_g(1-K)=\alpha h_d(1-K)=\frac{I_L}{2.6}h_d(1-K) \tag{4-18}$$

这个电压与雷电流极性相反，也加于绝缘子串上。因此，绝缘子串上两端总电压幅值应为：

$$U_{AB}=\beta I_L\left(R_{ch}+\frac{L_{gt}}{2.6}\right)(1-K)+\frac{1}{2.6}h_d(1-K)$$

即

$$U_{AB}=I_L\left(\beta R_{ch}+\beta\frac{L_{gt}}{2.6}+\frac{1}{2.6}h_d\right)(1-K) \tag{4-19}$$

式(4-20)中，U_{AB} 值若等于或大于绝缘子串的冲击放电电压 $U_{50\%}$，绝缘子串就会闪络。此时，雷击杆塔顶的耐雷水平 I_L 为：

$$I_L = \frac{U_{50\%}}{(\beta R_{ch} + \beta \frac{L_{gt}}{2.6} + \frac{1}{2.6} h_d)(1-K)} \tag{4-20}$$

由式(4-21)可见，雷击杆塔顶的耐雷水平与导线和地线间的耦合系数 K、分流系数 β、杆塔的冲击接地电阻 R_{ch}、杆塔等值电感 L_{gt}、绝缘子串的冲击放电电压 $U_{50\%}$ 有关。工程上常以降低杆塔的接地电阻 R_{ch} 和提高耦合系数 K 作为提高耐雷水平的主要手段。对一般高度的杆塔，冲击接地电阻 R_{ch} 上的电压降是杆塔顶电位的主要成分。因此，降低接地电阻，可以减少杆塔顶电位，提高耐雷水平；增加耦合系数 K 可以减少雷击杆塔顶时作用在绝缘子串的电压，也可减少感应过电压，因而也可以提高耐雷水平。常用的措施是将避雷线改为双避雷线，或在导线下方增设架窄地线，称为耦合地线，其作用是增强导、地线间耦合作用。

雷击线路且雷电流超过线路的耐雷水平时，线路的绝缘发生冲击闪络，由于冲击闪络时间很短，不会引起跳闸，但雷电消失后，由工作电压产生的工频电弧还继续存在，故将会造成跳闸。雷电冲击闪络不会100%都转为稳定的工频电弧，冲击闪络转变为稳定的工频电弧的概率被称为建弧率。

三、输电线路的防雷措施

在确定线路防雷方式时，应全面考虑线路的电压等级、重要程度和系统运行方式。根据线路经过地区雷电活动的强弱，地形地貌的特点，土壤电阻率的高、低等条件，结合当地原有线路的运行经验，按技术经济比较的结果因地制宜，采用合理的保护措施。

1．3～10 kV 线路防雷保护

3～10 kV 架空配电线路绝缘水平较低，通常只有一个针式绝缘子，避雷线的作用非常小，不用架设。可利用钢筋混凝土杆的自然接地，并采用中性点不接地的方式。这样，雷击发生单相对地闪络时，可不跳闸。为提高供电可靠性，可投入自动重合闸。对一般配电线路，因其重要性不像高压输电线那样大，这样已能满足要求。当然，市区的供电可靠性要求高一些，但因线路在市区受建筑物和树木的屏蔽，遭受雷击机会较少，一般也能满足供电的要求。

在南方，雷电活动较强烈，线路受雷机会较多，往往会造成绝缘子击穿和烧断导线事故。对此，可因地制宜采用高电压等级的绝缘子，或顶相用针式而边相改用两片悬式绝缘子；也可采用瓷横担，以提高线路的绝缘水平。为减雷击引起工频电弧烧断导线事故，在满足继电保护配合的情况下，应尽可能压缩线路断路器的跳闸时间。高土壤电阻率的易击区的混凝土杆，除杆身自然接地外，还可适当增加人工接地体；对线路的易击点可装设氧化锌避雷器(可以三相同时装)。避雷器不足时，也可只装顶相，因顶相遭雷击的机会比边相多得多。对于特殊重要的用户(一级负荷中的重要负荷)，应采用环形供电或不同杆的双回路供电，必要时可改为电缆供电。

2. 35～60 kV 线路防雷保护

35 kV 线路一般不装避雷线。对于 60 kV 线路，在雷电活动较少的地区，也不沿全线装避雷线。一方面是为了节约线路投资，另一方面也由于电压等级较低，其绝缘水平相应较低。一般 35 kV 线路耐雷水平只有 20 kA，出现此雷电流概率为 68%，因而雷击避雷线反击导线的可能性随之增大。因此，装避雷线提高线路的可靠性的作用较小。

为提高不装避雷线的 35～60 kV 的供电可靠性，一般采用中性点不接地的运行方式(三相导线作三角形排列)。当雷击一相导线时，如雷电流不太大(或是感应过电压)，一般只发生单相接地。由于中性点不接地，系统的接地电流只是线路对地的电容电流，其数值不太大能自行熄灭，因而不会引起供电中断。如线路较长，可在中性点装消弧线圈，以补偿接地点的电容电流；或采用线路自动重合闸，环网供电等方式，也能使不沿全线装架空避雷线的 35～60 kV 线路得到较满意的防雷效果。

3. 110～500 kV 线路防雷保护

110 kV 线路一般沿全线架设避雷线，在雷电活动特别强烈的地区，宜架设双避雷线，其保护角一般取 20°～30°。在少雷区或运行经验证明雷电活动轻微的地区，可不全线架设避雷线，但应装设自动重合闸装置。220 kV 线路应沿全线架设避雷线，在山区宜架设双避雷线(但少雷区除外)，保护角取 20°左右。

330～500 kV 线路绝缘水平和耐雷水平均增大，但考虑到每条线路的长度增加，带来线路落雷总次数增大、线路的平均高度增大、经过山区的可能性也增大，使反击和绕击率均增大。更主要的是线路输送的功率增大，重要性也就愈高。考虑这些原因，对 330～500 kV 线路，一律沿全线架设双避雷线，保护角采用 10°～20°。

线路架设避雷线后，杆塔必须良好接地，其工频接地电阻在雷季干燥时，不宜超过表 4-2 中数值。

表 4-2　工频接地电阻的允许值

土壤电阻率(Ω·m)	小于 100	100～500	500～1 000	1 000～2 000	2 000 以上
接地电阻(Ω)	10	15	20	25	30

在高土壤电阻率地区，杆塔的工频接地电阻要达到表 4-2 的数值较困难。目前，较有效的办法是敷设多射线(在 2 000 Ω·m 右的地区，一般敷设 6～8 根 60 m 长的射线)，可将接地电阻降到 30 Ω。在土壤电阻率特别高的地区，可采用两根连

续伸长接地线，它具有耦合作用，可降低杆塔的冲击接地电阻，避免末端反射，因而降低了塔顶电位，提高了杆塔的耐雷水平。但主要还是降低波阻，从而可取得较好的防雷效果。

对有单避雷线的110～220 kV线路，若在运行中雷害事故频繁或查明常发生选择性雷击的线段，单靠改善接地难以奏效时可补架成双避雷线。由于杆塔的结构原因，增加避雷线有困难的情况下，可在导线下方架设一根架空地线，同样具有耦合作用，可降低绝缘子串上的电压，提高耐雷水平；这根架空地线，称为耦合地线，它还具有屏蔽、分流作用，也可起到良好的防雷效果。

由于雷击造成的闪络大多数能在跳闸后自行恢复绝缘性能，所以重合闸成功率较高，因此，各级电压的线路应尽可能装设自动重合闸。

第三节　牵引变电所雷闪过电压及其保护

牵引变电所是电气化铁路供电系统的重要组成部分。如果发生雷闪事故，可能会使变压器及其他高压电气设备发生损坏，造成大面积停电，严重影响运输生产的安全。因此，对电气化铁路的牵引变电所的防雷保护必须要求可靠。

发电厂、变电所的雷害事故可来自两方面：一是雷直击于发电厂、变电所的导线或设备；二是雷击线路后沿线路向发电厂、变电所传来的雷电波。

对于直击雷的保护是采用避雷针或避雷线。我国运行经验证明，凡装设符合规程要求的避雷针的发电厂、变电所，可以认为是完全可靠的。

由于线路绝缘水平较高，线路落雷频繁，所以沿线路入侵的雷电波幅值会很大，如不采用防护措施势必造成变电所内电气设备绝缘损坏。所以发电厂、变电所对雷电进行波的防护是非常重要的任务。其主要的防护措施是在变电所内装设阀型避雷器或氧化锌避雷器，同时要限制流过阀型避雷器的雷电流和限制入侵雷电波的陡度。

据统计，我国35 kV和110～220 kV变电所由入侵雷电波而引起的事故率分别为0.67次/(百所·年)，直配电机的雷击损坏率约为1.25次/(百所·年)。

一、牵引变电所的直击雷保护

1. 防止直击雷避雷针保护原则

(1)所有被保护设备(电气设备，烟囱、冷却水塔、水电厂的水工建筑，易燃易爆装置等)均应处于避雷针的保护范围之内，以免遭受雷击。此外，对于发电厂、变电所进线的最后一挡线路，也应包括在避雷针的保护范围之内。对于35 kV及以下变电所，因其绝缘水平较低，故不需装避雷针，只需将其金属构件接地即可，并应满足不发生反击的要求。

(2)当雷击避雷针时,雷电流通过避雷针入地,使避雷针对地电位升高,此时应防止避雷针至被保护设备发生反击。雷电流 I_L 流经避雷针及其接地装置如图 4-14 时,在避雷针上高度为 h 处(A),将出现高电位 U_k 避雷针的接地装置上的电位为 U_d ,则有:

$$U_k = L\frac{dI_L}{dt} + I_L R_{ch} \tag{4-21}$$

$$U_d = I_L R_{ch} \tag{4-22}$$

式中　　R_{ch} ——避雷针的冲击接地电阻;

I_L 和 dI_L/dt ——流经避雷针的雷电流和雷电流平均上升速度,取雷电流 I_L 的幅值为 150 kA,雷电流的平均上升速度 $\frac{dI}{dt}$ 取为 30 kA/μs;

L ——避雷针的等值电感;其值为 1.7 μH/m 时,可得:

$$U_k = 150R_{ch} + 51h \tag{4-23}$$

$$U_d = 150R_{ch} \tag{4-24}$$

式中　h ——配电构架的高度。

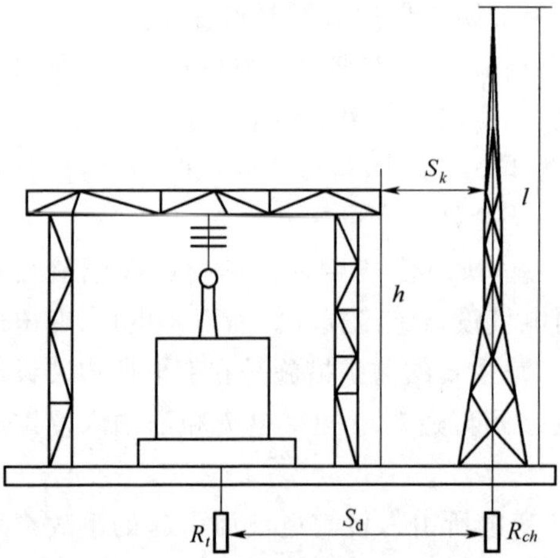

图 4-14　独立避雷针离配电构架的距离

可以看出避雷针和其接地装置上的电位 U_k 和 U_d 与冲击接地电阻 R_{ch} 有关,R_{ch} 愈小,则 U_k 和 U_d 愈低。

为了防止避雷针与被保护设备或架之间的空气间隙 S_k(见图 4-14)被击穿而造成反击事故,必须要求 S_k 大于一定距离,若取空气的冲击放电电压为 500 kV/m,则 S_k 应满足下式要求:

$$S_k \geqslant 0.2R_{ch} + 0.1h \tag{4-25}$$

同样为了防止避雷针接地装置和被保护设备接地装置之间,在土壤中的间隙 S_d 被击穿,S_d 应满足下式:

$$S_d > 0.3R_{ch} \tag{4-26}$$

此处假设土壤冲击放电电压为 500 kV/m。在一般情况下 S_k 不应小于 5 m,S_d 不应小于 3 m。

2. 避雷针的安装位置与条件

对于 110 kV 及以上的变电所,可以将避雷针装设在配电装置的构架上,这是因为这类电压等级的配电装置的绝缘水平较高,雷击于避雷针时,在构架上出现的高电位不会造成反击事故。避雷针的配电构架应装设辅助接地装置,此接地装置与变电所接地网的连接点距主变电器接地装置与变电所接地网的连接点之间的距离不应小于 15 m，目的是使雷击避雷针时，在避雷针上产生的高电位沿接地网，向变压器接地点传播过程中逐渐衰减，在到达变压器接地点时，不会造成变压器反击事故。由于变压器的绝缘较弱，又是变电所中最重要的设备，故在变压器的门型构架上，不应装设避雷针。

关于线路终端杆塔上的避雷针能否与变电构架相连的问题，也可按上述装设避雷针的原则来处理。110 kV 及以上的变电所允许相连，35 kV 及以下的变电所一般不允许相连。有关规程建议，在土壤电阻率不大于 500 Ω · m 的地区，可以相连。

二、变电所的进线保护

为了限制流经避雷器的雷电流和限制入侵波的陡度，变电所需采用一定的进线保护接线。当线路上出现过电压时，将有电磁波沿导线向变电所运动，其幅值为线路绝缘的 50%放电电压。线路的冲击耐压比变电所的冲击耐压要高得多，如表 4-3 所示。

表 4-3　不同电压下线路与变压器的冲击耐压强度(单位:kV)

标称电压	35	110	154	220	330
线路绝缘的冲击放电电压 1.5/40 μs	350	700	1 000	1 200～1 400	1 645
变压器绝缘的冲击放电电压 1.5/40 μs	180	425	585	835	1 050

如果没有架设避雷线的线路，当雷击于变电所附近线路的导线上时，沿线路入侵流经避雷器的雷电流可能超过 5 kA，且其陡度也可能超过允许值，因此在靠近变电所的一段进线上，必须装设避雷线，这样在进线段内出现雷电波的概率将大大减小，保证雷电波只能在进线段以外出现。由于架设避雷线在进线段，称为变电所进线保护段，其长度一般取为 1～2 km，如图 4-15 所示。进线段因具有较高的耐雷性能，规程规定，不同电压等级进线段的耐雷水平见表 4-4。避雷线的保护角应为 20°左右，以尽量减小绕击机会。

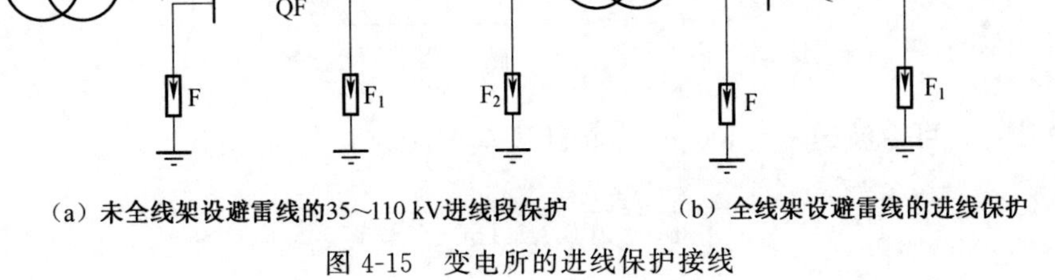

(a) 未全线架设避雷线的35~110 kV进线段保护　　(b) 全线架设避雷线的进线保护

图 4-15　变电所的进线保护接线

表 4-4　进线段线路的耐雷水平

额定电压(kV)	35	66	110	220	330
耐雷水平(kA)	30	60	75	120	140

最严重的情况是母线只有一条线路，入侵雷电波的幅值将受到线路绝缘放电限制。入侵雷电波的最大幅值可取线路绝缘的 50％冲击闪络电压 $U_{50\%}$ 。行波在 1～2 km 的进线段上，来回一次的时间为 $2I/V=6.7\sim1.33$ μs，而入侵波的波头又较短，故避雷器动作后所产生的负反射波折回到雷击点，在雷击点又产生的反射波到达避器的雷电流最大值 $I_{\rm bm}$ 。

$$2U_{50\%}=I_{\rm bm}\cdot Z+U_{\rm bm} \tag{4-27}$$

式(4-28)中 Z 为进线段导线的波阻抗，对于 35～220 kV 的线路导线的波阻抗可取 $Z=400\ \Omega$，对于 330 kV 线路取 $Z=300\ \Omega$；$U_{\rm bm}$为避雷器的残压最大值，根据避雷器的电气特性可以查出：对于电压为 220 kV 及以下时避雷器残压用 5 kA 下的残压；330 kV 时用 10 kA 下的残压；根据线路绝缘水平可知道 $U_{50\%}$ ，将上述数值代入式(4-28)即可求得不同等级电压线路的 $I_{\rm bm}$ 见表 4-5。

表 4-5　不同等级电压线路雷电流幅值

额定电压(kV)	35	110	220	330
避雷器型号	Y5W-41/115	Y5W-96/238	Y5W-196/476	Y10W-228/698
线路绝缘的 $U_{50\%}$(kV)	350	700	1 200～1 400	1 645
$I_{\rm bm}$(kA)	1.46	2.9	4.8～5.8	8.64

从表 4-5 可知，1～2 km 长度进线段，已能满足限制避雷器中雷电流不超过 5 kA(或 10 kA)的要求。

最不利的情况是在进线段的首端落雷，且入侵雷电波的幅值等于线路的 50％冲击闪络电压，并具有直角波头。此电压已超过导线的临界电晕电压，因此在入侵波作用下，导线将发生电晕，由于电晕要消耗能量，可以使入侵波衰减与变形。所以直角波头的入侵雷电波，由进线段首端向变电所的传播过程中，波形将发生变形而使波头变缓。

如果以最严重的情况考虑，即在进线的首端突然出现雷电波，此时雷电波头长度接近于零。变电所入侵波的陡度 α(kV/μs) 可按下式计算：

$$\alpha=\frac{U}{\Delta\tau}=\frac{U}{\left(0.5+\dfrac{0.008U}{h_{\rm d}}\right)l} \tag{4-28}$$

在很短距离，可令波速 $v=300$ m/s，将陡度单位改为 kV/m，则：

$$\alpha'=\frac{\alpha}{v}=\frac{\alpha}{300}=\frac{1}{\left(\dfrac{150}{U}+\dfrac{2.4}{h_{\rm d}}\right)l} \tag{4-29}$$

式中　h_d——进线段导体悬挂平均高度,m;

l——进线段长度,km。

表 4-6 给出了用式(4-30)计算出来的不同电压等级变电所,入侵波的计算用陡度 α' 值。由该表按已知进线段长度求出 α' 值后,可根据式 4-28、式 4-29 求得变压器或其他设备到避雷器的最大允许电气距离 l_m 。

表 4-6　变电所入侵波的计算陡度 a

额定电压(kV)		35	110	220	330
α(kV/m)	1 km 进线段	1.0	1.5	1	1
	2 km 进线段或全线避雷器	0.5	0.75	1.5	2.2

在线路绝缘水平很高的情况,为了限制入侵雷电波的幅值,可在进线段的首端处装设一组氧化锌避雷器 F_1,如图 4-15(a)所示。在雷雨季中,如变电所 35～110 V 进线的隔离开关或断路器,可能经常处于断开状态,且线路侧又带电的情况下,当沿线路有 50%幅值的雷电波入侵时,在断开点将发生全反射使电压升高一倍。可能发生冲击闪络而产生工频电弧,使开路的断路器或隔离开关烧毁。因此靠近隔离开关或断路处,应装设一氧化锌避雷器 F_2 如图 4-15(a)所示,F_2 在断路器闭合运行时,入侵雷电波不应使氧化锌避雷器 F_2 动作,即此时 F_2 应在变电所氧化锌避雷器保护范围内。若在断路器闭合运行时,入侵波使 F_2 动作放电,则会造成截断波,这样可能会危及变压器的纵绝缘。

此外,根据运行经验证明,在重雷区,甚至在雷雨季中常合闸的断路器,也宜装设氧化锌避雷器 F_2,因为 次雷击引起断路器跳闸后,可能发生连续雷击,致使已跳闸的断路器闪络。

三、三绕组变压器和自耦变压器的雷闪过电压及保护

1. 三绕组变压器的保护

三绕组变压器在正常运行时,有时存在只有高、中压绕组工作而低压绕组开路的运行情况。此时若高压绕组或中压绕组有雷电波入侵时,由于低压绕组对地电容较小,开路的低压绕组上静电感应分量可达到很高的数值,将危及低压绕组绝缘。考虑到静电感应分量将使低压绕组三相电位同时升高,故为了限制这种过电压,只要在低压绕组任一相的直接出口处加装一只避雷器即可。中压绕组也有开路的可能,但其绝缘水平较高,一般不装避雷器。

2. 自耦变压器(AT)的防雷保护

自耦变压器一般除有高、中压自耦绕组外,还有低压非自耦绕组。在运行时可能会出现高、低压绕组运行,中压开路和中、低压绕组运行,高压开路的运行方式。此时若雷电波从高压端线路入侵,高压端电压为 U_0 时,在开路的中

压端 A'上，可能出现的最大电压为高压侧电压 U_0 的 $2/K$ 倍（K 为高压侧与中压侧绕组变比），这样可能使处于开路状态的中压套管闪络。因此，在中压侧套管与断路器之间装设一组避雷器，以便当中压侧断路器开断时，保护中压侧绝缘。

当高压侧开路，中压侧来波，且中压电压为 U'_0 时，由中压端 A′到开路的高压端 A 的稳态电压为 KU'_0，它是由 A′与 A 之间的稳态电压电磁感应而形成的。在振荡过程中 A 点电位可达 $2KU'_0$，这会使开路的高压侧套管闪络。因此在高压侧套管与断路器之间，也应加装一组避雷器，以使当高压侧断路器开断时，保护高压侧绝缘。自耦变压器的防雷保护接线如图 4-16 所示。

此外还应注意当中压侧连有出线时，相当于 A′点经线路波阻抗接地。

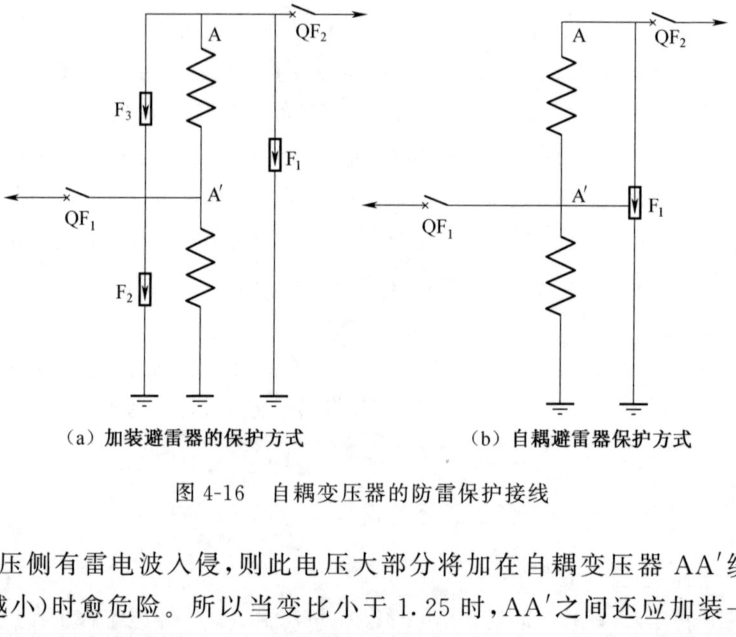

（a）加装避雷器的保护方式　　（b）自耦避雷器保护方式

图 4-16　自耦变压器的防雷保护接线

如高压侧有雷电波入侵，则此电压大部分将加在自耦变压器 AA′绕组愈短（即变比越小）时愈危险。所以当变比小于 1.25 时，AA′之间还应加装一组避雷器，如图 4-16(a)中虚线的 F_3，此避雷器的灭弧电压应大于高压或中压侧接地短路条件下，AA′所出现的最高工频电压。也可采用图 4-16(b)所示的自耦避雷器保护方式。

3. 变压器中性点保护

当三相进波时，中性点不接地的变压器中性点电位会达到绕组端电压的 2 倍，这时变压器的中性点需要保护。

对于中性点不接地或经消弧线圈接地的系统，变压器是全绝缘的，即中性点处的绝缘与相线端绝缘水平相同，由于三相进波的概率很小且大多数波来自线路较远处，其陡度很小，变电所进线不止一条，非雷击的进线起到了分流作用，变压器绝缘也有一定裕度等原因，所以有关规程 DL/T620 规定、35～60 kV 变压器中性点一般不需保护。但对 110 kV 且为单过线的变电所，则宜在中性点上加装避雷器，这些避雷器的额定电压应与首端的避雷器有同样等级。

对于中性点接地系统，为了减少单相接地短路电流，其中部分的变压器中性点是不接地的。在这些系统中的变压器往往是分级绝缘的，即变压器是中性点处的绝缘水平要比相线端低得多，如我国 110 kV 和 220 kV 变压器中性点绝缘分别为 35 kV 和 110 kV 等级，这时需要在中性点上加装 Y1W 或 Y1.5W 系列氧化锌避雷器以保护中性点绝缘。

4. 动力及配电变压器的防雷保护

3～10 kV 动力配电线路是沿线车站信号，站区运行调度和各站段生产生活重要的一级负荷，所以 10 kV 动力配电变压器安全可靠运行具有非常重要的意义。由于配电变压器容易遭受雷击，故必须做好配电变压器的防雷保护。3～10 kV 的配电变压器采用氧化锌避雷器作为防雷保护，保护装置应尽量靠近变压器装设。为了避免雷电流 I_L 流过接地电阻 R 上的压降与避雷器的残压叠加一起作用在配变的主绝缘上，应将避雷器接地端的接地线与配变的外壳连一起，如图 4-17 所示。这样作用在配变主绝缘上的电压只有避雷器的残压，但这又会带来另外的问题，就是雷电流在接地电阻 R 上的压降会使配电外壳电位提高，可能产生外壳对低压绕组逆闪络。为此可将低压绕组的中性点也连在配变的外壳上，当外壳电位提高时，低压绕组的电位也随之提高，保持外壳与低压绕组电压不变，避免了逆闪络，这样就形成了避雷器的接地引下线、配变外壳、低压绕组中性点连在一起，三点共同接地，如图 4-17 所示。其工频接地电阻值对于 100 kVA 及以上的变压器应不大于 4 Ω，对小于 100 kVA 的变压器应不大于 10 Ω。

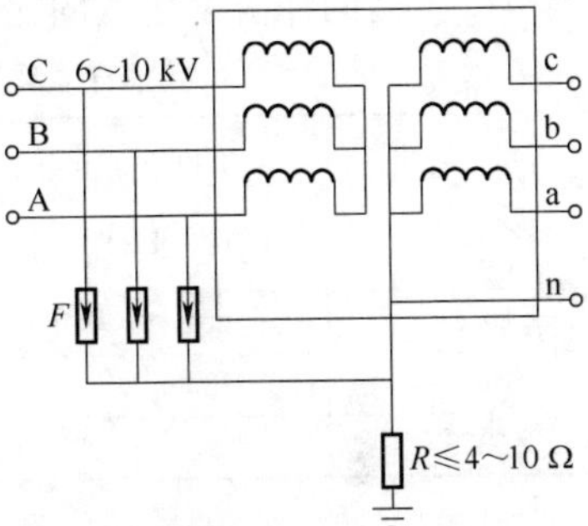

图 4-17 配电变压器的防雷保护

对于 Y, y_{N0} 接线的配变，如果在低压侧未装避雷器保护，当高压侧受到雷击时，高压侧避雷器动作，经过避雷器会有雷电流流入大地，在接地电阻上产生压降 $I_L R$ 。这个电压降也同时作用在低压侧的中性点上，但此时低压侧出线相当于经地线路波阻接地，因此这个压降 $I_L R$ 人部分加在变压器低绕组上。由十电磁感应，在高压绕组上将出现 $I_L R$ 乘变比的过电压。由于高压绕组出线端的电位受避雷器固定，因此这个电压沿高压绕组分布，且在中性点上达最大值。所以，在中性点附近绝缘可能发生击穿，这种现象称为逆变换过电压。

对于郊区农村的配电变压器，由于低压出线较长，且多没有高建筑物的屏蔽，故低压线路易受雷击。若配电变压器低压侧未装避雷器保护，当雷电波由低压侧侵入时，由于低压侧中性点是接地的，低压绕组将有雷电流通过并产生磁通，通过电磁感应，按变比在高压侧感应电势，高压绕组出现高电压，称为正变换过电压。由于低压侧绝缘裕度比高压侧大，一般低压侧不易损坏，而使高压侧绝缘击穿。

故在多雷区的 3～10 kV，Y，y_{N0} 或 Y，y 的配电变压器，宜在低压侧装设一组氧化锌避雷器，其作用是限制低压绕组的过电压，从而也限制了感应在高压绕组的正、逆变换过电压。

四、旋转电机的防雷保护

直接与架空线相连的旋转电机称为直配电机。这种电机因线路上的雷电波可以直接传入电机，故其防雷保护尤为重要。旋转电机的防雷保护应包括电机主绝缘、匝间绝缘和中性点绝缘的保护。

1. 旋转电机防雷保护的特点

由于结构和工艺上的特点，在相同电压等级的电气设备中，旋转电机的绝缘水平是最低的，其主绝缘的冲击系数接近于 1。表 4-7 列出旋转电机主绝缘的出厂耐压值与变压器的冲击耐压值的比较。

表 4-7　旋转电机和变压器的冲击耐压值

电机额定电压（有效值 kV）	电机出厂工频耐压（有效值 kV）	电机出厂冲击耐压（幅值 kV）	同级变压器出厂冲击耐压（幅值 kV）	Y5W 氧化锌避雷器 5 kA 残压（幅值 kV）
10.5	$2u+3$	34	80	31
13.8	$2u+3$	43.3	108	40
15.75	$2u+3$	48.8	108	45

注：u 表示电机出厂时的试验电压。

从表 4-7 中可以看出，旋转电机绝缘的出厂耐压值仅为变压器的 1/2.5～1/4，而且在运行过程中，由于受到机械、电、热和化学的联合作用，电机绝缘将会老化，因此运行中的电机实际的冲击耐压水平将比表 4-7 中所列的数值还要低。

保护旋转电机用的 Y5W 型氧化锌避雷器的保护性能与电机绝缘水平的配合裕度很小。从表 4-7 中可知，旋转电机冲击耐压值只比避雷器的残压高 8%～10%。对于旋转电机的防雷保护，应根据发电机的容量、重要性以及当地雷电活动情况，因地制宜地采取一定的防范措施。考虑到对直配电机的防雷保护，还不能达到十分完善的地步。有关规程规定：60 000 kW 以上的发电机不允许与架空线直接相连。当雷电波作用于发电机绕组时，匝间绝缘及中性点绝缘都会受到电压的作用，入侵波陡度越大，匝间绝缘上承受的电压越高，为了保护匝间绝缘，必须将入侵波陡度限制在 5 kV/s 以下。

一般说来，发电机中性点是不接地的，当直角波入侵中性点时，中性点电压可达到端电压的两倍，因此必须对中性点采取保护。试验证明，入侵波的陡度降低时，中性点的过电压也随之减小，当入侵波陡度降至 2 kV/s 以下时，中性点的过电压将不会超过相端的过电压。作用在直配电机上的大气过电压有两种，一种是与电机相连的架空线路上的感应雷过电压；另一种是雷直击于与电机相连的架空线路而引起的过电压，其中感应雷过电压出现的机会较多。如前所述，感应雷过电压是由线路导线上的感应电荷转为自由电荷所引起的。在相同的感应电荷下，增加导线的对地电容，就可以降低感应过电压，所以为了限制作用在发电机上的感应雷过电压，使之低于电机冲击耐压强度，可在发电机电压母线上装设电容器。

2. 直配电机的防雷措施

雷直击于与电机相连的线路，雷电波会沿线路侵入电机，这是直配电机防雷保护的主要方面，其防雷保护的主要措施如下：

(1)在每台发电机出线的母线处装设一组 Y5W 型氧化锌避雷器，以限制入侵波幅值，同时再采取进线保护措施以限制过 Y5W 的雷电流不得超过 5 kA。

(2)在发电机电压母线上装设电容器，以限制入侵波陡度 a，从而保护电机匝间绝缘及中性点绝缘，同时也降低了感应过电压。

(3)进线段保护。为了限制流经过氧化锌避雷器 Y5W 中的雷电流小于 5 kA，需要设置进线段保护。

图 4-18 所示为电缆与氧化锌避雷器联合作用的典型进线保护段。这种接线适用于单机容量为 6 000～60 000 kW 的直配电机。

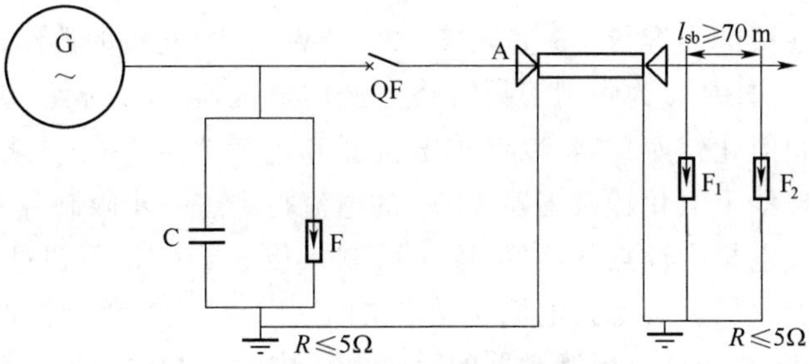

图 4-18 有电缆段的进线段保护接线

雷电波入侵时，氧化锌避雷器 F_1 动作，电缆芯线与外皮经管型避雷器 F_1 短接在一起，雷电流流过 F_1 和接地电阻 R 上所形成电压降 iR，同时作用在电缆外皮与芯线上。避雷器动作后，沿电缆外皮将有电流 i_2 流向电机侧，i_2 在电缆外皮的自感 L_2 上将出现压降 $L_2\dfrac{di_2}{dt}$。此压降是由环绕外皮的磁力线变化所造成的，这些磁力线也必然全都与电缆芯线相匝链(因有互感 M)，结果在芯线上也感应出一个大小相等其值为 $L_2\dfrac{di_2}{dt}$ 的反电势来。这个反电势将阻止雷电流从 A 点沿芯线向电机侧运动，从而限制了流经氧化锌避雷器 Y5W 的雷电流。如果 $L_2\dfrac{di_2}{dt}$ 与

iR 完全相等，则在芯线中就不会有电流流过，但因电缆外皮末端的下线总有电感 L_3 存在，则 iR 与 $L_2\frac{di_2}{dt}$ 之间会有差值，差值越大，则流经芯线的电流也越大，故在实际中，应尽量使电缆末端外皮接地引下线到接地网的距离缩短。

计算表明，当电缆长度为 100 m，电缆末端外皮接地引下线到接地网的距离为 12 m、$R=5\ \Omega$，电缆段首端落雷且雷电流幅值为 50 kA 时，流经每相避雷器 Y5W 的雷电流不会超过 5 kA 也就是说这种保护接线的耐雷水平为 50 kA。

由上可知，这种进线保护段的限流作用完全靠氧化锌避雷器 R 动作，但因电缆的波阻抗远比架空线为小，入侵波到达图 4-18 中的 A 点时，将发生负反射，使 A 点电压降低，故 F_1 有可能不动作，这时电缆段的限流作用将不能发挥，此时雷电流将沿电缆芯线侵入电机母线，流经避雷器 Y5W 的电流将会超过规定值，所以只有 F_1 不够的。为此在 A 点前 70 m 再加装一组氧化锌避雷器 F_2。由于它距离电缆首端 A 有一定距离，在负反射未到达时，F 已动作，F 的接地线应用导线与电缆首端 A 和 F_1 连接，连接线悬挂在杆塔导线下面 2～3 m 处(以增加两线间的耦合)。采用此方式后，虽然 F 容易放电，但由于 F 的接地端到电缆首端外皮的连接线上的压降不能全部耦合到导线上去，故沿芯线向母线的电流就会增大，遇强雷时可能超过 5 kA 为防止这种情况，所以在电缆首端仍保留一组管型避雷器 F_2 如图 4-19 所示，在强雷时，此避雷器也动作。这样，电缆段的限流作用就可以充分发挥。

有关规程建议的大容量(25 000～60 000 kW)直配电机的典型防雷保护接线如图 4-19 所示。图中 L 为限制工频短路电流用电抗器，非为放雷专门设置，在电抗器前加装一组氧化锌避雷器，以保护电抗器和电缆终端，由于电抗 L 的存在，F 动作后使流经母线上氧化锌避雷器 Y5W 的电流得到进一步限制。

为了保护发电机中性点的绝缘，除了限制入侵波陡度 α 不超过 2 kV/s，尚须在中性点加装避雷器。考虑到电机在受雷击的同时，可能有单相接地存在，中性点可能出现相电压，故中性点用避雷器的灭弧电压应大于相电压，具体值可按表 4-8 选择。若电机中性点不能引出，则需将每相电容增大到 1.5～2 μF，以进一步降低入侵波陡度，确保中性点绝缘。

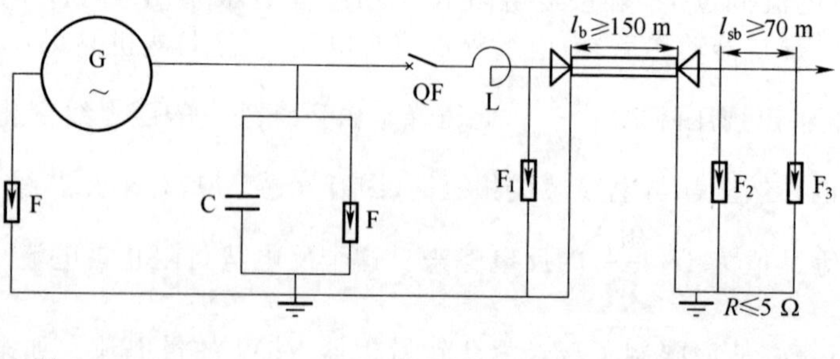

图 4-19　25 000～60 000 kW 以下有直配电机的防雷保护接线

表 4-8 保护电机中性绝缘的避雷器

电机额定电压(kV)	3	6	10
避雷器型号	Y1W-2.3/6	Y1W-4.6/12	Y1W-7.6/19

容量较小(6 000 kW 以下)或少雷区的直配电机可不用电缆进线段,其保护接线如图 4-17 所示。在进线保护段长度 l_b 内,应装设避雷针或避雷线,入侵波使 F_3 动作,流经 F 的雷电流与 F_3 动作后对地的电压降有关,它的接地电阻 R 愈小,则流经 F 的雷电流愈小;进线段的长度愈长,其等值电感 L 愈大,则流经 F 的雷电流也愈小。有关规程(DL/T620)建议:

$$\text{对于 3 kV、6 kV 线路：} i_b/R \geqslant 200$$

$$\text{对于 10 kV 线路：} i_b/R \geqslant 150$$

式中 i_b ——进线保护段长度,m;

R——接地电阻,Ω。

一般进线段长度可取为 450～600 m,若 F_3 的接地电阻达不到上述要求,可在 $i_b/2$ 处再装设一组避雷器 F_2,如图 4-20 中虚线所示。图中 F_1 是用来保护开路状态的断路器或隔离开关的。

根据我国运行经验,一般情况下,无架空直配线的电机不需要装设电容器和避雷器。在多雷区,特别重要的发电机,则宜在发电机出线上装设一组氧化锌避雷器。若发电机与变压器之间有大于 50 m 的架空母线或软连线时,为使这段连线不受雷击,这段连线需用避雷针进行防护外,还应防止雷击附近而产生的感应过电压,此时应在电机出线上每相加装不小于 0.15 μF 的电容器或氧化锌避雷器。

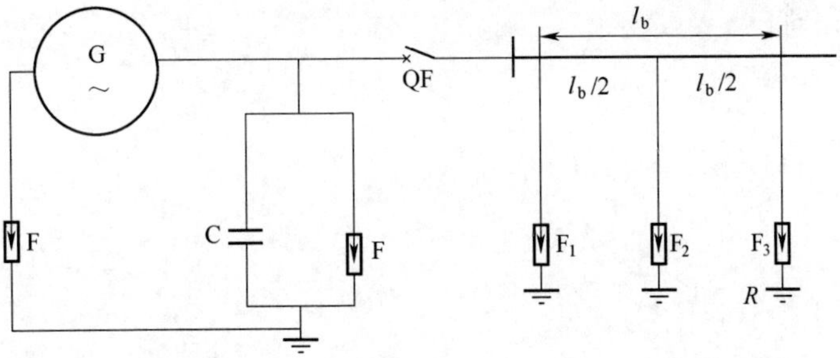

图 4-20 1 500～6 000 kW 以下有直配电机的保护接线

思考与练习

1. 雷电放电过程分哪几个阶段？各有何特点？
2. 空气间隙的伏秒特性是什么？其形状与何有关？
3. 冲击电压作用下,放电时延由哪几部分组成？

4. 感应过电压会不会引起相间绝缘闪络？为什么？

5. 怎样确定雷击导线时的耐雷水平？

6. 为提高线路的耐雷水平可采取哪些措施？

7. 试述 35～60 kV 线路防雷的具体措施有哪些？

8. 试述 110～500 kV 线路防雷的具体措施有哪些？

9. 试述变电所防雷的基本原则。

10. 为防止反击，变电所中避雷针到被保护物间的距离如何确定？

11. 避雷针的安放方式有哪两种？各用在什么情况下？

12. 试述三绕组变压器、自耦变压器在防雷上的特点。

13. 试分析高速铁路接触网防雷的基本措施。

14. 某高速铁路牵引变电所为户外敞开式布置，试分析其防雷的方法。

15. 如上述变电所为户内式，防雷的手段与方法有何不同？

第五章　供电系统内部过电压及其限制措施

在供电系统内部由于断路器的操作或接触网发生故障，使系统参数发生变化，引起电磁能量的转化或传递，在系统中出现过电压，这种过电压称为内部过电压。

系统参数变化的原因是多种多样的，因此，内部过电压的幅值、振荡频率以及持续时间不尽相同，通常可按产生过电压的原因，将过电压分为操作过电压及暂时过电压。操作过电压即电磁暂时过电压；暂时过电压包括工频电压升高及谐振过电压。若以其持续时间的长短来区分，一般持续时间在 0.1 s 以内的过电压称为操作过电压；持续时间长的过电压则称为暂时过电压。

内部过电压的能量来源于电网本身，所以其幅值和电网的工频电压大致有一定的倍数关系，通常以系统的最高运行相电压为基础来计算过电压倍数。

第一节　供电系统工频过电压

工频电压升高可能在供电系统正常运行或故障时产生，一般其幅值超过最大工作相电压，频率为工频或接近工频，持续时间的变化范围很广。与操作过电压相比，工频过电压倍数并不大，它本身对系统中正常绝缘的电气设备一般是没有危险的，但由于上述特点，使它成为高压输电中确定系统绝缘水平的重要因素。

一、工频过电压的特点

(1)伴随着工频电压升高而同时发生的操作过电压却会达到很高的幅值，所以工频电压升高将直接影响到操作过电压的幅值。

(2)工频电压升高是决定保护电器工作条件的重要因素。如避雷器的最大允许工作电压就是按照电网中单相接地时非故障相上的工频电压升高来确定的。工频电压升高幅度越大，要求避雷器的灭弧电压越高，在同样保护比的条件下，就要提高设备的绝缘水平。

(3)工频电压升高使断路器操作时流过其并联电阻的电流增大，这就要求并联电阻的热容量增大，使得低值并联电阻的制造难于实现。

(4)工频电压升高持续时间长，将严峻考验设备的绝缘及其他运行性能，如油纸绝缘内部游离、污秽绝缘子闪络、铁芯过热、电晕干扰等。

常见的几种重要的工频过电压有：空载线路电容效应引起的电压升高；不对称

短路时正常相上的工频电压升高；甩负荷引起发电机加速而产生的电压升高等，以下将分别讨论。

二、空载线路电容效应引起的电压升高

对于输电线路而言，若用集中参数的等值 π 型线路来代替，如图 5-1(a)所示，由于一般线路的容抗远大于线路的感抗，故在无负载电流（ $I_2=0$ ）的情况下，回路中将流过容性电流，于是线路末端将有较大的电压升高，此现象称电容效应。图 5-1(b)是线路末端开路时的相量图。

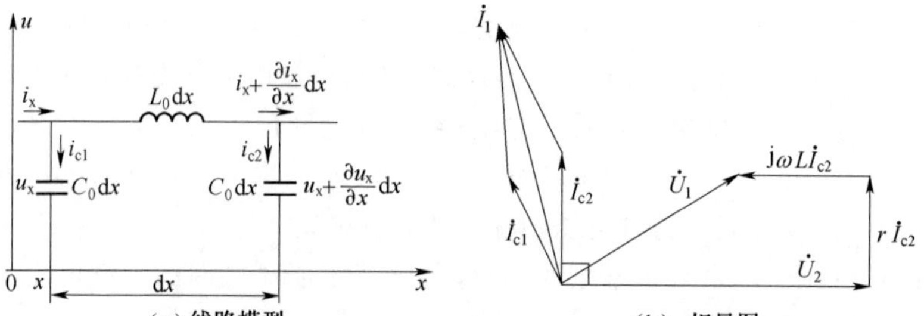

图 5-1 π 型等值电路模型与末端开路的相量图

对于 π 型链式电路可求得线路上任一点 x 处的电压为：

$$u_x=\frac{E\cos\varphi}{\cos(\lambda+\varphi)}\cos\mu \tag{5-1}$$

$$\varphi=\text{arc}\,\frac{X_{L0}}{Z}$$

$$\mu=\frac{\omega x}{v}$$

$$\lambda=\frac{\omega l}{v}=\alpha l$$

$$\alpha=\frac{\omega}{v}$$

式中 E ——系统电源电压，kV；

Z ——导线波阻，$z=\sqrt{\frac{L_0}{C_0}}$，Ω；

X_{L0} ——系统电源的等效电抗，Ω；

v ——光速，km/s；

x ——该点到线路首端的距离，km；

ω ——电源角频率，rad/s；

l ——线路长度，km。

当 $f=50$ Hz 时，$\omega=100\ \pi$，$v=3\times10^5$ km/s，$\alpha=0.06°$/km。

从式(5-1)可知,沿线路的工频电压从始端开始按余弦规律分布,在线路终端 $\mu=0$,电压最高,终端电压为 U_2,则:

$$K_{20}=\frac{U_2}{E}=\frac{\cos\varphi}{\cos(\lambda+\varphi)}=\frac{\cos\varphi}{\cos(\alpha l+\varphi)} \tag{5-2}$$

如果系统容量为无穷大,即 $x_{L0}=0,\varphi=0$,则可得:

$$K_{21}=\frac{U_2}{E}=\frac{1}{\cos\lambda}=\frac{1}{\cos\alpha l} \tag{5-3}$$

因为 $\cos\alpha l$ 之值通常都小于 1,则 $(1/\cos\alpha l)>1$,这就是说,空载线路末端电压恒比首端电压高,且线路越长,末端电压越高,这种现象称为长输电线路的电容效应,又称费兰梯效应。比值 $K(K_{20}$、$K_{21})$ 与线路长度的关系如图 5-2 所示。

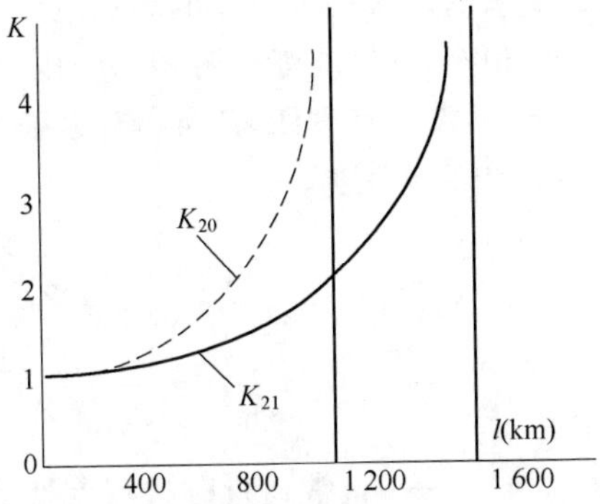

图 5-2 空载无损长线路末端电压升高与线路长度的关系

从式(5-3)可知(从图 5-2 也可看出),$\alpha l=\pi/2$ 时,末端电压将升高到无穷大,此时的线路长度为 $l=\pi v/2\omega=1\ 500$ km,也就是 1/4 波长的线路,输电线路在空载时发生谐振。

可见,线路末端电压升高还与电源的容量有关,当电源容量有限时 $X_{L0}>0$。从式(5-1)可以看出,这增加了电容效应,犹如增加了导线长度一样,电源容量越小,情况越严重。因此,为估计最严重的工频电压升高,应以系统最小电源容量为依据。在双电源的线路中,为避免严重的工频电压升高,应使线路两端的开关按一定的操作顺序,即在电源容量大的一侧先合闸,从电源容量小的一侧先分闸。

例 5-1 一条长为 280 km 的 500 kV 输电线路,电源电抗 $X_{L0}=260\ \Omega$。线路参数:$L_0=0.9$ mH/km,$C_0=0.012\ 75\ \mu$F/km。考虑电源电抗和不考虑电源电抗时,求线路末端开路时,末端对电源电压升高比。

解: $\alpha l=0.06\times 280=16.8°$

若不计 X_{L0},则有:

$$Z=\sqrt{\frac{0.9\times 10^{-3}}{0.012\ 75\times 10^{-6}}}=266\ \Omega$$

$$\varphi=\arctan\frac{260}{266}=44.35°$$

$$K_{20}=\frac{\cos 44.35°}{\cos(16.8°+44.35°)}=1.482$$

比较计及 X_{L_0} 和不计及 X_{L_0} 时的计算结果可知，X_{L_0} 的存在相当于使输电线变长。

三、不对称短路引起的工频电压升高

当在空载线路上出现单相或两相接地故障时，健全相上工频电压升高不仅由长线的电容效应所致，还有短路电流的零序分量，也会使健全相电压升高。由于一般两相接地的概率很小，单相接地最为常见，因此系统是以单相接地工频电压升高的数值来确定阀式避雷器的灭弧电压的，这里只讨论单相接地的情况。

单相接地时，故障点各相的电压、电流是不对称的，应用对称分量法序网图进行分析，不仅计算方便，还可以计及长线的分布特性。当 A 相接地时，可求得健全相 B、C 相的电压为：

$$\dot{U}_B = \frac{(a^2-1)Z_0+(a^2-a)Z_2}{Z_0+Z_1+Z_2}\dot{U}_A \tag{5-4}$$

$$\dot{U}_C = \frac{(a^2-1)Z_0+(a^2-a)Z_2}{Z_0+Z_1+Z_2}\dot{U}_A \tag{5-5}$$

式中　$\dot{U}_A$ ——正常运行时故障点处 A 相电压；

Z_1、Z_2、Z_0 ——从故障点看进去的电网正序、负序、零序阻抗。

对于较大电源容量的系统，$Z_1 \approx Z_2$，若再忽略各序阻抗中的电阻分量 R_0、R_1、R_2，即 $Z_1=X_1$，$Z_0=X_0$，则式(5-4)、式(5-5)可改写成：

$$\begin{aligned}\dot{U}_B &= \left[-\frac{1.5\dfrac{X_0}{X_1}}{2+\dfrac{X_0}{X_1}}-j\frac{\sqrt{3}}{2}\right]\dot{U}_{A0}\\ \dot{U}_C &= \left[-\frac{1.5\dfrac{X_0}{X_1}}{2+\dfrac{X_0}{X_1}}-j\frac{\sqrt{3}}{2}\right]\dot{U}_{A0}\end{aligned} \tag{5-6}$$

式中　$\dot{U}_{A0}$——正常运行时故障点处 A 相零序电压。

由式(5-6)可求出 $\dot{U}_B$、$\dot{U}_C$ 的模值为：

$$U_B = U_C = \sqrt{\left(\frac{1.5X_0/X_1}{2+X_0/X_1}\right)^2+\frac{3}{4}}U_{A0} = K^{(1)}U_{A0} \tag{5-7}$$

式中
$$K^{(1)} = \sqrt{\left(\frac{1.5X_0/X_1}{2+X_0/X_1}\right)^2+\frac{3}{4}} \tag{5-8}$$

$K^{(1)}$ 叫做单相接地系数，它说明单相接地故障时，健全相的对地最高工频电压有效值与故障前故障相对地电压有效值之比。

值得指出，在不计损耗的前提下，一相接地，两健全相电压升高是相等的；若计及损耗，用式(5-4)、式(5-5)很容易证明：$U_B \neq U_C$ 。

利用式(5-7)可以画出健全相电压升高 $K^{(1)}$ 与 $\frac{X_0}{X_1}$ 值的关系曲线，如图 5-3 所示。从图 5-3 中可以看出损耗对 B,C 两相电压升高的影响。

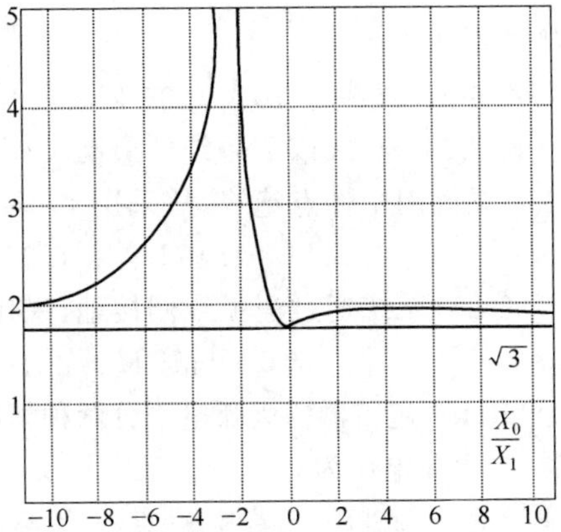

图 5-3　单相接地时非故障相的电压升高

$\frac{X_0}{X_1}$ 的值越大，健全相上电压升高越严重。因为 X_0 和 X_1 是由故障点看进去的数值，既包含分布的线路参数，还包含电机的暂态电抗，变压器的漏感等，而且零序和系统中性点运行方式有很大的关系。

对中性点绝缘的 3～10 kV 系统，X_0 主要由线路容抗决定，故应为负值，$\frac{X_0}{X_1}$ 也为负值。单相接地时，健全相的工频电压升高约为线电压的 1.1 倍。因此，在选择避雷器灭弧电压时，取 110％的线电压，这时避雷器称为 110％避雷器。对中性点经消弧线圈接地的 35～60 kV 系统，在过补偿状态运行时，X_0 为很大的正值，单相接地时健全相上电压接近线电压。因此，在选择避雷器灭弧电压时，取 100％的线电压，这时避雷器称为 100％避雷器。

把 $\frac{X_0}{X_1} \approx 3$ 的供电系统称为有效接地系统，110 kV 级以上的供电系统一般均采用这种运行方式。中性点有效接地系统中，由于继电保护、系统稳定等方面的要求，并不是每台变压器的中性点都是直接接地的，一般 $\frac{X_0}{X_1} \leqslant 3$，单相故障接地时，健全相上电压升高不大于 1.4 倍相电压，约为 80％的线电压。110～220 kV 系统中避雷器的最大灭弧电压取为最大线电压的 80％，称为 80％避雷器。

330 kV 及以上的超高压供电系统，为了降低过电压值，不采取限制短路电流的措施，而是将全部变压器中性点接地，故 a 较小，一般为 1.5～2.5，健全相电压升高在 0.75 倍线电压以下。但由于输电距离长，弗兰梯效应使线路末端工频电压升高，可能超过最大工作线电压的 80％，故输电线首端安装 80％的避雷器（又称电站型避雷器），输电线末端安装 90％避雷器（又称线路型避雷器）。

同一系统有大运行方式、小运行方式，从小运行方式到大运行方式时，电源的正序阻抗下降很快；相反，由于继电保护的原因，零序阻抗不是成比例下降。也就是说，该电网某一点发生单相接地时，从该点看进去的零序阻抗与正序阻抗比值 $\frac{X_0}{X}$ 不是定值，因此单相接地系数 $K^{(1)}$ 也不是定值。一般情况下，大运行方式时单相接地系数大。

例 5-2 试决定 10 kV、35 kV、110 kV 和 500 kV 避雷器的灭弧电压。

解：220 kV 级以下系统的最高工作电压按 $1.15U_N$（U_N 为系统额定电压），对 10 kV 系统因中性点绝缘，故采用 110%避雷器，则 10 kV 避雷器的灭弧电压为：

$$1.1\times1.15U_N=1.265\times10=12.65\approx12.7\ \text{kV}$$

35 kV 系统通过消弧线圈接地，采用 100%避雷器，则灭弧电压为：

$$1.0\times1.15U_N=1.15\times35=40.25\approx41\ \text{kV}$$

110 kV 避雷器的灭弧电压分两种情况考虑。在中性点接地系统中，采用 80%避雷器，则灭弧电压为 $0.8\times1.15U_N=0.8\times1.15\times110=101.2\approx100$ kV，这种避雷器的型号为 FCZ-110J。若中性点不接地，则采用 100%避雷器，灭弧电压为 $1.0\times1.15U_N=1.0\times1.15\times110=126.5\approx126$ kV，这种避雷器的型号为 FCZ-110。500 kV 电压级的最高工作电压按 $1.1U_N$ 考虑，一定是中性点接地。若选 80%避雷器，则灭弧电压为 $0.8\times1.1\times500=440$ kV，其型号为 FCZ-500。

四、甩负荷引起的工频电压升高

输电线路传送重负荷时，由于某种原因断路器跳闸，电源突然甩负荷后，将在原动机与发电机内引起一系列机电暂态过程，它是造成线路工频电压升高的又一原因。

首先，当甩负荷后，根据磁链守恒原理发电机中通过激磁绕组的磁通来不及变化，与其相应的电源电势 E'_d 维持原来的数值。原来负荷的电感电流对发电机主磁通的去磁效应突然消失，而空载线路的电容电流对发电机主磁通起助磁作用，使 E'_d 上升。因此，加剧了工频电压的升高。

其次，从机械过程来看，发电机突然甩掉一部分有功负荷，而原动机的调速器有一定惯性，在短时间内输入给原动机的功率来不及减少，主轴上有多余功率，这将使发电机转速增加。转速增加时，电源频率上升，不但发电机的电势随转速的增加而增加，使电压升高，而且加剧了线路的电容效应。

要准确地计算这种过电压，涉及到较广的知识面，本书只介绍一些结论性的概念。若系统发生单相接地，继电保护动作使线路突然甩负荷，考虑线路的电容效应，则工频过电压可达 2 倍相电压。我国的运行经验指出，220 kV 及以下电网一般不需要采取特殊措施限制工频电压升高。220 kV 及以上的超高压系统中，与雷闪过电压或操作过电压同时出现时的工频电压升高应限制在 1.3～1.4 倍以下。

五、工频电压升高的限制措施

引起工频电压升高的原因是多方面的，除已讨论过的电容效应、不对称效应、甩负荷效应之外，还有自励磁、饱和效应等。但本章讨论过的几种是主要的，故限制措施也是针对这几种主要原因而采取的。

1. 利用并联电抗器补偿空载线路的电容效应

利用并联电抗器补偿空载线路的电容效应是最主要的限制措施。并联电抗器的安装位置有如图 5-4 所示的几种。

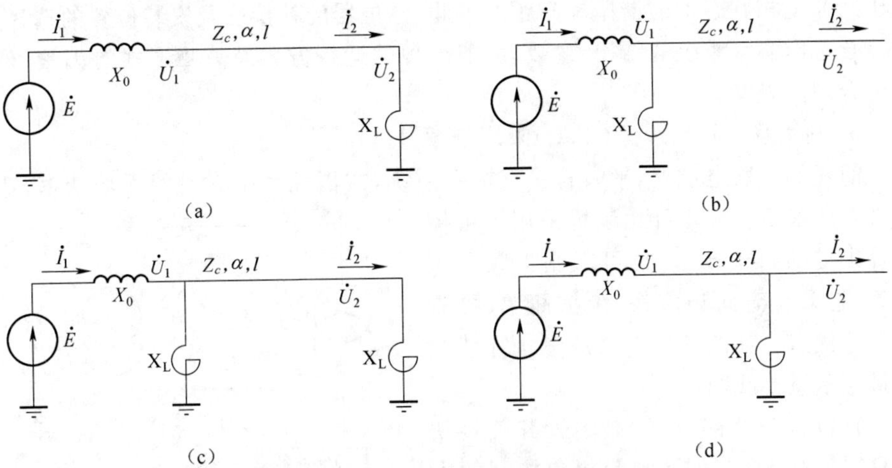

图 5-4　并联电抗器的不同安装方式

现以图 5-4(a)为例进行分析，当并联电抗器 X_L 存在时，由理论分析可得出：

$$K_{21}=\frac{\cos\theta}{\cos(\alpha l-\theta)} \tag{5-9}$$

$$K_{21}=\frac{\cos\theta\cos\varphi}{\cos(\alpha l-\theta+\varphi)} \tag{5-10}$$

$$\tan\theta=\frac{Z}{X_L} \tag{5-11}$$

当线路末端接入电抗器，相当于减小了线路长度，因而降低了电压传递系数。

例 5-3　同例 5-1，线路末端接电抗器，其电抗值 $X_L=1\ 583\ \Omega$，求 K_{21}、K_{20}。

解：由式(5-11)

$$\tan\theta=\frac{Z}{X_L}=266/1\ 835=0.145$$

$$\theta=\arctan 0.145=8.25^\circ$$

$$K_{21}=\frac{\cos 8.25^\circ}{\cos(16.8^\circ-8.25^\circ)}=1.001$$

$$K_{20}=\frac{\cos 8.25^\circ\cos 44.35^\circ}{\cos(16.8^\circ-8.25^\circ+44.35^\circ)}=1.173$$

将上面计算结果与例 5-1 的相比较可知，由于电抗器的存在，降低了空载长线末端电压升高值。从物理意义上可解释为:电抗器的感性无功功率部分地补偿了线路的容性无功功率,相当于减小了线路长度,故降低了末端电压。理论分析与实际运行都指明,末端电抗器的存在,也会减小首端电压的升高。

本文所讲的并联电抗器的作用主要是降低空载线路的电容电流,以降低工频电压的升高,但并联电抗器的设置还涉及到系统无功平衡、潜供电流补偿、自激过电压及非全相状态下的谐振等问题。因此,电抗器的补偿度及安装位置的选择,必须综合考虑实际系统的结构、参数、可能出现的运行方式及故障形式等因素,然后确定合理的方案。

2. 利用静止补偿装置(SVC)限制工频过电压

前述的并联电抗器,平时若一直接入系统,需消耗系统大量的无功功率,造成不必要的浪费。静止补偿装置采用了可控硅等先进的电子技术,也可限制工频电压升高,它具有时间响应快、维护简单、可靠性高等优点。如图 5-5 所示是静止补偿装置系统示意接线图。

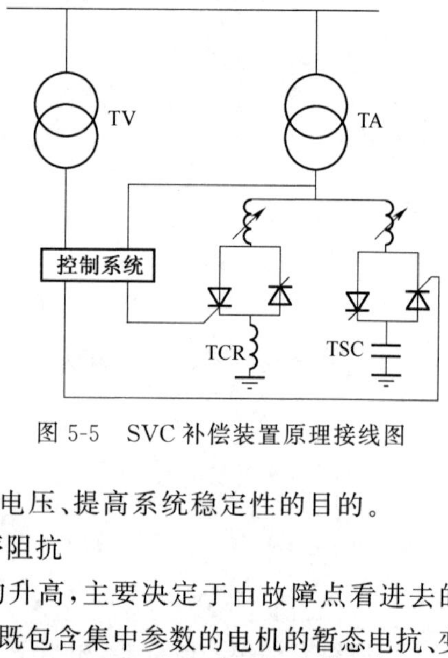

图 5-5　SVC 补偿装置原理接线图

它包含三个部分:①晶闸管开关投切电容器组(TSC);②晶闸管相角控制的电抗器组(TCR);③调节系统。当系统由于某种原因发生工频电压升高时,TSC 断开,TCR 导通,吸收无功功率,从而降低工频过电压也可根据需要改变 TCR。TSC 的导通相角,达到调节系统无功功率、控制系统电压、提高系统稳定性的目的。

3. 采用良导体越线降低输电线路的零序阻抗

从前面的介绍可知,故障点健全相电压的升高,主要决定于由故障点看进去的零序阻抗 X_0 与正序阻抗 X_1 的比值。X_0、X_1 既包含集中参数的电机的暂态电抗、变压器的漏抗,又包含分布参数线路的阻抗。一般情况下电源侧零序阻抗与正序阻抗之比是小于 1 的,而线路的零序阻抗与正序阻抗之比是大于 1 的。如采用良导体地线,可降低 X_0,进而降低由故障点看进去的零序、正序电抗的比值,达到限制工频过电压的目的。计算表明,电源容量愈大,良导体地线降低工频过电压愈明显。

第二节　供电系统操作过电压

操作过电压是供电系统内部过电压的另一种类型,它是由系统中断路器操作中各种故障产生的过渡过程引起的。与暂过电压相比,操作过电压通常具有幅值高、存在高频振荡、强阻尼持续时间短的特点。操作过电压倍数 K 的大小及过电压持续时间与电网结构及参数、断路器性能、系统接线方式及运行操作方式等有关，具有显著的统计性。

常见的操作过电压有：空载线路合闸过电压、切空载线路过电压、切空载变压器过电压及中性点不接地系统中弧光接地过电压等。

随着输电系统额定电压的升高，操作过电压对供电系统的影响随之增大。220 kV 及以下系统的绝缘水平由雷闪过电压决定，可能出现的(3～4) U_{mph}（最大运行相电压的幅值）的操作过电压对这些电压等级的供电设备并不构成威胁，故不必采取专门的限制操作过电压的措施。但对超高压系统而言，如果其绝缘水平按(3～4) U_{mph} 的操作过电压来考虑，必将造成设备绝缘费用迅速增加。因此在超高压系统中必须采取措施将操作过电压限制在一定水平以下。

一、空载线路合闸过电压及其限制措施

在供电系统中，空载线路合闸是一种常见的操作，故操作过电压也是常见的过电压。空载线路合闸有两种情况：一种是计划合闸，另一种是故障后自动重合闸。下面仅是定性地介绍合闸过电压的发展过程，主要的影响因素以及行之有效的限制措施。

1. 计划合闸

合闸前，线路一般不存在接地、短路等，因三相是对称的，可以分相研究，如图 5-6 (a)所示。设电源电势为 $E_m\cos\omega t$ ，为了简化分析，空载线路用等效 T 形电路代替，L_T、C_T 分别为线路总电感、对地电容，L 为电源电感，并忽略线路及电源电阻。作上述简化后，合闸空载线路的等效电路变为图 5-6(b)，其中 $L_s = L + L_T/2$。

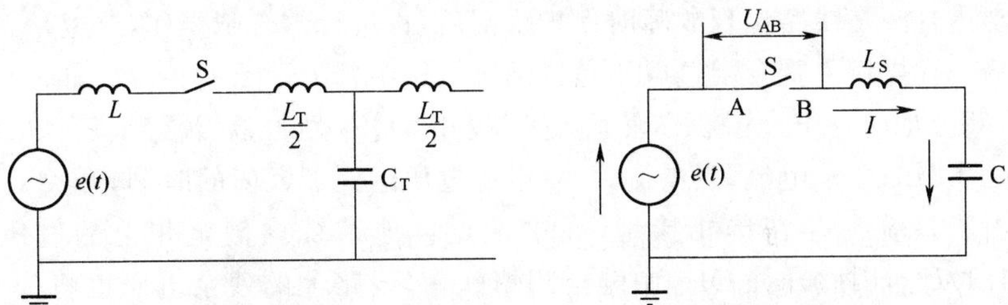

(a) 等效电路　　(b) 简化后的等效计算电路

图 5-6　合空载线路时的等效电路

合闸瞬间，电源电压通过 L_s 向电容 C_T 充电，由于忽略电阻，所以充电过程是无阻尼的振荡过程。振荡角频率 $\omega_0 = \dfrac{1}{\sqrt{L_s C_T}}$ ，其比值比工频高得多。因此，在研究合闸瞬间的高频振荡时，可以认为工频电压几乎没有变化而是一个恒定值，设合闸时电源瞬时值为 E，则：

$$L_s \frac{dI}{dt} + \frac{1}{C_T}\int I dt = E \tag{5-12}$$

$$C_T \frac{dU_c}{dt} = I$$

代入式(5-12)得

$$L_s C_T \frac{d^2 U_c}{dt^2} + U_c = E \tag{5-13}$$

其解为 $$U_c = A\sin\omega_0 + B\cos\omega_0 t + E \tag{5-14}$$

式中 U_c ——线路绝缘上的电压；

ω_0 —— $\omega_0 = \frac{1}{\sqrt{L_S C_T}}$；

A、B ——微积分常数，可由初始条件求出：

取 $t=0$ 时，$U_c=0$，$I=C_T\frac{dU_c}{dt}=0$，得到 $A=0$，$B=-E$。

故式(5-14)为 $$U_c = E - E\cos\omega_0 t = E(1-\cos\omega_0 t) \tag{5-15}$$

式(5-15)说明：U_c 是一个以合闸时刻电源电压瞬时值 E 为轴线，以 ω_0 为角频率的高频正弦等幅振荡。振幅 E 的数值是个随机量，它取决于合闸的时刻。最严重的时刻是 $t=0$ 时，E 值达到幅值 E_m，则当 $t=\frac{\pi}{\omega_0}$ 时，$\cos\omega_0 t=-1$，$U_{cmax}=2E_m$。事实上，由于有导线电阻和过电压产生电晕引起的损耗等，振荡过电压是衰减的。

2. 自动重合闸

自动重合闸是线路出现故障时保护跳闸后，再进行重合闸操作，这也是系统中常遇到的一种操作。重合闸过电压是合闸过电压中较为严重的情况。如图 5-7 所示，当 C 相接地时，QF_2 先跳开，然后 QF_1 跳开。QF_2 跳开后，流经 QF_1 中健全相的电流是线路的容性电流，当电流为零、电源电压达到最大值的时刻，开关 QF_1 熄弧。但由于系统内存在单相接地，在中性点接地系统内健全相上的电压将为 $(1.3\sim1.4)E_m$，因此开关 QF_1 中健全相熄弧后，线路上的残余电压也将为此值，在开关 QF_1 重合闸以前，线路上的残余电荷将通过线路泄漏电阻入地，残余电压将按指数规律下降，图 5-8 为 110～220 kV 线路残余电压变化的实测曲线，残余电压下降速度与线路绝缘子的污秽情况，气候的潮湿程度，有否雨、雪等情况有关，它在较广的范围内变化。经一定间隔后 QF_1 开关重新合闸，假定线路残余电压 U_r 已降低了 30%，即：

$$U_r = (1-0.3)\times(1.3\sim1.4)E_m = (0.91\sim0.98)E_m$$

若重合闸时刻的电源电压恰好与线路残余电压反极性，并且为峰值 E_m，则重合闸时的过渡过程中最大过电压将为：

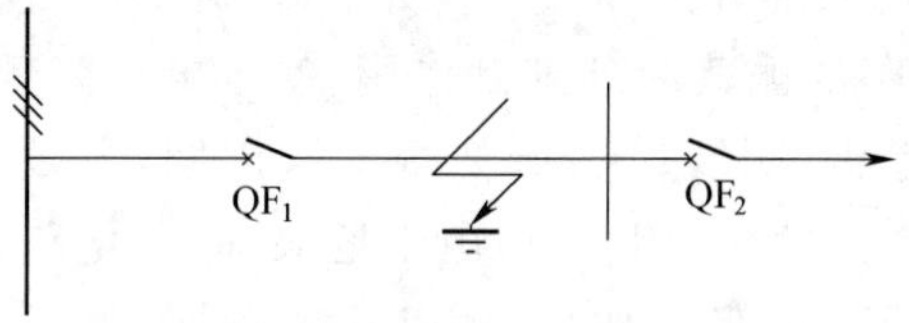

图 5-7　自动重合闸示意图

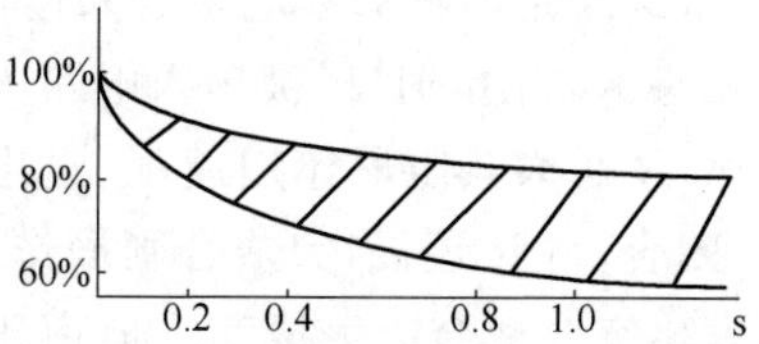

图 5-8　110 kV 线路残余电压实测值

$$U_{\mathrm{cmax}} = -E_{\mathrm{m}} + (-E_{\mathrm{m}} - U_{\mathrm{r}})$$
$$= [-2-(0.91-0.98)]E_{\mathrm{m}} = (-2.91 \sim 2.98)E_{\mathrm{m}}$$

如果不考虑线路泄漏的影响，理论上的过电压可以更高。显然，由于在重合闸时刻电源电压并不一定恰好是最大值，电源电压也并不一定和线路上的残余电压反极性，过电压就较理论值低。

3. 影响过电压的因素

(1)合闸相位。前面讨论的是最严重的合闸情况，实际上无论是合闸还是自动重合闸，合闸相位均是随机的；不可能总是在最大值时刻合闸，它有一定的概率分布，这与断路器合闸过程中的预击穿特性及断路器合闸速度有关。

(2)残余电荷。合闸过电压的大小与线路上残余电荷数值和极性有关。线路上若有电磁式电压互感器，可泄放残余电荷；线路若装设并联电抗器，对重合闸而言，当断路器开断后，线路电容和电抗器形成衰减的振荡回路。不但会影响残余电荷的幅值，而且会影响残余电荷的极性。

(3)断路器合闸的不同期。由于三相线路之间有耦合，先合相相当于在另外两相上产生残余电荷。这样，当未合相在其电源电压与感应电压反极性时进行合闸，则过电压自然就增大。

(4)回路损耗。实际输电线路中，能量损耗会引起振荡分量的衰减。损耗主要来自两个方面：一是输电线路及电源的电阻；二是当过电压较高时，线路上出现的电晕，这些都会使过电压降低。

(5)电容效应。合闸空载长线时，由于电容效应使线路稳态电压增高，导致了合闸过电压增高。这说明，在无限制措施时，操作过电压在线路末端总是高于首端的原因。

4. 限制过电压的措施

限制空载线路合闸过电压的措施可以从两方面入手：一是降低线路的稳态电压分量；二是限制其自由电压分量。具体可采取下列措施。

(1)降低工频电压升高。空载线路上的操作过电压是在工频稳态电压的基础上由振荡产生的。显然，降低工频电压升高会使操作过电压下降。目前超高压电网中采取的有效措施是装设并联电抗器和静止补偿装置(SVC)，其主要作用是削弱电容效应。

(2)断路器触头并电阻。采用带并联电阻的开关如图 5-9 所示，接通电路时辅助触头 K_2 先接通，R 被串入电路中，对回路的振荡起到抑制作用，使过电压降低。显然，R 越大其阻尼作用越强，过电压就越低。经过 1.5～2 个工频周期，主触头 K_1 闭合，将 R 短接，完成合闸操作。实际上，当 K_1 闭合时，由于把 R 短接，电路参数发生突变又会产生振荡。但由于前一段尺的阻尼作用，振荡已被削弱，电阻 R 两端电压较低，故主触头 K_1 两端电位差较小，因而 K_1 闭合后振荡也将较弱，过电压也就较低。从这个角度讲希望 R 小些。

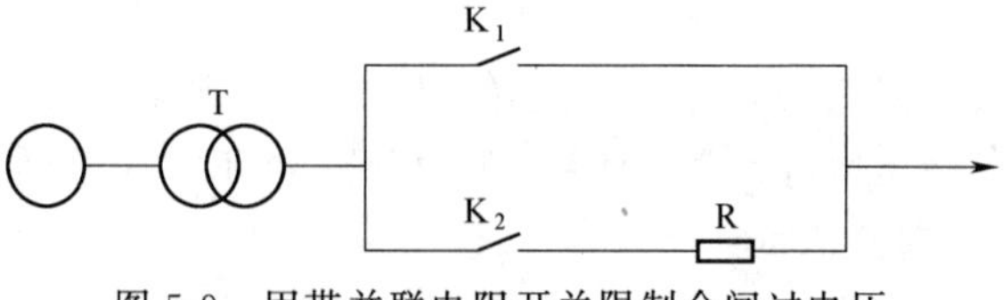

图 5-9 用带并联电阻开关限制合闸过电压

由此可见，为了降低过电压，在合闸的不同阶段对 R 的数值有不同的要求，即合闸过电压的高低，是随并联电阻值的大小而变化，且必有一最佳值。图 5-10 是 500 kV 开关并联电阻值与合闸过电压倍数 K 之间的关系曲线，其最佳值是约 $R=400\ \Omega$，K 约1.8 倍。实际制造时，R 值常比最佳值稍大，以满足对热容量的要求，一般取 400～600 Ω。

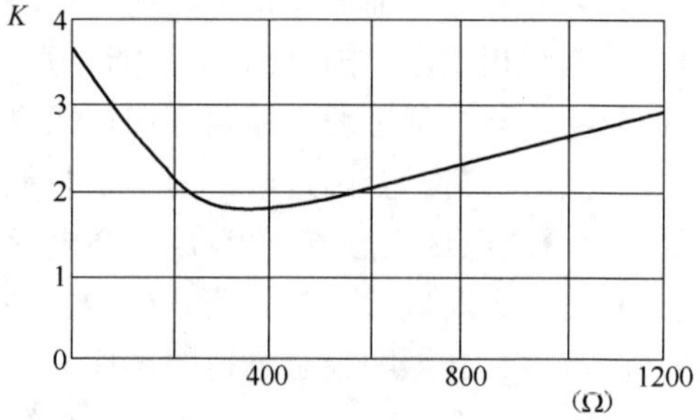

图 5-10 合闸电阻 R 值与高电压倍数 K 的关系

(3)消除线路上的残余电荷。在线路侧接电磁式电压互感器，可在几个工频周期内，将全部残余电荷通过互感器泄放掉。

(4)装设避雷器。在线路首端和末端装设磁吹避雷器或金属氧化物避雷器，当出现较高的过电压时，避雷器应能可靠动作。将过电压限制在允许的范围内。

二、切除空载线路过电压及其限制措施

切除空载线路是电网工作中最常见的操作之一。一条线路两端的开关分闸时间总是存在着一定的差异，所以无论是正常操作或事故操作，都有可能出现切除空载线路的情况。

产生这种过电压的根本原因是断路器电弧重燃。对空载线路而言，流过断路器的电流是数值在几十安至几百安的电容电流，它比短路电流小得多，而能够切断短路电流的油断路器却不一定能无重燃地切断这种电容电流，因为分闸初期，恢复电压幅值较高，触头间的抗电强度耐受不住高幅值的恢复电压的作用而引起电弧重燃。因此切空载线路断路器中重燃现象是经常发生的。切空载线路过电压幅值高，持续时间可达 0.5～1 个工频周期以上，比雷电过电压持续时间长得多。因此，不仅要求高压开关具有足够的断流容量，而且要求它能通过切空线的试验。

1. 过电压产生的物理过程

研究切空线路的等效电路和图 5-6(a)完全一样。其简化的等效电路则如图 5-6(b)所示。值得注意的是：整个过程中开关触头间距离是在不断拉长的，电弧每重燃一次电路接通一次；由于是切空载线路，故电流是容性电流，超前工频电压 90°；要注意区别导线对地即 C_T 上的电过电压和开关触头两端间的恢复电压 U_{AB}。切空载线路过电压的发展过程示意图如图 5-11 所示。

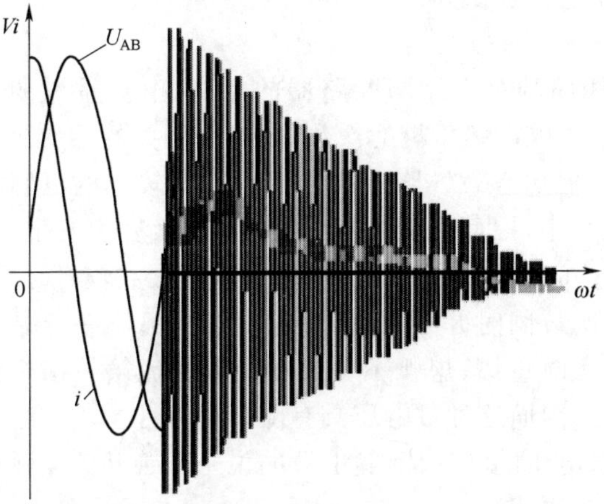

图 5-11　空载切除线路时过电压发展过程

设开关在 t_1 时刻动作，电容 C_T 上的电压就等于电源电压 $-E_m$，此时流过开关的工频电流为零，开关第一次断弧。此后 C_T 上的电荷存在而使线路一直保持电压 $-E_m$，刚即开关触头 B 点对地保持电位 $-E_m$。但触头 A 的电位随电源电势 $e(t)$ 按余弦变化(图中虚线)。于是触头间恢复电压 U_{AB} 为：

$$U_{AB}=e(t)-(-E_m)=E_m(1+\cos\omega t) \tag{5-16}$$

如果开关触头间去游离能力强，抗电强度的恢复增长很快，电弧就此熄灭，线路就断开，则不会产生过电压。但如开关性能不良，恢复电压 U_{AB} 比 AB 之间的抗电强度恢复得快，则在 t_1 至电源电压下一个峰值之间的某个时刻就可能在触头间发生电弧重燃。

为研究最严重的情况，假定重燃发生在 U_{AB} 为最大时刻 t_2，此时 $e(t)=E_m$，$U_{AB}=2E$，电路被接通，电源电压 E_m 加在电感 L_s 和具有初始值 $-E_{m0}$ 的电容 C_T 组成的串联振荡回路上，其振荡频率 $\omega_0=\dfrac{1}{\sqrt{L_sC_T}}$，比工频角频率 ω 大得多，线路上的过电压数值，可按下式计算：

$$\text{过电压幅值}=\text{稳态值}+(\text{稳态值}-\text{初始值}) \tag{5-17}$$

因此，过电压幅值 $=E_m+[E_m-(-E_m)]=3E_m$

当 C_T 上的电压振荡到最大值 $3E_m$ 瞬时 t_3，$t_3=t_2+\pi/\omega_0$，开关中的高频振

荡电流恰好为零，因此 t_3 时刻电弧又将熄灭，C_T 上保持着 $3E_m$ 的电压。

此后触头间距离愈来愈长，但恢复电压也愈来愈高。到 t_4 时刻，恢复电压 U_{AB} 可达 $4E_m$，如此时再发生重燃，则 C_T 上的初始值为 $3E_m$，稳态值为 $-E_m$，故：

$$\text{过电压幅值} = -E_m + (-E_m - 3E_m) = -5E_m$$

如果继续发生每隔半个工频周期就重燃一次和熄灭一次，则过电压将按 $3E_m$，$-5E_m$，$7E_m$，…，愈来愈高。以上分析是理想化的最严重的情况。实际上由于许多因素限制，过电压并不一定达到那么高。

2. 影响过电压的主要因素

(1)断路器的性能。切除空载线路的过电压与断路器的性能、电弧重燃的次数、重燃的时刻有关。断路器的性能影响电弧重燃的次数，一般油开关的重燃次数较多，有时可达 6～7 次之多，油断路器切空载线路时切断的是数值较小的电容电流，它分解出的气体少，灭弧室的压力小，因而介质强度恢复慢，重燃易于发生；而压缩空气断路器具有较强的熄弧能力，重燃次数少或不重燃。重燃次数较多时，发生高幅值过电压的概率也较大。每次拉闸时并不一定发生重燃，电弧不一定是电源电压和线路残压极性相反且达最大时重燃；熄弧不一定在高频电流第一次过零而在第二次或第三次过零时熄灭等。因而这种过电压具有随即统计性。

当然，尽管重燃次数不是决定过电压的唯一依据，但总的说来改善开关灭弧性能会有效地限制切空载线路过电压的幅值。

(2)电网中性点的运行方式。中性点直接接地电网中各相独立，相间电容影响不大，情况和上面讨论相同。但中性点不接地或经消弧线圈接地的系统中，如果三相不同期分闸(这种情况是非常多的)，将在瞬间形成不对称电路，中性点电位发生偏移，相间电容将产生影响，使整个分闸过程变得复杂，过电压明显增高，一般较中性点接地系统过电压高出 20%。

(3)接线方式的影响。增加母线上的出线回路数相当于增加了母线电容，它可以降低线路上电压的初始值并吸收部分振荡能量，从而使重燃时过电压降低。

(4)电晕的影响。当发生过电压时，线路上将产生强烈的电晕，电晕损耗将消耗过电压的能量，限制了过电压的升高。

(5)线路侧的电磁式电压互感器。由于电压升高引起磁路饱和后阻抗降低，增加了泄流作用，将降低线路上的残余电荷，从而使过电压具有较低的数值。图 5-12 所示为我国 220 kV 拉闸过电压倍数与出现概率的曲线，它说明线路侧电压互感器可使过电压降低 30%左右。

3. 限制措施

切除空载线路过电压是选择线路绝缘水平和确定电气设备试验电压的重要依据。因此限制这种过电压具有十分重要的意义。目前常采用如下措施：

(1)选用灭弧能力强的快速断路器。其目的是避免发生重燃现象。如压缩空气断路器，装有压油活塞的少油断路器及 SF_6 断路器等。

(2)采用带并联电阻的断路器。其原理仍如图 5-9 所示，目的仍是为抑制振荡、减小过电压的数值。其动作过程和合空载线路时恰好相反，拉闸时主触头 K_1 先拉开，R 串入回路中抑制振荡。此时 K_1 两端的恢复电压只是 R 两端的压降，所以 K_1 不易重燃。经 1.5～2 个工频周期 K_2 合闸时由于回路中振荡已受到了抑制，且已不再是纯容性电流，因此线路上残压较低，K_2 触头的恢复电压也就较低，故 K_7 也不易发生重燃。从 K_1 断开不易发生重燃出发，希望 R 值小些，而从抑制振荡和使 K_2 不易发生重燃的角度看又希望 R 大些，对一般开关 R 取 300 Ω。

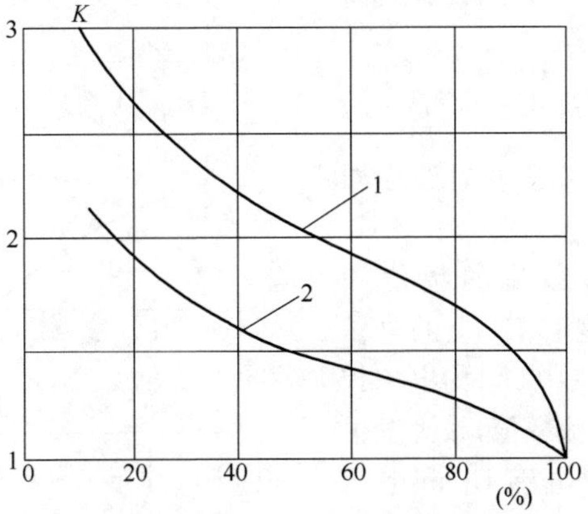

图 5-12　220 kV 线路拉闸过电压倍数 K 的流计曲线

1—线路侧无电磁式电压互感器；2—线路侧有电磁式电压互感器

三、切除空载变压器过电压

切除空载变压器以及切除电动机、电抗器时，有可能在被切除的电器上和开关上出现过电压。产生这种过电压的原因是开关突然截断了电感中的电流，即“截流”所致。

通常在切断大于 100 A 的较大交流电流时，开关触头间的电弧是在工频电流自然过零熄灭，在这种情况下，设备电感中储存的磁场能为零，不会产生过电压。但在切除空载变压器中，由于励磁电流很小，而开关中去游离作用又很强，故电流不为零时会发生强制熄弧的截流现象。这种截流现象在电流上升和下降的时刻都可能出现。这样电感中储存的磁场能量将全部转化为电场能，出现电压升高现象，这就是切除空载变压器引起过电压的实质。

1. 过电压产生的物理过程

切除空载变压器的等效电路图如图 5-13 所示。

其中 L_T、R_T 为变压器激磁电感和损耗电阻，C_T 为变压器对地电容及引线电容，L_s 为母线侧电源等效电感，C_b 为母线对地电容。L_T、C_T 回路的自振频率为

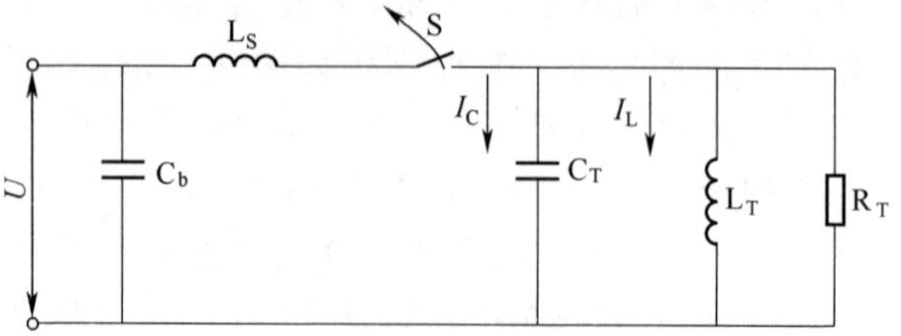

图 5-13　切除空载变压器的等值电路

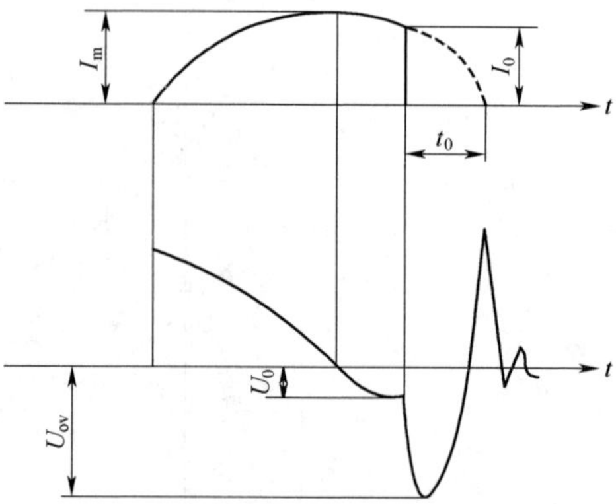

图 5-14　空载切除变压器时电流电压波形

$f_0=\dfrac{1}{2\pi\sqrt{L_T C_T}}$，对大型变压器约为几百赫兹，其特性阻抗 $Z_T=\sqrt{\dfrac{L_T}{C_T}}$，约为数十千欧。切除变压器时波形如图 5-14 所示。

设开关动作后，截流的幅值为 $I_0=I_m\sin\alpha$ 相应的电容 C_T 上的电压为 $U_0=-U_m\cos\alpha$，其中 U_m 为电源相电压的幅值，I_m 为电流幅值，α 为发生截流时的相角。这时电感 L_T 和电容 C_T 储藏的磁场能和电场能分别为：

$$W_L=\frac{1}{2}L_T I_m^2\sin^2\alpha \tag{5-18}$$

$$W_C=\frac{1}{2}C_T U_m^2\cos^2\alpha \tag{5-19}$$

当电容上暂态电压达到最大值 U_{Cmax} 时，$\dfrac{dU_C}{dt}=0$，电流 $C_T\dfrac{dU_C}{dt}=0$，即这时全部磁场能量转换成为电容中的电场能，故得：

$$\frac{1}{2}C_T U_{Cmax}^2=W_L+W_C \tag{5-20}$$

于是有：

$$U_{Cmax}=\sqrt{U_m^2\cos^2\alpha+\frac{L_T}{C_T}I_m^2\sin^2\alpha}$$

$$=\sqrt{\frac{L}{C}I_0^2+U_0^2} \tag{5-21}$$

若略去截流时电容上的能量，则式(5-21)为：

$$U_{Cmax}=\sqrt{\frac{L}{C}I_0^2}=I_0\sqrt{\frac{L}{C}}=I_0 Z_T \tag{5-22}$$

由此可见，截流瞬间的 I_0 愈大，变压器激磁电感愈大，则磁场能量愈大；寄生电容愈小使同样的磁场能量转化到电容上，则可能产生很高的过电压。一般情况 I_0 并不大，极限值为激磁电流的最大值，只有几安到几十安，可是变压器的特征阻抗 Z_T 很大，可达几十千欧，故能产生很高的过电压。上述过电压是在不计损耗下求得的，实际上磁场能量转化为电场能量的高频振荡过程中变压器是有铁耗与铜耗的，因此，使过电压幅值有所下降。

2. 影响过电压的因素

(1)断路器的性能。切除空载变压器引起的过电压与截流数值成正比，断路器截断电流的能力愈大，过电压 U_{Cmax} 就越高。另外，在断路器开断变压器的过程中，由于断开的变压器侧有很高的过电压，而电源侧则是工频电源电压，因此，当触头间分开的距离还不够大时，在较高的恢复电压作用下，可能产生电弧重燃，向电源侧泄放能量，使过电压有所降低。

(2)变压器的特性阻抗 Z_T 越大，则过电压愈高。当电感中的磁场能量不变，电容 C_T 愈小时，过电压也愈高。

此外，变压器的相数、线组接线方式、铁芯结构、中性点接地方式、断路器的断口电容，以及与变压器相连的电缆线段、架空线段等，都会对切除空载变压器过电压产生影响。

3. 限制过电压的措施

我国的一些统计资料表明，在中性点直接接地的电网中，切断 110～220 kV 空载变压器过电压一般不超过 $3U_{ph}$(U_{ph} 工频相电压)，中性点不接地或经消弧线圈接地的 35～110 kV 电网中，切除空载变压器出现的过电压一般不超过 $4U_{ph}$，这种过电压可用带并联电阻断路器来加以限制。此外，由于切断空载变压器过电压的特点是：幅值高、频率高，但持续时间短、能量小。因此可在变压器任一侧装上普通阀式避雷器就可以有效限制这种过电压。计算表明：普通阀型避雷器在雷电过电压下动作后所吸收的能量，要比变压器线圈中贮藏的能量大一个数量级。实际运行中也未发现因切除空载变压器而引起避雷器损坏的情况，但必须指出，由于这种避雷器安装的目的是用来限制切除空载变压器过电压的，所以在非雷雨季节也不应退出运行。

四、弧光接地过电压及其限制措施

中性点不直接接地的电网如果发生单相金属性接地，将引起健全相的电压升高到线电压。如果单相通过不稳定的电弧接地，即接地点的电弧间歇性地熄灭和重燃，则在电网健全相和故障相上都会产生过电压。一般把这种过电压称为电弧接地过电压。

一般这种过电压不会使符合标准的良好的电气设备损坏，但是这种过电压出现的概率高，波及面广，一旦出现则作用时间长，所以对设备绝缘的危害也是不可忽视的。

电弧接地过电压的发展与电弧的熄灭时间有关，通常认为电弧的熄灭可能在两种情况下发生：空气中的开放性电弧大多数在工频电流过零时熄灭；油中电弧常常是在过渡过程中高频振荡电流过零的时刻熄灭。实际上电弧能否熄灭是由电流过零时，间隙中绝缘强度的恢复和加在间隙上的恢复电压所决定的。实际中大部分电弧接地是发生在空气中，下面按照空气中工频电流过零熄弧理论来分析过电压的产生和发展过程。

1. 电弧接地过电压发展的物理过程

如图 5-15(a)为等效电路，C_1、C_2、C_3 为三相对地电容，且 $C_1=C_2=C_3=C$。设 A 相发生接地，以 D 表示故障点发弧间隙。当 A 点接地时，中性点的电位 $\dot{U}_N$ 由零升到相电压，即 $\dot{U}_N=-\dot{U}_A$，B、C 相电位都升到线电压 $\dot{U}_N=-\dot{U}_A$。C_2、C_3 中的电流 $\dot{I}_2$、$\dot{I}_3$ 分别超前 $\dot{U}_{BA}$、$\dot{U}_{CA}$ 其幅值为：

$$I_2=I_3=\sqrt{3}\,\omega CU_{ph} \tag{5-23}$$

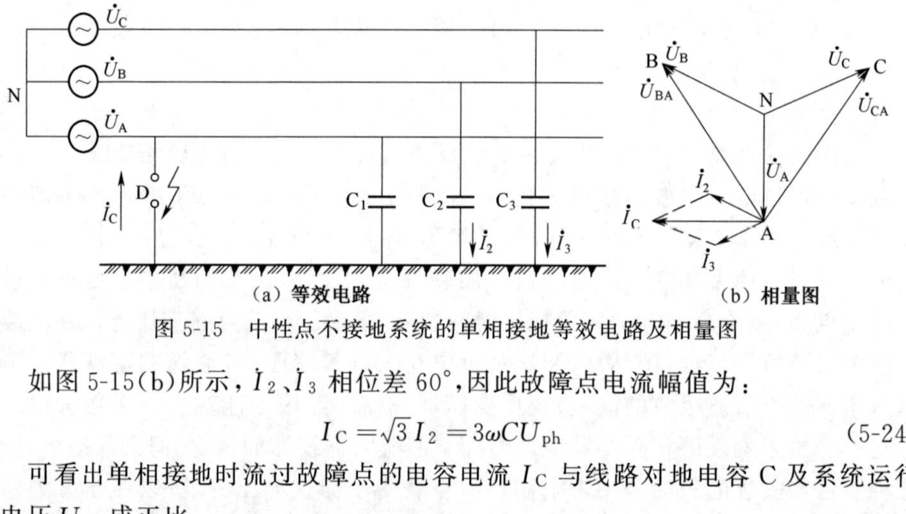

(a) 等效电路　　　(b) 相量图

图 5-15　中性点不接地系统的单相接地等效电路及相量图

如图 5-15(b)所示，$\dot{I}_2$、$\dot{I}_3$ 相位差 60°，因此故障点电流幅值为：

$$I_C=\sqrt{3}\,I_2=3\omega CU_{ph} \tag{5-24}$$

可看出单相接地时流过故障点的电容电流 I_C 与线路对地电容 C 及系统运行相电压 U_{ph} 成正比。

以 U_A、U_B、U_C 代表三相电源电压，以 U_1、U_2、U_3 分别代表三相线路的对地电压，即 C_1、C_2、C_3 上的电压。图 5-16 画出了过电压的发展过程。

设 t_1 瞬间(此时 A 相电源电压为最大值 U_{ph})A 相对地发生电电弧，发弧前 t_1 瞬间(以 t_1 表示)，线路电容上的电压分别为：

$$U_1(t_{1-})=U_{ph} \tag{5-25}$$

$$U_2(t_{1-})=U_3(t_{1-})=-0.5U_{ph} \tag{5-26}$$

故障点发生电弧后瞬间(以 t_{1+} 表示)，A 相电容 C_1 上的电荷通过电弧泄入地，其电压突降为零，即 $U_1(t_{1+})=0$，其他两健全相电容 C_2、C_3 上的电压则由电源线电

压 u_{BC}、u_{CA}（由图 5-16 可知，故障瞬间 u_{BC} 和 u_{CA} 的瞬时值皆为 $-1.5U_{ph}$）通过电源电感充电，由原来的电压瞬时值 $-0.5U_{ph}$ 变为新电压瞬时值 $-0.5U_{ph}$，这个充电的过渡过程是高频振荡过程，其振荡频率取决于电源的电感和导线对地电容。则：

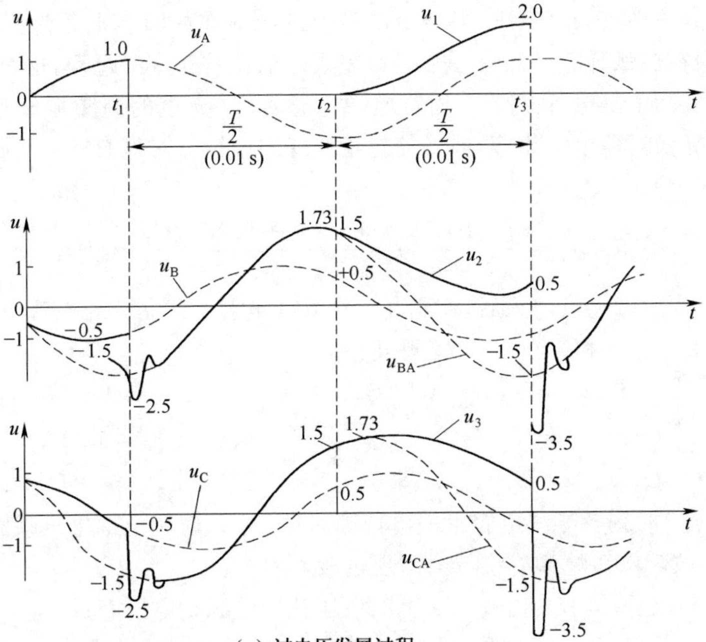

(a) 过电压发展过程

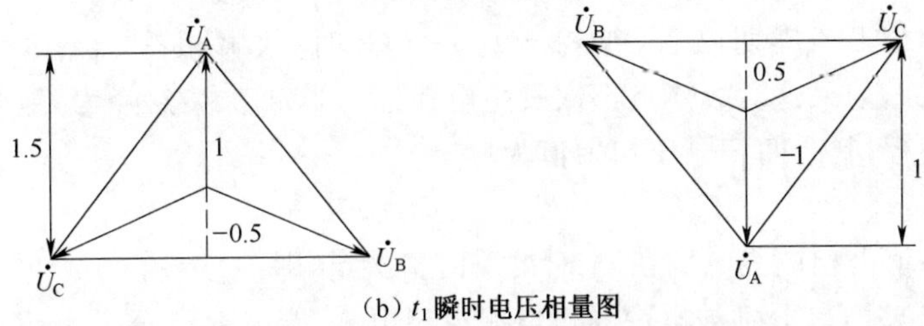

(b) t_1 瞬时电压相量图

图 5-16　工频电流过零熄弧时电弧接地过电压发展过程

$$U_A = U_{ph}\sin\omega t ;U_B = U_{ph}\sin(\omega t - 120°);U_C = U_{ph}\sin(\omega t + 120°)$$

$$U_{BA} = \sqrt{3}U_{ph}\sin(\omega t - 150°);U_{CA} = \sqrt{3}U_{ph}\sin(\omega t + 150°)$$

由于电容 C_2、C_3 上的初始值都是 $-0.5U_{ph}$，稳态值都是 $-1.5U_{ph}$，故在过渡过程中在 C_2、C_3 上出现的电压最大值为：

$$U_{2m/t_1} = U_{3m/t_1} = 2(-1.5U_{ph}) - (-0.5U_{ph}) = -2.5U_{ph} \qquad (5\text{-}27)$$

过渡过程结束后，U_2 和 U_3 按图 5-16 中的 U_{BC} 和 U_{CA} 变化。

故障点的电弧电流中包含有工频分量和逐渐衰减的高频分量，假定高频电流分量过零时，电弧不熄灭，则故障点的电弧电流将持续半个工频周期，待工频分量（工频分量 $\dot{I}_C$ 与 A 相电源电压 $\dot{U}_A$ 相位差为 90°）过零时才熄弧（图 5-16 中 t_2 时刻）。

t_2 时刻电弧熄灭，又要引起过渡过程。这时三相导线上电压的初始值为：

$$U_1(t_{2-}) = 0 \tag{5-28}$$

$$U_2(t_{2-}) = U_3(t_{2-}) = 1.5U_{ph} \tag{5-29}$$

由于是中性点绝缘系统，各导线电容上的电荷在故障点电弧熄弧后仍保留在系统内，但在熄弧瞬间必然有一个很快完成的电荷重新分配过程，这个电荷重新分配的过程实际上是电容 C_2、C_3 通过电源电感对 C_1 充电的高频振荡过程，其结果是使三相导线对地电压相等，亦即使对地绝缘的中性点对地有了一个偏移电位，这个偏移电位为：

$$U_{ov/t_2} = \frac{0 \times C_1 + 1.5U_{ph}C_2 + 1.5U_{ph}C_3}{C_1 + C_2 + C_3} = U_{ph} \tag{5-30}$$

这样，当故障电流熄灭后，作用在三个导线电容上的是三相电源电压和中性点偏移电压 U_{ov/t_2} 之和。在 $t_1 = t_2$ 瞬间：

$$\begin{aligned} U_1(t_{2+}) &= U_A(t_{2+}) + U_{ov/t2} = -U_{ph} + U_{ph} = 0 \\ U_2(t_{2+}) &= U_B(t_{2+}) + U_{ov/t2} = 0.5U_{ph} + U_{ph} = 1.5U_{ph} \\ U_3(t_{2+}) &= U_C(t_{2+}) + U_{ov/t2} = 0.5U_{ph} + U_{ph} = 1.5U_{ph} \end{aligned} \tag{5-31}$$

由于 t_{2+} 时刻各导线电容上的电压瞬时值与 t_{2-} 时刻电源电压瞬时值相同，故当 t_2 时刻故障电弧熄弧后将不会出现过渡过程。

t_2 时刻以后，电容 C_1、C_2、C_3 上的电压就按电源相电压 U_A、U_B、U_C 再叠加中性点偏移电压 U_{ov}/t_2 而变化，见图 5-16 中 t_2 以后时刻的实线曲线。

再经过半个工频周期以后，即 $t_3 = t_2 + T/2$ 时，故障相的电压达到最大值 $U_1(t_3) = 2U_{ph}$，如果这时故障点再次发生电弧，U_1 将再次突然降为零，电路将再次出现过渡过程，其余两相电压初始值为：

$$U_2(t_{3-}) = U_3(t_{3-}) = 0.5U_{ph} \tag{5-32}$$

新的稳态值由相应线电压在 t_3 时的瞬时值决定，即：

线路电容 C_2、C_3 分别被电源通过电源电感由 $0.5U_{ph}$ 充电至 $-1.5U_{ph}$，过渡过程中过电压最大值可达：

$$\begin{aligned} U_{2m/t_3} &= U_{3m/t_3} \\ &= 2(-1.5U_{ph}) - (0.5U_{ph}) = -3.5U_{ph} \end{aligned} \tag{5-33}$$

根据以上相同的分析可以得出，以后的熄弧及重燃过程将与第二次的完全相同，其过电压的幅值也与之相同。

按上述工频熄弧理论分析得到的过电压倍数(3.5 倍)并不太高。而且，从波形图中可以看出过电压的波形具有同一极性，在故障相中不产生振荡过程。健全相的最大过电压为 $-3.5U_{ph}$，故障相最大过电压为 $2U_{ph}$。在实际情况下，由于过渡过程的衰减，残余电荷的泄漏以及相间电容的限压作用，燃弧相位不等等原因，过电压还要低一些。

试验和研究表明:工频和高频熄弧、燃弧都是可能的,有时断弧是在高频电流过零或几次过零后发生。故障相的电弧重燃也不一定在最大恢复电压值时发生,并且具有很大的分散性,因而电弧接地过电压也具有很强烈的随机统计性质。目前普遍认为,电弧接地过电压的最大值不超过 $3.5U_{ph}$,一般在 $3U_{ph}$ 以下。

2. 限制过压的措施

分析可知,电弧接地过电压的根本原因在于电网产生间歇性电弧,中性点有电位偏移,也即中性点的电荷积累。为消除电弧接地过电压,最根本的途径是消除间歇性电弧,其有效的方法是将中性点直接接地,使发生单相接地故障时形成很大的单相短路电流,将线路断开,待故障消除后恢复供电。目前 110 kV 及以上电网大都采用中性点直接接地的运行方式,必须指出,在中性点直接接地的电网中,各种形式的操作过电压均比中性点绝缘的电网要低。

但是,在我国为数众多的电压等级较低的配电网中,其单相接地事故率相对很大,如采用中性点直接接地方式,势必引起断路器频繁跳闸,这不仅要增设大量的重合闸装置,还会增加断路器的维修工作量,故宜采用中性点绝缘的运行方式。为减小电容电流使电弧易于熄灭,在我国对 35 kV 及以下的系统皆采用中性点不接地时运行方式。在电容电流超过规定值(3~10 kV 电网为 30 A;20 kV 及以上电网为 10 A),故障电弧不易熄灭时,可采用中性点经消弧线圈接地的运行方式。如图 5-17 所示为中性点经消弧线圈接地电网中单相接地时的电路图。

消弧线圈的基本作用是:

(1)补偿流过故障点的短路电流,使电弧能自行熄灭,系统自行恢复正常工作状态。

(2)降低故障相上的恢复电压上升速度,减小电弧重燃的可能性。

由图 5-17 可知,在系统正常工作时,变压器中性点的电位为零,当 A 相发生金属性接地时,中性点电位 $U_N = U_{ph}$(相电压)。

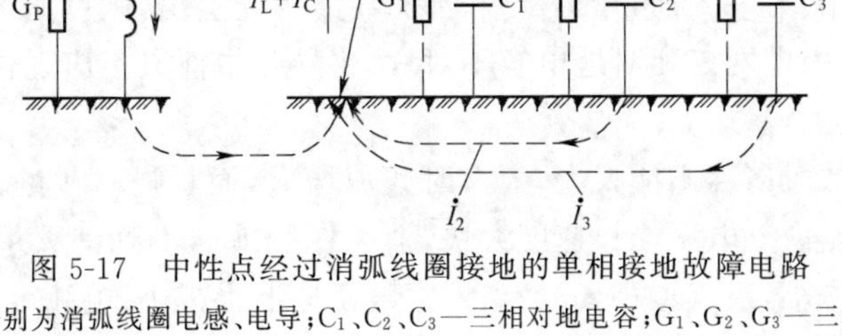

图 5-17 中性点经过消弧线圈接地的单相接地故障电路

L_P、G_P— 分别为消弧线圈电感、电导;C_1、C_2、C_3—三相对地电容;G_1、G_2、G_3—三相对地电导

前面已提到在中性点绝缘的电网中，单相接地时流过故障点的电流幅值为 $I_C = 3\omega CU_{ph}$，在中性点接入消弧线圈后，故障点还将流过由中性点电压 U_{ph} 经 L_p 产生电感电流幅值 I_L。其相量如图 5-18 所示，从图可知，$\dot{I}_C$ 与 $\dot{I}_L$ 反向，因此流经故障点的电流为二者之差，称为残流 I_0。由于 I_0 很小，故接地电弧一般不易重燃，限制了电弧接地过电压的发展。

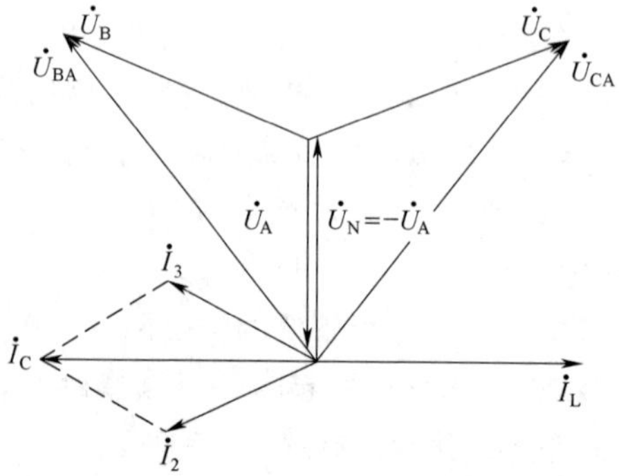

图 5-18　中性点经消弧线圈接地系统
中单相(A 相)接地相量图

把电感电流补偿电容电流的百分数称为消弧线圈的补偿度(或调谐度)K。

$$K = \frac{I_L}{I_C} = \frac{U_{ph}/\omega LP}{3\omega CU_{ph}} = \frac{1}{3\omega^2 L_p C} = \frac{\omega_0^2}{\omega^2} \tag{5-34}$$

式中　$\omega_0 = 1/\sqrt{3CL_p}$，电路中的自振频率。$\gamma$ 称为脱谐度，则：

$$\gamma = 1 - K = \frac{I_C - I_L}{I} = 1 - \frac{\omega_0^2}{\omega^2} \tag{5-35}$$

当 $K < 1, \gamma > 0$，即 $I_C > I_L$ 时，表示电感电流补偿不足，故障点流过的残流为容性电流，称为欠补偿。当 $K>1, \gamma<0, I_C > I_L$ 时，表示电感电流大于电容电流，故障点流过的残流为感性电流称为过补偿。当 $K=1, \gamma=0$ 时，I_C、I_L 两者恰好抵消，称为全补偿。

为了充分发挥消弧线圈的“消弧作用”，供电系统通常采用过补偿的运行方式。这是因为若原来是欠补偿，随着电网发展，脱谐度将增大，当脱谐度过大时，则失去消弧线圈的作用；另一方面，在运行中，部分线路可能退出，则可能出现全补偿或接近全补偿状态，因电网三相对地电容不对称，将导致中性点上出现较大的位移电压危及系统绝缘。

消弧线圈的脱谐度不能太大，太大时残流增大，而且进一步的计算表明，脱谐度太大时故障点恢复电压增长速度太快，消弧线圈就起不到消灭单相接地电弧的作用。脱谐度愈小，残流愈小，故障点恢复电压速度也减小，电弧容易熄灭；但脱谐度也不能太小，当 γ 趋近于零时，在正常运行时中性点将发生很大偏移。一般均采用过补偿 5％～10％运行(即 $\gamma=0.05\sim0.1$)，但应是残流值不超过 10 A，否则还可能出现间歇性电弧。

中性点经消弧线圈接地，在大多数情况下能够迅速地消除单相的瞬间接地电弧而不破坏电网的正常运行，接地电弧一般不重燃，从而把单相电弧接地过电压限制到不超过 $2.5U_{ph}$ 的数值。很明显，在很多单相瞬时接地故障的情况下，采用消弧线圈可以看作是提高供电可靠性的有力措施，但是，消弧线圈的阻抗较大，既不能释放线路上的残余电荷，也不能降低过电压的稳态分量，因而对其他形式的操作过电压不起作用。并且，在高压电网中有功泄漏电流分量较大，消弧线圈对故障点电容电流的补偿作用也就被削弱了，消弧线圈使用不当还会引起某些谐振过电压。最后还应指出，消弧线圈的作用并不是降低弧光接地过电压，而是它有易于熄弧和防止重燃的有利作用，使过电压持续时间大为缩短，降低了出现高幅值过电压的概率。

第三节　供电系统谐振过电压

供电系统中包含有许多电容电感元件。作为电容元件的设备有线路导线的对地电容和相间电容，补偿用的并联电容和串联电容，过电压保护用的电容及各种高压设备的寄生电容。作为电感元件的设备有供电变压器、互感器、电机、电抗器及线路导线的电感。在系统进行操作或发生故障时，这些电感和电容元件可能形成各种不同自振频率的振荡回路，在外电源的作用下产生谐振现象，导致在系统的某些部分或某些元件上出现谐振过电压。

谐振是 LC 回路的一种稳定工作状态，因此，供电系统中的谐振过电压不仅会在操作或事故的过程中产生，而且可能在过渡过程结束后的较长时间内稳定存在，直到发生新的操作，谐振条件受到破坏为止。所以谐振过电压的持续时间要比操作过电压长得多。这种过电压一旦发生不仅危及电气设备的绝缘，还可能产生过电流烧毁设备及影响过电压保护装置的工作条件，如影响阀型避雷器的灭弧条件等。

在不同电压等级，不同结构的系统中可以产生不同类型的谐振过电压。通常认为系统中的电阻和电容元件为线性参数，即其值不随电路中的电流和电压的变化而变化，而电感元件一般有三类不同的特性参数。对应三种电感参数，在一定的电容参数和其他条件配合下，可能产生三种不同形式的谐振现象，即线性谐振、参数谐振、铁磁谐振，从而产生不同形式的过电压。

一、线性谐振过电压

线性谐振电路中的电感 L 和电容 C、电阻 R 一样都是常数，不随电压或电流而变化。这类线性电感元件主要有不带铁芯的电感元件，如输电线路的电感、变压器的漏感。还有激磁特性接近线性的带铁芯的电感元件，如消弧线圈。因铁芯中通常有空气隙，故为线性元件。这些电感元件与系统中的电容元件形成串联回路，在交流电源的作用下，当回路的自振频率 $\omega_0 = \frac{1}{\sqrt{LC}}$ 等于或接近电源频率时，回路的感抗和容抗相等或接近而相互抵消，实际系统中的电阻很小，因此回路中电流很大，使电感和电容元件上出现较高的电压，这就是线性谐振过电压。

这种串联谐振电路的原理、发展过程及变化规律在此不再详述。限制这种过电压的方法是使回路脱离谐振状态或增加回路损耗，供电系统在设计或运行时都避开谐振范围，以防线性谐振过电压的出现。

二、参数谐振过电压

系统中某些元件的电感参数在外界因素的影响下发生周期性变化，如电机旋转时，电感的大小随着转子的位置不同而周期性地变化，特别是水轮发电机(凸极机)的同步电抗，在直轴和交轴之间周期性变化是最典型的现象。当电机接有电容性负荷时(如空载线路)，参数配合不当，就可能发生参数谐振现象。在电感参数发生周期性变化的过程中，将不断出现感抗等于容抗的谐振点，导致电机的端电压和电流的幅值急剧上升，产生倍数较高的自励磁过电压。因此，参数谐振过电压也被称为电机的目励磁或自激过电压，它不但威胁电气设备的绝缘和损坏避雷器，而且也使此电机与其他电源不能实现并列运行。

参数谐振所需的能量由改变参数的原动机供给，不需要单独的电源。一般只要有一定的剩磁，或电容上有一定的残余电荷，参数处于一定的范围内就可以使谐振得到发展。

由于线路中有损耗，只有参数变化所引入的能量足以补偿回路的损耗，才能保证谐振的发展，因此，对应一定的回路电阻有一定的自激范围。谐振发生后，理论上振幅可能无限增大，而不像线性谐振那样受到回路电阻的限制，但实际上由于电感的饱和，会使回路自动偏离谐振条件，使自励过电压受到限制，不能继续增大。发电机投入电网运行前，设计部门要进行自激的校核，因此，一般正常情况下，参数谐振是不会发生的。

三、铁磁谐振过电压

供电系统的振荡回路中，往往由于变压器、电压互感器、消弧线圈等铁芯电感的磁路饱和引起本身电感值发生变化，因而激发起持续性的较高幅值的铁磁谐振过电压，它具有与线性谐振过电压完全不同的特点和性能。铁磁谐振可以是基波谐振、高次谐波谐振，也可以是分次谐波谐振，其表现形式可能是单相、两相或三相对地电压升高或以低频摆动，引起绝缘网络或避雷器爆炸。也可能产生高值零序电压分量，出现虚幻接地现象和不正确的接地指示，或者在电压互感器中出现过电流，引起熔断器熔断或电压互感器烧毁等现象。

图 5-19 表示简单的带铁芯电感 L、电容 C 和电阻 R 与电源 E 的串联电路。假设在正常运行条件下，初始感抗大于容抗，电路运行在感性工作状态，不具备线性谐振条件。但是，当铁芯电感两端的电压有所升高，电感线圈中出现涌流时，就可能使铁芯 R_c 出现饱和，其感抗随之减小。当降低到 $\omega L=\frac{1}{\omega C}$ 时，满足了串联谐振条件，在电感、电容两端形成过电压，这种现象称为铁磁谐振。

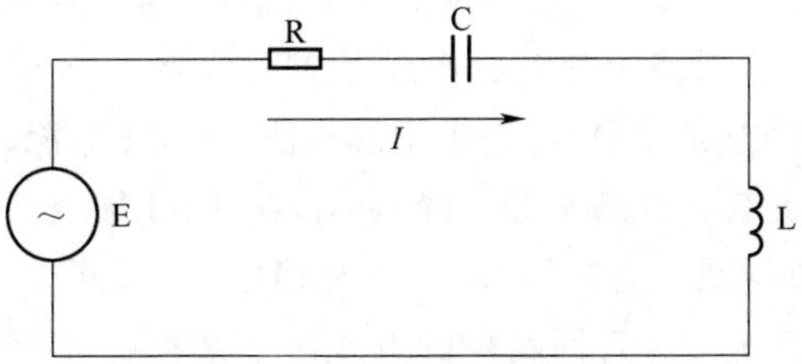

图 5-19　串联铁磁谐振等效电路模型

图 5-20 中分别画出了电感和电容上的电压随电流变化的曲线 U_L、U_C，电压、电流都用有效值表示。$U_C=f(I)$ 是一条直线，在铁芯未饱和前，$U_L=f(I)$ 基本是直线，铁芯饱和后，电感下降，$U_L=f(I)$ 不再是直线。产生基波铁磁谐振的必要条件是在正常运行条件：

$$\omega L_0>\frac{1}{\omega C} \tag{5-36}$$

式中　L_0——铁芯电感未饱和时的电感值；

ω——基波角频率；

C——电路电容值。

只有满足以上条件，伏安特性曲线 U_L 和 U_C 才可能有交点。从物理意义上可理解为：当满足以上条件，在电感未饱和时，电路的自振频率低于电源频率。当谐振时线圈中的电流增加，电感值下降，使回路自振频率正好等于或接近电源频率。若忽略回路电阻，从回路中元件上的压降和电源电势相平衡的条件可以得到：

$$\dot{E}=\dot{U}_L+\dot{U}_C \tag{5-37}$$

因 $\dot{U}_L$ 与 $\dot{U}_C$ 反向，所以：

$$E=\Delta U=|U_L-U_C| \tag{5-38}$$

根据以上的平衡条件，在一定的电源电动势 E 作用下 E 与 ΔU 曲线的交点，就是满足上述电动势平衡式的平衡点。由图 5-20 可见，有 a_1、a_2、a_3 三点，这三点都满足电动势平衡条件，但不一定是稳定工作点，不满足稳定工作条件就不能成为实际工作点。分析时，一般用“扰动法”来判断平衡点的稳定性，即假定有一个小扰动使回路状态离开平衡点，然后分析回路状态能否回到原来的平衡点。若能回到平衡点，说明平衡点是稳定的，能成为实际工作点；否则就是不稳定的，不能成为实际工作点。

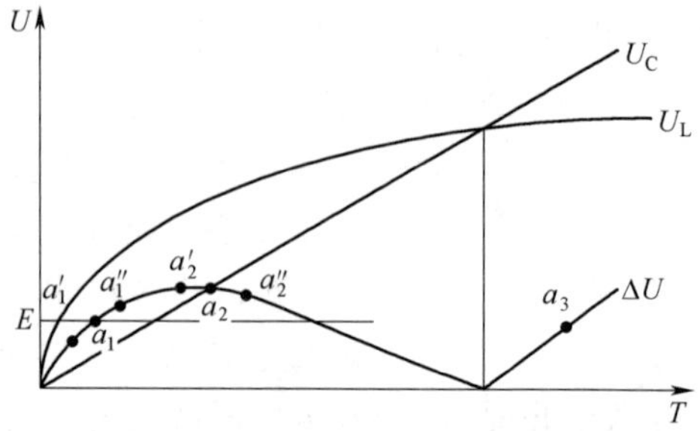

图 5-20 串联铁磁谐振电路的特殊曲线

对于 a_1 点来说，若回路中的电流由于某种扰动而有微小的增加，沿 ΔU 曲线偏离 a_1 点到 a_1' 点，则外加电动势 E 小于总压降 ΔU，使电流减小回到原来平衡点 a_1 上；相反，若扰动使电流有微小的下降到 a_1'' 点，则外加电势 E 将大于回路上总压降 ΔU，使电流增加回到 a_1 点，可见 a_1 点是稳定点，用同样方法可以证明平衡点 a_3 也是稳定点。对于 a_2 点，若回路中的电流由于某种扰动而有微小的增加至 a_2'，外加电动势 E 将大于 ΔU，使回路电流继续增加，最后到达新的稳定的平衡点 a_3 为止；若扰动使电流略有减少至 a_2'' 点，则外加电动势 E 小于 ΔU，回路电流将继续减小，直到稳定平衡点 a_1 为止。可见，a_2 点是不稳定点。

在一定的外加电动势正的作用下，串联铁磁谐振回路在稳态时可能有两个稳定工作状态。a_1 是非谐振工作状态点，回路中 $U_L>U_C$，整个回路属于电感性，这时作用在电感和电容上的电压都不高，不会产生过电压；a_3 是谐振工作点，这时 $U_L<U_C$，回路是电容性的，此时回路中不仅电流较大，而且在电感和电容上都会发生较大的过电压。

可以总结出铁磁谐振的几个主要特点如下：

(1)产生串联谐振的必要条件是电感和电容的伏安特性曲线、$\omega L_0>\dfrac{1}{\omega C}$。在交点上 $\omega L>\dfrac{1}{\omega C}$，如果 C 值很小，使 $\dfrac{1}{\omega C}$ 大到其伏安特性和 L 的伏安特性不能相交，则电路不会发生铁磁谐振。

(2)对铁磁谐振电路，在相同电源电动势作用下，回路可能有不止一种稳定工作状态。在外界的激发下，回路可能从非谐振工作状态跃变到谐振工作状态，产生过电流和过电压。同时电路从感性变成容性，发生相位反倾现象。

(3)铁磁元件的非线性特性是产生铁磁谐振的根本原因,但其饱和效应本身又限制了过电压的幅值,此外,回路损耗也使过电压幅值受到限制。当回路电阻大到一定的数值时,因其阻尼作用,就不会出现强烈的铁磁谐振过电压,这就解释了为什么供电系统中铁磁谐振过电压往往发生在变压器空载时。

(4)由于谐振圆路的电感不是常数,在同样的回路中即可产生谐振频率等于电源频率的基波振荡,也可能产生倍频谐振(如 2 次、3 次、5 次等)和分频谐振($\frac{1}{2}$次、$\frac{1}{3}$次、$\frac{1}{5}$次等),因此,具有各谐波振荡的可能性是铁磁谐振的重要特点。

供电系统中,这种带铁芯的电感主要是变压器、电磁式电压互感器、消弧线圈等,电容是导线对地、相间以及电感线圈对地的杂散电容等。供电系统中发生基频铁磁谐振较典型的一类情况是线路故障断线或不对称开断,线路末端接有空载或轻载的中性点不接地的变压器。这是由于回路电容发生了变化,它与变压器绕组的非线性激磁阻抗形成了串联谐振回路,发生这类过电压常引起避雷器爆炸,烧坏电压互感器和绝缘子或使变压器负载侧相序反转等。为防止此类事故,应不使用分相操作的断路器及熔断器,并避免变压器空载或轻载(负荷在额定容量的 20%以下)运行。

供电系统中发生铁磁谐振过电压的另一类较为典型的情况是中性点绝缘系统中母线上接有电磁式电压互感器,在进行某些操作时(如非同期合闸,或接地故障消失等)都可能使一相或两相电压瞬时升高,三相铁芯受到不同的激励而呈现不同程度的饱和,使中性点位移而产生谐振过电压。这种过电压如是基波谐振,可能出现两相对地电压升高;若是谐波谐振,可能导致三相电压同时对地升高或引起“虚幻接地"现象;在分频谐振时可能导致相电压以低频(每秒一次左右)摆动等。

我国长期实测和运行经验表明,基波和高次谐波谐振过电压很少超过三倍工频电压有效值,一般不会有什么危险。对分次谐波谐振过电压,由于激磁阻抗的非线性特性,使激磁电流大为增加,可达额定激磁电流的几十倍甚至上百倍。虽然过电压系数不超过 2,但极大的激磁电流会烧坏熔丝或使电压互感器过热,进而冒油、烧坏或爆炸。

限制和消除这类过电压有效措施:

(1)选择励磁特性好的电压互感器或改用电容式电压互感器。

(2)在电压互感器开口三角形绕组中短时接入阻尼电阻,或在电压互感器一次绕组中性点接入电阻以阻尼振荡。

(3)个别情况下,可在 10 kV 及以下电压等级母线上装设一组三相对地电容器,或利用电缆代替架空线段以增大对地电容,避免谐振。

(4)特殊情况下,可将系统中性点临时经电阻接地或直接接地,或投入消弧线圈，也可按事先规定投入某些事先规定的线路或设备以改变电路参数，消除谐振过电压。

思考与练习

1. 比较内部过电压与大气过电压有何不同？内部过电压分成哪几类？

2. 单相接地故障为什么会引起工频电压升高？接触网发生接地故障时，会引起哪里的电压升高？

3. 为什么避雷器灭弧电压有100%(110%)和80%之分？各适用于何种电网？

4. 某500 kV架空线路全长500 km，电源电抗$X_{L0}=220\ \Omega$，线路波阻抗$Z=270\ \Omega$，试计算空载线路末端和首端对电源电压的工频电压升高值。

5. 某500 kV输电线路的$\dfrac{X_0}{X_1}=2.5\ \Omega$，采用良导体地线后$X_0$减小至原值的1/3，问采用良导体后由于单相短路接地引起的工频过电压降低到多少？

6. 供电系统中为什么要限制工频电压升高，采用的主要措施是什么？

7. 切空载变压器和切容性负荷为什么能产生过电压？断路器中电弧的重燃对这两种过电压有什么影响？

8. 试述电弧接地过电压产生的机理及限制措施。

9. 在电弧接地引起的过电压中，若电弧不是在工频电流过零时熄灭，而是在高频振荡电流过零时熄灭，过电压发展过程如何？

10. 谐振过电压有哪几种类型？铁磁谐振过电压是怎样产生的？铁磁谐振与线性谐振现有什么不同？

11. 当增大电路中的电容，而铁磁电感不变，则发生铁磁谐振时过电压的数值是增加还是减少？试用图解法给予说明。

第六章　高压供电系统的绝缘配合

随着高速电气化铁路的发展，高速客运专线和重载货运专线的建成运营，牵引变电所电源进线电压等级已达到 220 kV，缘绝配合问题越来越受到重视。电气化铁路运营和管理部门需要了解牵引供电系统高压电气设备主绝缘上出现的各种电压，采用绝缘配合的基本方法和原理确定绝缘结构检修维护策略，编制检修工艺，提高供电系统的绝缘水平。

本章主要内容包括绝缘配合的方法和原理，绝缘水平的确定等，是研究电气化铁路供电系统绝缘配合的必备知识。

第一节　供电系统的绝缘配合

绝缘配合就是根据设备在系统中可能承受的各种电压(正常工作电压及过电压)，并考虑保护装置的特性和设备的绝缘特性来确定设备绝缘的耐受强度，以便合理地确定设备必要的绝缘水平，以使设备的造价、维护费用和设备绝缘故障引起的事故损失降低到在经济上和运行上所能接受的水平，达到在经济上和安全运行综合效益最好的目的。

供电系统的绝缘包括牵引变电所电气设备的绝缘及接触网线路的绝缘。它们在运行中将承受以下几种电压：正常运行状态下的工作电压、短时过电压(通常起因于接触网接地故障、接触网及供电线路的电容效应以及谐振和铁磁谐振等)、操作过电压和大气过电压。但是不同电压等级、不同状况考虑绝缘配合的依据不同。

220 kV 及以下的设备和线路中，正常的设备绝缘已经能够承受内部过电压的作用，因此在这些系统中电气设备的绝缘水平主要由大气过电压决定。

在 330 kV 及以上的超高压系统的绝缘配合中，操作过电压将逐渐起主导作用，为此需要采取专门限制操作过电压的限压措施，如并联电抗器、带有并联电阻的断路器和磁吹避雷器或氧化锌避雷器等。其中通常以前两者作为主要手段，而以避雷器作为后备保护，所以避雷器在雷电冲击和操作冲击电压下的保护水平是确定绝缘水平的基础，对线路则以保证一定的耐雷水平为原则。

在污秽地区的接触网和变电所设备绝缘，由于受污秽的影响，设备的绝缘性能将大大降低，污秽事故常常发生在恶劣气象条件时的正常工作电压下。污秽事故时间较长，危害性大，因此严重污秽地区的电网外绝缘水平主要由系统最大运行电压所决定。

一、绝缘配合的方法

随着电网额定电压的提高和限制过电压措施的不断完善，若过电压被限制到(1.7～1.8)P_u或更低时，长期工作电压就可能成为决定电网绝缘水平的主要因素，为了决定电气设备的绝缘水平而进行的绝缘配合的方法有以下几种。

1. 惯用法

这种方法是首先确定电气设备绝缘上可能出现的各类过电压的最高值，然后根据经验乘上一个考虑各种因素的影响和定裕度的系数，来决定绝缘应能耐受的电压水平。用这一原则决定绝缘水平，常要求有较大的裕度，而且也不可能定量的估计可能的事故率。

目前，在惯用法中采用的最大雷电过电压是按避雷器的残压来决定的，最大操作过电压则是根据实测记录结果确定，在超高压系统中还与避雷器的特性有关。我国过电压保护规程对操作过电压倍数规定见表 6-1。

表 6-1　内部高电压的倍数限值(相对地)

供电网络标称电压(kV)	内部过电压倍数
3～60	4.0
110～220	3.0
330	2.75
500	2.0 或 2.2

2. 统计法

统计法的依据是假定描述过电压和绝缘随机特性的概率分布函数是已知的，即在大量统计资料的基础上作出某类过电压概率分布曲线，如图 6-1 所示，得出过电压的概率密度分布函数 $f(u)$；另一方面在大量的试验基础上作出绝缘放电的概率分布曲线，得出绝缘放电电压的概率密度分布函数 $p(u)$，利用已知 $f(u)$ 和 $p(u)$ 则可计算出绝缘故障的概率，即圈中阴影面积 A。

$$A=\int_{0}^{\infty} f(u)p(u)\mathrm{d}u \tag{6-1}$$

从图 6-1 可以看到，增加绝缘强度，曲线 $p(u)$ 向右方移动，阴影面积将减小，即绝缘损坏的故障率将减小，但投资成本将增加；反之减少绝缘强度，曲线 $p(u)$ 向左方向移动，阴影面积将增加，即绝缘损坏的故障率提高，但成本则减少。因此根据技术经济比较在绝缘成本和损坏危险性之间进行协调，就可以选择最合理的绝缘水平。这时的绝缘裕度不再是任意选择的，而是与绝缘损坏的一定概率相对应。

3. 简化统计法

在简化统计法中，对过电压概率分布和绝缘放电概率分布的数学规律进行一

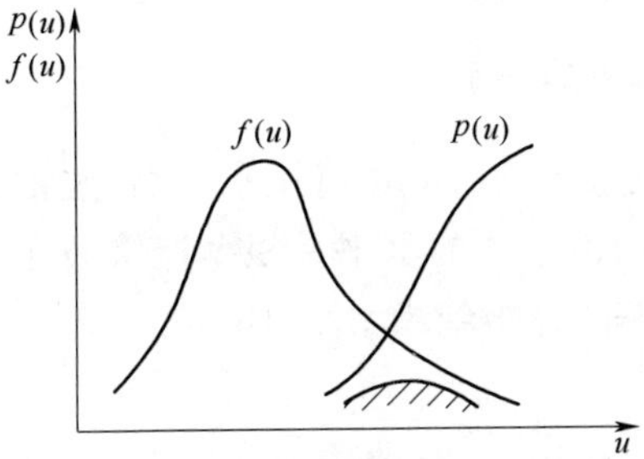

(a) **绝缘损坏率低**

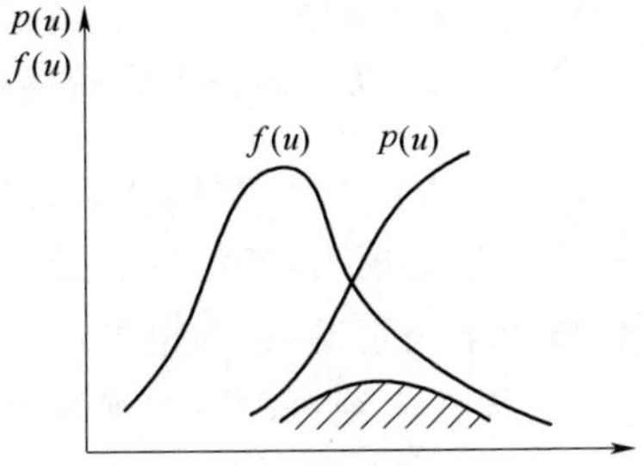

(b) **绝缘损坏率高**

图 6-1 绝缘强度对损坏危险概率的关系

些通常允许的假定，即假定它们是正态分布，并已知其标准偏差。根据这个假定，则过电压和绝缘放电概率的整个分布就可以只用概率分布曲线上的某一点来表示，此点对应的值称为“统计过电压”和“统计冲击耐受电压”。在这个基础上可以计算绝缘的故障率。

二、绝缘配合方法的比较

惯用法要确定电气设备绝缘上可能出现的各类过电压的最高值，但由于过电压幅值及绝缘强度都是随机变量，很难按照一个严格的规则去估计他们的上限和下限，因此，用这一原则决定绝缘水平，常要求有较大的裕度，而且也不可能定量的估计可能的事故率。

统计法需要重复做很多次试验，才能作出绝缘放电的概率分布曲线，这对非自恢复绝缘进行这种试验的费用很高，因此统计法至今只能用于自恢复绝缘，主要是输变电设备的外绝缘。对于变压器等以非自恢复绝缘为主的供电设备，由于没有经济的方法确定它们的抗电强度，也由于变电事故将造成极大的经济损失，所以迄今一直用惯用法进行绝缘配合。

简化统计法假定过电压概率分布和绝缘放电概率分布是正态分布，并进行数学的处理，而供电系统的过电压概率分布和绝缘放电概率分布未必都是正态分布，这就会影响计算的准确性。

第二节 供变电设备绝缘水平的确定

变电所内的变压器与电器等输变电设备的绝缘水平是根据设备在运行中可能受到的各类作用电压的要求来选定的，其绝缘水平如何主要体现在设备的额定短时工频耐受电压、额定雷电冲击耐受电压和额定操作冲击耐受电压三个参数上，而这三个耐受电压水平则由短时间试验电压、雷电冲击试验和操作冲击试验来检验。

下面对这几个试验电压的确定方法也即设备的绝缘水平的确定方法进行讨论。

一、220 kV 及以下输变电设备绝缘水平的确定

在 220 kV 及以下变电所，大气过电压水平比内部过电压水平高，避雷器只是用来保护大气过电压，设备绝缘耐受雷电冲击电压的水平是根据避雷器在大气过电压下的残压来决定的，称为电气设备的基本冲击绝缘水平（BIL）。

（1）电气设备内绝缘的冲击绝缘水平

一般设备内绝缘的冲击绝缘水平用 1.5/50 μs 全波冲击试验电压来检验，其公式为：

$$BIL = 1.1(1.1U_{b.5} + 15)(kV) \tag{6-2}$$

式中 $U_{b.5}$——阀型避雷器 5 kA（500 kV 时 10 kA）残压。

对于带有激磁绕组的设备，雷电过电压极性与工频运行电压的极性相反，这时作用在绕组上的雷电过电压要和工频电压瞬时值相叠加，考虑到雷电过电压遇到反极性瞬时值超过 U_e（U_e 为设备额定电压）的 1/2 的工频电压的概率只有 16%。于是不加激磁时的冲击试验电压可定为：

$$BIL = 1.1(1.1U_{b.5} + 15) + \frac{\sqrt{2}U_e}{2}(kV) \tag{6-3}$$

截波试验电压按全波试验电压的 1.25 倍计算，这是因为在截波作用下回路振荡得更厉害，电气设备上的过电压更高的缘故。此外，再考虑在截波作用下的累积系数为 1.15。

（2）电气设备外绝缘的冲击绝缘水平

对外绝缘而言，不计累积效应，但应考虑大气条件的影响，全波试验电压 $U_{w1.5/50}$ 为：

$$U_{w1.5/50} = \frac{1.1U_b + 1}{0.84}(kV)$$

外绝缘截波试验电压 $U_{w1.5/50}$ 为：

$$U_{w1.5/50} = \frac{1.25(1.1U_b + 15)}{0.84}(kV) \tag{6-4}$$

式中 0.84——海拔 1 000 m 及以下地区的空气密度及湿度校正系数。

二、操作冲击绝缘水平（SIL）的确定

设备耐受内部过电压的水平用操作冲击绝缘水平（SIL）表示，设备的 SIL 是根据内部过电压倍数决定的。但内部过电压对 220 kV 及以下设备正常绝缘无危险，避雷器不动作，对内部过电压而言，避雷器只是作为后备保护而已，因此不需要

单独做操作冲击试验。

设备内、外绝缘的工频试验电压由内部过电压值和冲击绝缘水平决定。据此求出各自对应的工频试验电压，以较高的值选定为绝缘的工频试验电压。

(1)内绝缘工频试验电压的确定

实验表明，内绝缘抗内过电压的强度较抗 1 min 工频电压的强度为强，两者之比 $\beta_n = 1.3 \sim 1.35$。于是，考虑累积系数 1.1，可求得内绝缘 1 min 工频试验电压(有效值)为：

$$U_{50\sim} = \frac{1.1}{1.3 \sim 1.5} \times \frac{K_0}{\sqrt{3}} U_e$$
$$= (0.56 \sim 0.54) \times K_0 U_e (\text{kV}) \quad (6\text{-}5)$$

设备的工频试验电压另一方面由冲击绝缘水平决定。如果设备的冲击绝缘水平已知，根据冲击系数的定义将冲击绝缘水平除以冲击系数即得工频电压。

(2)外绝缘工频试验电压的确定

对外绝缘的工频试验电压而言，气候的变化对户外设备影响较大，因此，对户外设备的外绝缘采用淋雨试验电压，对户内设备的外绝缘采用干试验电压。考虑到对设备外绝缘的操作波冲击系数 $\beta \approx 1$，由式(6-5)改写得：

$$U_{w.g.50\sim} = \frac{1.15 K_0 U_e}{\sqrt{3} \times 0.84} = 0.79 K_0 U_e (\text{kV}) \quad (6\text{-}6)$$

$$U_{w.s.50\sim} = \frac{1.15 K_0 U_e}{\sqrt{3} \times 0.84} = 0.654 K_0 U_e (\text{kV}) \quad (6\text{-}7)$$

式中 $U_{w.g.50\sim}$——外绝缘工频干试验电压有效值；

$U_{w.s.50\sim}$——外绝缘工频湿试验电压有效值；

0.84——海拔 1 000 m 及以下地区的空气密度及湿度校正系数；

1.15——综合考虑大气条件、雨水状态和污染情况等各种因素影响的综合修正系数。

我国各电压等级电气设备的试验电压已由国家标准 GB 311.1—2013《高压输变电设备的绝缘配合》作出规定，见表 6-2。

表 6-2 3～550 kV 输变电设备的基准绝缘水平

额定电压	最高工作电压	额定操作冲击电压		额定雷电冲击耐压		额定短时工频耐受电压	
有效值(kV)		峰值(kV)	相对地过电压标幺值	峰值(kV)		有效值(kV)	
				Ⅰ	Ⅱ	Ⅰ	Ⅱ
(1)	(2)	(3)	(4)	(5)	(6)	(7)	(8)
3	3.5	—	—	20	40	10	18

续上表

额定电压	最高工作电压	额定操作冲击电压		额定雷电冲击耐压		额定短时工频耐受电压	
有效值(kV)		峰值(kV)	相对地过电压标幺值	峰值(kV)		有效值(kV)	
				Ⅰ	Ⅱ	Ⅰ	Ⅱ
6	6.9	—	—	40	60	20	23
10	11.5	—	—	60	75	28	30
15	17.5	—	—	75	105	38	40
20	23.0	—	—	—	125	—	50
35	40.5	—	—	—	185/200	—	80
63	69.0	—	—	—	325	—	140
110	126.0	—	—	—	450/480	—	185
220	252.0	—	—	—	850	—	360
		—	—	—	950	—	395
330	363.0	850	2.85	—	1 050	—	(460)
		950	3.19	—	1 175	—	(510)
550	550.0	1 050	2.34	—	1 425	—	(630)
		1 175	2.62	—	1 550	—	(680)

由于不同的电网条件和不同的过电压保护设备,使得设备绝缘水平耐受过电压不尽相同。因此要根据不同的供电系统、不同安装点和采用不同的过电压保护设备的实际情况选择相适应的电气设备。为此,国家标准 GB 311.1—2013《高压输变电设备的绝缘配合》中对 220～500 kV 的设备均制定了两个绝缘水平,以适应实际要求。

三、330～500 kV 输变设备绝缘水平的确定

330～500 kV 输变电设备绝缘水平确定的方法与 220 kV 及以下输变电设备绝缘水平确定的方法主要区别在于:一是基准不同;二是 330～500 kV 输变电设备要做操作冲击试验。

第三节　输电线路绝缘水平的确定

确定输电线路的绝缘水平,包括确定绝缘子串的型号、绝缘子片数及线路绝缘的空气间隙。

一、缘子串中绝缘子个数的确定

选择线路绝缘子串的绝缘子个数的基本要求

(1)防污闪。避免在正常工作电压下发生污闪。

(2)防湿闪。避免在内部过电压作用下发生湿闪。

(3)防雷击闪络。在高原大气过电压可能成为重要的因素,则还应具有一定的耐雷水平。

而绝缘子串的泄漏比距则是影响上述三个要求的主要因素,因此选择线路绝缘子串的绝缘子个数具体的作法是:按工作电压下所需求的泄漏比距决定所需绝缘子片数,然后按操作过电压水平和耐雷水平的要求进行验算。绝缘子串的泄漏比距的定义是:

$$S=\frac{n\lambda}{U_m}(\text{cm/ kV}) \tag{6-8}$$

式中 n ——每串绝缘子的个数;

λ ——每片绝缘子的距离,cm;

U_m ——系统最高线电压有效值,kV。

对于不同污秽地区要求一定的泄漏比距 S_0,必须满足 $S>S_0$ 的关系,否则运行经验表明,污闪事故将比较严重,将造成很大损失。我国污区定性分级标准及泄漏比距 S_0 见表 6-3。

表 6-3 绝缘子最小泄漏比距(cm/kV)

外绝缘污秽等级	最小泄漏比距值	
	线 路	电站设备
0	1.39	1.48
Ⅰ	1.6	1.6
Ⅱ	2.0	2.0
Ⅲ	2.5	2.5
Ⅳ	3.1	3.1

由泄漏比距的定义得出满足防污闪时每串线路绝缘子串的绝缘子个数为:

$$n_1 \geqslant \frac{S_0 U_m}{\lambda} \tag{6-9}$$

确定 n_1 后还应进行验算。但是要注意的是,由于上式是运行经验的总结,其中已计及可能存在的零值绝缘子(已丧失绝缘性能的绝缘子),即所得 n_1 值为实际应取的个数。因此在进行校验计算时应除去 1~3 个预留零值绝缘子(35~220 kV直线杆 1 个,耐张杆 2 个;330 kV 直线杆 2 个,耐张杆 3 个)。

按防湿闪进行验算。为了满足雨天时在长期工作电压下或遇到内部过电压时不会发生闪络的要求，其工频湿闪电压应满足式 6-10，如此式不能满足时，则应按此要求增加绝缘子个数再进行验算，即：

$$U_{sh} = 1.1 K_0 U_{xg} \tag{6-10}$$

式中 K_0——操作过电压的计算倍数，见表 6-1；

1.1——考虑操作波作用时间的冲击换算系数和气象条件及其他不利因素的影响所取的 10%的裕度。

按线路雷电过电压进行校核。一般情况下，按泄漏比距及操作过电压的要求选定的绝缘子片数都能满足耐雷水平的要求。在特殊高杆塔或高海拔地区，按雷电过电压要求的片数最多，此时雷电过电压成为确定每串绝缘子个数的决定性因素。综合工作电压、操作过电压及雷电过电压三方面的要求，实际线路杆塔一般选用 X-45 型悬垂绝缘子时，每串绝缘子的个数见表 6-4。

表 6-4　海拔 1 000 m 以下非污秽区线路绝缘子个数

线路额定电压(kV)	35	66	110	154	220	330
中性点接地方式	非有效接地		直接接地			
按工作电压泄漏比距要求决定(个)	2	4	6～7	9	13	19
接内部电压湿闪要求决定(个)	3	5	7	9	12～13	17～18
按大气过电压下耐雷水平要求决定(个)	3	5	7	9	13	19
实际采用值(个)	3	5	7	9	13	19

二、线路空气间隙距离的确定

输电线路上的空气间隙主要有：导线对大地、导线对导线、导线对架空地线、导线对杆塔及横担，其中主要要确定的是导线对杆塔及横担的间隙。下面要讨论的就是如何根据内、外过电压和工作电压来确定导线对杆塔的距离。

确定间隙距离时，除了要根据工作电压、操作过电压和雷电过电压分别计算，同时还要考虑导线受风力而使绝缘子串偏斜的不利因素。就间隙所承受的电压来看，大气过电压最高，内部过电压次之，工作电压最低；就电压作用时间来说则恰好相反。在决定间隙时应考虑导线受风力而使绝缘子串倾斜摇摆的不利因素，由于工作电压长时间作用在导线上，故考虑最大风速(约 25～35 m/s)，和最大风偏角 θ_1 (见图 6-2)；在内过压作用下由于时间较短，只考虑最大风速的 50%，风偏角 θ_2 较小；在大气过电压作用下的时间极短，一般只考虑计算风速为 10 m/s，这时的风偏角 θ_3 较小。

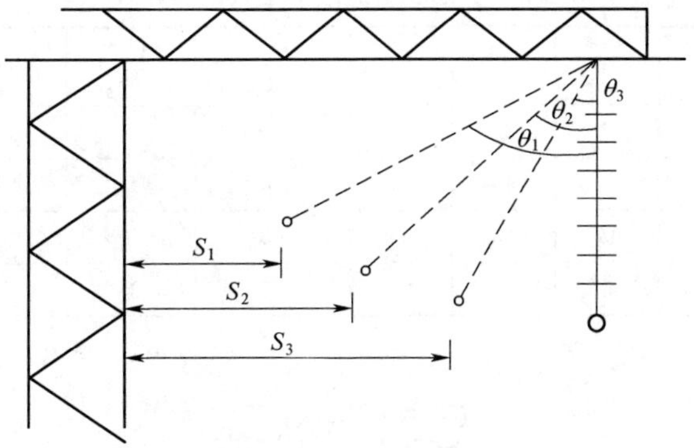

图 6-2　绝缘子串风偏角及其对杆塔的距离

考虑空气间隙的几种情况：

(1)按工作电压选择间隙 S_1 时，S_1 的工频放电电压 U_1，应保证在工频电压升高时不发生闪络，即：

$$U_1 = k_1 U_{xg} \tag{6-11}$$

式中　k_1——在中性点非直接接地系统取 2.5，在中性点直接接地系统取 1.6，对 330 kV 取 1.7。它综合考虑了工频电压升高、安全裕度、气象条件及其他因素的影响。

按内部过电压选定绝缘子受风偏后的间隙 S_2 时，应保证在内部过电压下不发生闪络，其频放电电压应满足下式要求：

$$U_2 = \frac{K_0 U_{xg}}{K_2} \tag{6-12}$$

式中　K_0——内部过电压倍数；

K_2——在海拔 1 000 m 及以下时，$K_2=0.82$，它是综合考虑安全裕度以及电压波形、湿度和海拔等因素而设置的修正系数。

对发、变电所按内过电压和工作电压选择空气间隙时，需另加 1 0%的裕度。

(2)按大气过电压选择线路空气间隙 S_3 时，应使 S_3 的冲击放电强度与非污秽区绝缘子串的冲击放电电压相适应。根据我国 110 kV、220 kV 和 330 kV 线路的运行经验，S_3 间隙在大气过电压下的 50%放电电压取为绝缘子串的 50%。击放电电压的 85%，其目的是宁愿发生间隙闪络而不希望沿绝缘子串闪络，以免烧坏绝缘子。

绝缘子对杆塔的最小距离就取上述原则确定 S_1、S_2、S_3 中最大的一个，即 $S_1 + L\sin\theta_1$、$S_2 + L\sin\theta_2$、$S_3 + L\sin\theta_3$ 中最大的一个，其中 L 为绝缘子串的串长，一般在 220 kV 及以线路中对空气间隙选择起决定作用的是大气过电压，按以上要求所得到的间隙见表 6-5。

表 6-5　供电线路的最小空气间隙(cm)

额定电压 (kV)	20	35	66	110 (不接地)	110 (接地)	154	220	330
XP-4.5 绝级子个数	2	3	5	7	7	10	13	19
S_1	35	45	65	100	100	140	190	260
S_2	12	25	50	80	70	100	145	220
S_3	5	10	20	40	25	35	55	100

思考与练习

1. 供电系统绝缘配合的原则是什么?

2. 试分析中性点运行方式对绝缘水平的影响。

3. 绝缘配合的惯用法、统计法和简化统计法有什么关系和区别?

4. 试决定 110 kV(指中性点直接接地系统)电气设备的各类试验电压值。

5. 试决定 220 kV 线路杆塔的空气间隙距离和每串绝缘子个数,假定该线路位于非污秽地区。

6. 电气化铁道的绝缘子的绝缘水平如何确定?

第七章　高电压产生设备与测量技术

高电压工程所涉及的基本问题和工程应用问题离不开试验，也离不开检测仪器设备。电气化铁路的运营和管理部门需要采用试验设备和测量技术完成供电系统绝缘水平的测试评估，掌握当前设备绝缘的状态。因此采用先进的试验设备和测量技术，成熟的试验方法和检测手段是完成这一工作的重要保证。

本章主要介绍了交直流高压发生器，冲击电压发生器，冲击电流发生器等基本试验设备和仪器的工作原理和结构，以及高电压的测量技术，是牵引变电所电气试验的基本知识。

第一节　冲击电压发生器

根据实测，雷电波是一种非周期性脉冲，它的参数具有统计性。它的波前时间(约从零上升到峰值所需时间)为 0.5～100 μs，半峰值时间(约从零上升到峰值后又降到 1/2 峰值所需时间)为 20～90 μs，累积频率为 50％的波前和半峰值时间约为 1.0～1.5 μs 和 40～50 μs。雷电波又可分为全波和截波两种，截波是利用截波装置把冲击电压发生器产生的冲击波突然截断，电压急剧下降来获得的。截断的时间可以调节，或发生在波前或发生在波尾。操作冲击电压波的持续时间比雷电冲击电压波长得多，形状比较复杂，而且它的形状和持续时间随线路的具体参数和长度的不同而有异，不过目前国际上趋向于用一种几百微秒波前和几千微秒波长的长脉冲来代表它。

冲击电压发生器是一种产生脉冲波的高电压发生装置，可用于研究供电设备遭受大气过电压(雷击)和操作过电压时的绝缘性能。因此对于冲击电压发生器，要求不仅能产生出现在供电设备上的雷电波形，还能产生操作过电压波形。冲击电压的破坏作用不仅决定于幅值还与波前陡度有关，对某些设备还要采用截断波来进行试验。此外，冲击电压发生器还可用来作为纳秒脉冲功率装置的重要组成部分，在大功率电子束和离子束发生器以及二氧化碳激光器中，可作为电源装置。

一、冲击电压发生器原理

冲击电压发生器要满足两个要求：首先要能输出几十万伏到几百万伏的电压，同时电压要具有一定波形。它是用马克斯(Marx)回路来达到这些目的，如

图7-1 所示。

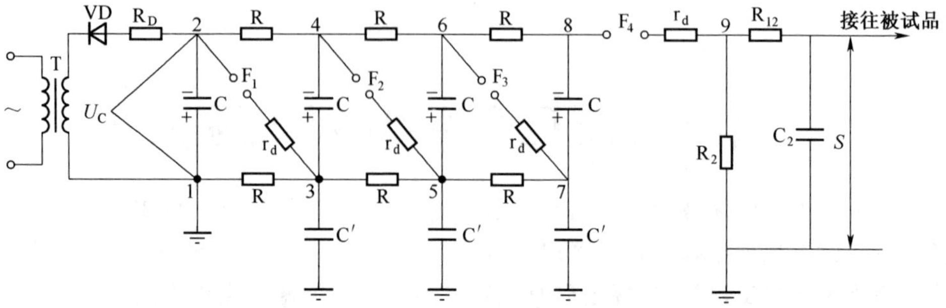

图 7-1 冲击电压发生器的原理

试验变压器 T 和高压硅堆 V 构成整流电源，经过保护电阻 r 及充电电阻 R 向主电容器 C_1～C_4 充电，充电到 U，出现在球隙 F_1 ～ F_4 上的电位差也为 U，假若事先把球间隙距离调到稍大于 U，球间隙不会放电。当需要使冲击机动作时，可向点火球隙的针极送去一脉冲电压，针极和球皮之间产生一小火花，引起点火球隙放电。于是电容器 C_1 的上极板经 F_1 接地，点 1 电位由地电位变为 $+U$。电容器 C_1 与 C_2 间有充电电阻 R 隔开，R 的阻值比较大，在 F_1 量放电瞬间，由于 C' 的存在，点 2 和点 3 电位不可能突然改变，点 3 电位仍为 $1U$，中间球隙 F_2 上的电位差突然上升到 $2U$，F_2 马上放电，于是点 2 电位变为 $+2U$。同理，F_3、F_4 也跟着放电，电容器 C_1～C_4 串联起来了。最后隔离球隙 F_0 也放电，此时输出电压为 C_1～C_4 上电压的总和，即 $+4U$。上述一系列过程可被概括为“电容器并联充电，而后串联放电”，由并联变成串联是靠一组球隙来达到。要求这组球隙在 F_1 不放电时都不放电，一旦 F_1 放电，则顺序逐个放电。满足这个条件的，称为球隙同步好，否则就称为球隙同步不好。R 在充电时起连接作用，在放电时又起隔离作用。

冲击电压发生器是靠电容器串联放电来获得高电压的，每台电容器有不同电位。应该按照电位来把电容器分布在相应的位置上，电容器和地之间、电容器相互之间都应保持一定的绝缘距离，所以标称电压越高，冲击电压发生器的结构也越高。冲击电压发生器的结构可因条件和要求的不同而有异，如有的是室内的，有的是露天的，有的是固定的，有的是可移动的。电容器的形式常常是冲击电压发生器结构形式的决定性因素。

二、冲击电压发生器结构

(1)阶梯式的结构，由于连线长、回路大、电感大、技术性能差而且占地大，现已不再采用。

(2)塔式冲击电压发生器的结构是竖立的多层绝缘台，逐层放上电容器，如图

7-2 所示。塔式结构的柱子按结构高低，承重大小可采取三柱、四柱、甚至更多柱子。一般的塔式结构都是从地面竖立起来，但在特殊条件下有从屋顶悬垂下来的多层绝缘台，后一种结构对建筑有较高要求，但在地面可腾出较大的工作面。塔式结构中电容器被重叠布置在一条垂直线上，不少垂直空气间隙被电容器本体所占用，将使结构高度较高。在多柱结构中，常把电容器分布在各柱上，盘旋上升，使在一根垂线上的电容器个数减少，从而降低结构高度。塔式结构占地小，高度适中，拆装检修方便，是目前较多采用的一种结构。

(3)柱式冲击电压发生器是把绝缘壳的电容器和相同直径的绝缘筒交换叠装成柱状。柱子根数可以为单根也可以为多根，如图 7-3 所示。柱式结构利用电容器外壳作为绝缘柱的一部分，结构比较紧凑，外表比较美观，但这种结构要求电容器必须是绝缘壳的，而且尺寸必须合适。如电容器太长太细，装出来的冲击电压发生器结构太高，强度不够。用于柱式结构的电容器多半是特制的，从已有产品中不一定能找到合适的电容器。柱式结构的另一缺点是，当要撤换底下一个电容器时必须拆掉整个柱子，但如有合适尺寸的电容器，装出来的柱式冲击电压发生器不仅外表美观，而且技术性能是比较高的。

(4)圆筒式结构冲击电压发生器是把电容器布置在一大圆筒内，整个装置外形是一个大圆筒或几个叠装的大圆筒，如图 7-4 所示，筒内充满油，利用油间隙作为电容器间的绝缘距离。油的绝缘强度比空气高得多，所以这种结构的尺寸小，连线短，移动比较方便，外观比较好看，技术性能比较高，但这种结构的最大缺点是当一个电容器损坏时将使整个装置不能使用。通常把整个装置的电容器分装在几个大筒内，一旦某个筒内出现故障，其余的筒尚可工作。这种结构的冲击电压发生器，多半是由制造厂特制成套供应。

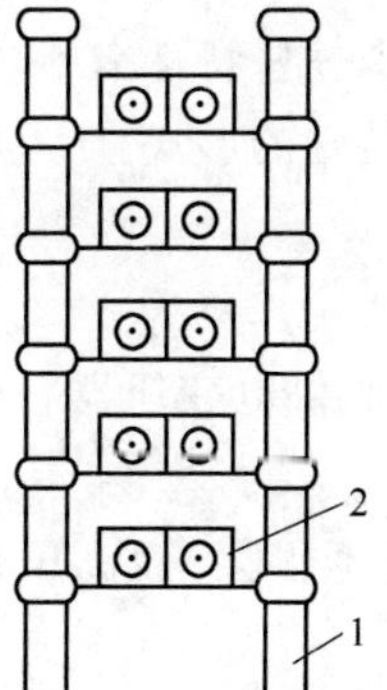

图 7-2 塔式冲击电压发生器

1—绝缘支架；2—电容器

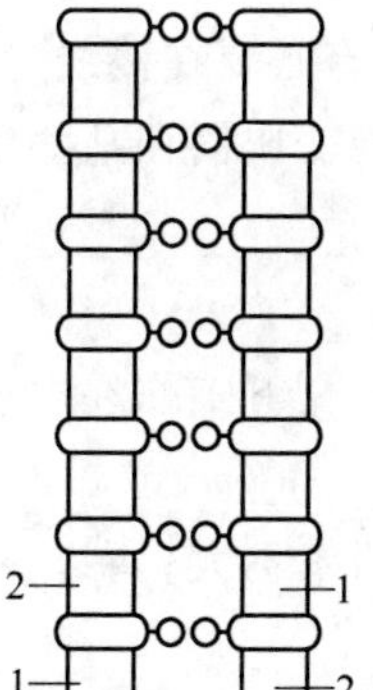

图 7-3 柱式冲击电压发生器

1—电容器；2—绝缘筒

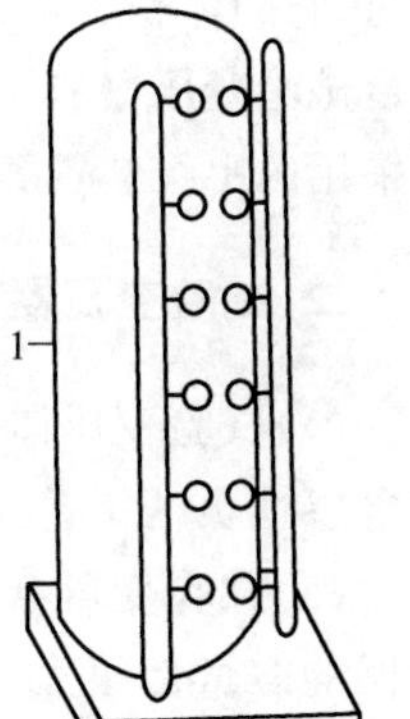

图 7-4 柱式冲击电压发生器

1—内装电容器的绝缘圆筒

第二节　试验变压器

供电系统中的电气设备其绝缘不仅经常受到工频电压的作用，而且还会受到诸如大气过电压和内部过电压的侵袭。试验变压器的作用就在于产生工频高电压，使之作用于被试电气设备的绝缘上，以考验其在长时间的工频电压及瞬时的内部过电压下是否能可靠工作。它也是试验研究高压输电线路的气体绝缘间隙、电晕损耗、静电感应、长串绝缘子的闪络电压以及带电作业等项目的必需的高压电源设备。另外，近年来，由于超高电压及特高电压输电的发展，必须研究内绝缘或外绝缘在操作冲击波作用下的击穿规律及击穿数值。工频试验变压器除了产生工频试验电压，以及作为直流高压和冲击高压设备的电源变压器的固有的作用外，还可以用来产生操作波试验电压，所以，试验变压器是高电压试验室内不可缺少的主要设备之一。由于它的电压值需要满足内部高电压的要求，故试验变压器的工频输出电压将大大超过供电变压器的标称电压值，常达几百千伏甚至几千千伏的数值。目前我国和世界上多数工业发达国家都具有 2 250 kV 的试验变压器。

一、试验变压器的原理

试验变压器在原理上与供电变压器并无区别，只是试验变压器的电压较高，变比较大。由于电压值高，所以要采用较厚的绝缘及较宽的间隙距离，也因此试验变压器的漏磁通较大，短路电抗值也较大，而电压高的串级试验变压器的总短路电抗值则更大。由于在大的电容负载下，试验变压器一、二次侧的电压关系与线圈匝数比有一些差异，因此试验变压器常常有特殊的测量电压用的线圈。当变压器的额定电压升高时，它的体积和重量的增加趋势超过按额定电压的三次方的上增速度。为了限制单台试验变压器的体积和重量，有必要在接线上和结构上采取一些特殊措施，如目前所采用的串级装置等，因此，试验变压器在某些情况下，具有特殊的形式。

二、试验变压器的特点

(1)试验变压器在大多数情况下工作在电容性负荷下，而供电变压器一般工作在电感性负荷下。

(2)试验变压器所需试验功率不大，所以变压器的容量不很大；而高压供电变压器的容量都很大。

(3)试验变压器在工作时，经常要放电；供电变压器在正常运行时，发生事故短路的机会是不多的，即使发生，继电保护装置会立即断开电源。

(4)供电变压器在运行中可能受到大气过电压及操作过电压的侵袭；而试验变压器并不受到大气过电压的作用，但由于试品放电的缘故，它在工作时也可能在绕组上产生梯度过电压。

(5)试验变压器工作时间短，在额定电压下满载运行的时间更短，譬如进行电气设备的耐压试验常常是1 min工频耐压；而供电变压器则几乎终年或多年在额定电压下满载运行。

(6)由于上述原因，试验变压器工作温度低，而供电变压器温升较高，也因此供电变压器都带有散热管、风冷甚至强迫油循环冷却装置；而试验变压器则没有各种附加的散热装置或只有简单的散热装置。

高电压试验变压器大多采用油浸式变压器，该种变压器有金属壳及绝缘壳两类结构型式，金属壳变压器可分为单套管和双套管两种。单套管变压器的高压绕组一端可与外壳相连，但为了测量上的方便常把此端不直接与外壳相连，而经一个几千伏的小套管引到外面来再与外壳一起接地，如有必要时可经过仪表再与外壳一起接地，油浸式单套管铁壳试验变压器外形如图7-5所示。双套管式的变压器的外壳对地绝缘，其中的高压绕组分成匝数相等的两部分，分别绕在铁芯的左右两柱上，高压绕组的中点与铁芯和外壳相连，低压绕组绕在具有X出线端的高压绕组的外面(作为单台变压器应用时，高压绕组的X点接地)，这样高压绕组与铁芯及外壳之间的最大电位差为最高输出电压的一半，即承受$U/2$的电压(U为高压的输出电压额定值)。由于铁芯及外壳也带有$U/2$的电位，所以外壳需要用支柱绝缘子对地绝缘起来，图7-6为其结构示意图。采用这种结构使高压绕组与铁芯、外壳间以及高低压绕组间的电位差降低，绝缘利用比较合理，因此能减小尺寸、减轻重量。

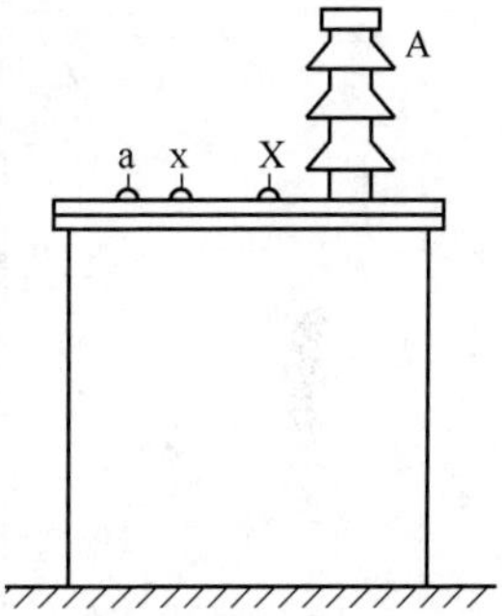

图7-5 油浸式单套管铁壳试验变压器

绝缘壳式的高压变压器如图7-7所示，它是以绝缘壳(通常为酚醛纸筒、环氧

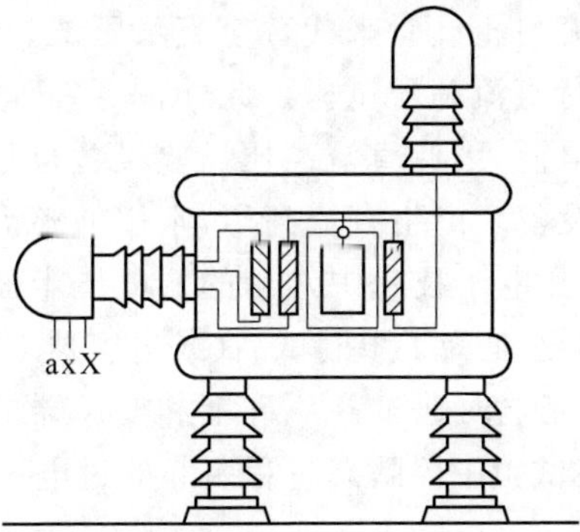

图7-6 对地绝缘双套管铁壳试验变压器

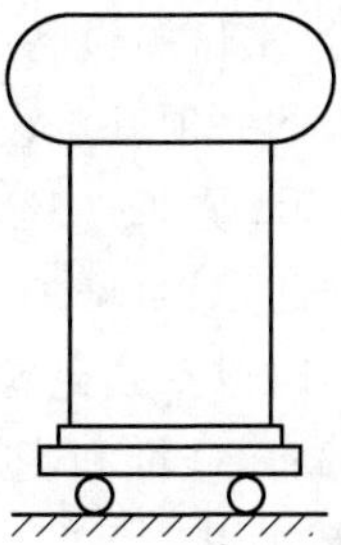
图7-7 油浸式绝缘套筒试验变压器

玻璃布筒瓷套)来作为容器,同时又用它作为外绝缘,以省去引出套管,其铁芯与绕组和双套管金属壳变压器相同,只是铁芯的两柱常常是上下排列的(也有左右排列的),铁芯需要用绝缘支持起来,使之悬空。高压绕组的高压端 A 与金属上盖连在一起,接地端 X 以及低压绕组的 a、x 两端从底座引出,这种结构体积小,重量轻,优点显著。以酚醛纸筒作外壳的变压器比瓷外壳的重量较轻,不会碰碎,但易进水分,易受潮。此种变压器的内部结构如图 7-8 所示。

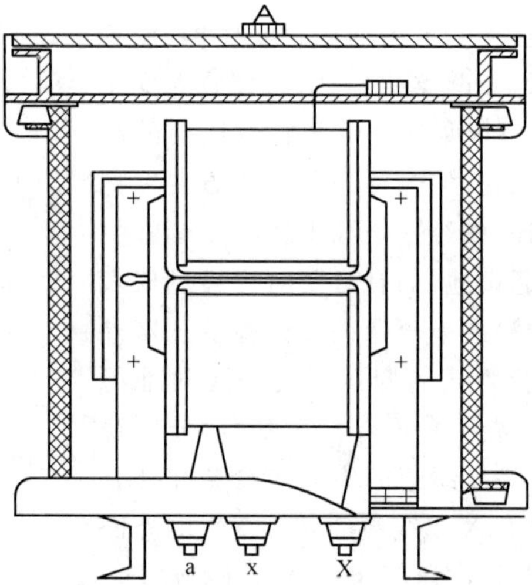

图 7-8　绝缘筒式试验变压器的内部结构

第三节　直流高电压的产生

供电设备常需要进行直流高压下的绝缘试验,如测量它的泄漏电流,而一些电容量较大的交流设备,如供电电缆,需进行直流耐压试验来代替交流耐压试验,至于超高压直流输电所用的供电设备则更得进行直流高压试验。此外,一些高电压试验设备,如冲击试验设备,需用直流高压作电源,因此直流高压试验设备也是进行高电压试验的一项基本设备。一般用整流设备来产生直流高压,常用的整流设备如图 7-9 所示,是半波整流电路。它基本上和电子技术中常用的低电压半波整流电路是一样的,只是增加了一个保护电阻 R,这是为了限制试品(或电容器 C)发生击穿或闪络时以及当电源向电容器 C 突然充电时通过高压硅堆和变压器的电流,以免损坏高压硅堆和变压器。当然对于在试验中因瞬态过程引起的过电压,R 和 C 也起抑制作用。

高压硅堆具有体积小、重量轻、机械强度高、使用简便和无辐射等优点,普遍用于直流高压设备中作为基本的整流元件。实际上，一个硅堆常由数个至数十个硅整流二极管串联封装而成。具有单向导电性的硅二极管的正反向伏安特性如图 7-10 所示，由图可知，当二极管上外加正向电压 U_f 很小时正向电流很小，但当 U_f 大于某一值 U_F 后正向电流 I_f 则随 U_f 的增大而迅速增大，通常称 U_F 为“死角电压”，对于高压硅整流二极管 U_F 约为 0.4～0.6 V。又当外加反压 U_r 于二极管时则二极管呈现很大阻抗，其反向电流 I_r 很小（约几微安），并随反压增加而稍有增长，但当反压超过某一值 U_R 后 I_r 则急剧增大，U_R 称为击穿电压，目前高压硅整流二极管的 U_R 可达数千伏至上万伏。

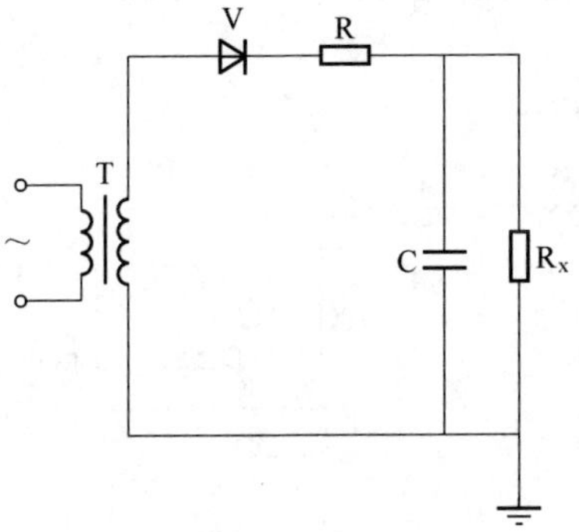

图 7-9　半波整流电路

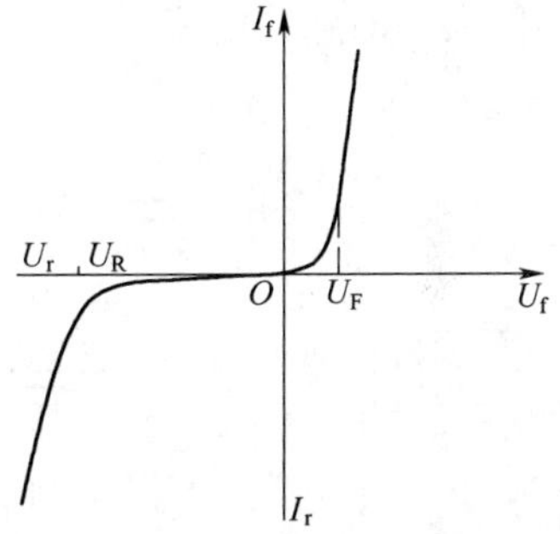

图 7-10　硅二极管正、反向伏安特性

U_F—死角电压；U_R—击穿电压；

U_f、I_f—正向电压、电流；U_r、I_r—反向电压、电流

第四节　冲击电流发生器

为了检验电气设备在大气过电压及操作过电压下的绝缘性能，需要产生雷电冲击波和操作冲击波的设备——冲击电压发生器。但在大气过电压及操作过电压下绝缘设备遭受破坏，不仅由于电场强度高使绝缘材料发生击穿，还由于此时流过的大电流所伴随而来的热和力的破坏作用而造成损坏，所以还需要产生模仿这些大电流的设备——冲击电流发生器。模仿雷电流的有产生±4/10 μs 等的多种单极性标准冲击电流的冲击电流发生器，模仿操作冲击电流的有产生单极性方波电流的方波发生器。目前冲击电流发生器的应用已超出供电运行部门和电工制造部门，在核物理、加速器、激光、脉冲功率技术等技术物理部门已得到了广泛的应用。而且在这些部门中，对冲击电流幅值的要求大大超过了电工部门，一般都在几百千安以上，有的发生器储能 150 kJ，可在上千微秒之内产生 107 kW 的瞬间功率，电流峰值达兆安。

冲击电流发生器的基本原理是：数台或数组大容量的电容器经由高压直流装

置，以整流电压或恒流方式进行并联充电，然后通过间隙放电使试品上流过冲击大电流。图 7-11 表示以高压整流电压作为充电电源的冲击电流发生器的基本回路。

图 7-11 中 C 为许多并联电容器的电容总值。L 及 R 为包括电容器、回路连线、分流器、球隙以及试品上火花在内的电感及电阻值，有时也包括为了调波而外加的电感和电阻值。G 为点火球间隙，V 为硅堆，r 为保护电阻，T 为充电变压器，O 为试品，S 为分流器，C_1、C_2 为分压器，CRO 为示波器。分压器是用来测量试品上电压的，分流器其实是个无感小电阻，是用来测量流经试品的电流的。工作时先由整流装置向电容器组充电到所需电压，送一触发脉冲到三球间隙 G，使 G 击穿，于是电容器组 C 经 L、R 及试品放电。根据充电电压的高低和回路参数的大小，可产生不同大小的脉冲电流。

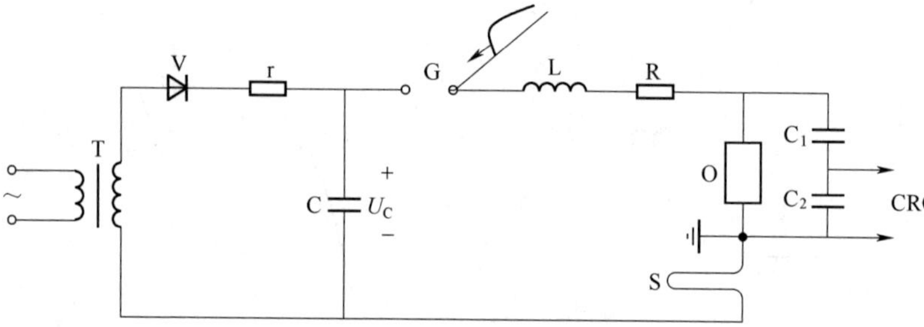

图 7-11　冲击电流发生器回路

第五节　高压电气测量

一、交流高电压的测量

供电运行部门测量交流高电压是通过电压互感器和电压表来实现的，把电压互感器的高压边接到被测电压，低压边跨接一块电压表，把电压表读数乘上电压互感器的变比，就可得被测电压值。但这种方法在高电压实验室中用得不多，因为高电压实验室中所要测的电压值常常比现有电压互感器的额定电压高许多，特制一个超高压的电压互感器是比较昂贵的，而且很高电压的互感器也比较笨重，所以采用别的方法来测量交流高电压。在高压实验室中用来测量交流高电压的方法很多，目前最常用的有下列几种。

(1)利用测量球隙气体放电来测量未知电压的峰值。

(2)利用高压静电电压表测量电压的有效值。

(3)利用以分压器作为转换装置所组成的测量系统来测量交流电压。

(4)利用整流电容电流测量交流高电压的峰值。

(5)利用整流充电电压测量交流电压峰值。

(6)利用旋转伏特计可测量直流及交流电压的瞬时值，这种表计已不常用。

(7)以光电系统测量交流高电压。

二、直流高电压的测量

国家标准规定对直流高压测量准确度的要求为:①直流电压平均值的测量误差不大于3%;②脉动幅值的测量误差不大于实际脉动幅值的10%及直流电压算数平均值的1%二数值中的较大者。

测量直流高压平均值的方法主要有以下几种:

(1)用球隙可测量直流高压的最大值,由于纤维会引起在较低电压下的放电,可由速度不小于3 m/s的气流吹过球隙予以消除,并应施加多次电压以最高电压值作为测量值。当球隙距离不大于0.4 D(D为直径)时,若没有过多的灰尘,测量的总不确定度将在±5%以内。

(2)用静电电压表有可能直接测量到高达几百千伏的直流电压,它所指示的是电压的有效值。当电压脉动因素不超过20%时,一般情况下则可以认为有效值和平均值相等,即认为静电电压表所测得的是直流高压的平均值。合格的静电电压表是能够满足上述对电压平均值测量准确度的要求的,只是它不能测量电压的脉动,其测量的不确定度一般为1%~2.5%。

(3)由高欧姆电阻组成电阻分压器,可在分压器低压臂跨接高输入阻抗的低压表来测量直流高压,根据所接低压表的型式可测量直流电压的算术平均值、有效值和最大值,也可用高欧姆电阻串联直流毫安表测量平均值。上述两种系统是比较方便而又常用的测量系统。国家标准规定分压器或高欧姆电阻加上传输系统(如连接测量仪表的电缆线)的标定刻度因数的总不确定度应不大于±1%,其线性度、长期和短期稳定性均应在±1%以内。

三、冲击高电压的测量

冲击电压,无论是雷电冲击波或是操作冲击波,都是快速或是较快速的变化过程。随着GIS装置的发展,在该装置中发生的操作冲击波是一个极快速瞬态过程,简称为VFT(Very Fast Transient)过程。它的波形的变化过程更快,以纳秒计量。因此测量冲击高电压的仪器和测量系统,必须具有良好的瞬态响应特性。一些适宜于测量慢过程稳态(如直流和交流)电压的仪器和测量系统不一定适宜于或根本不可能用来测量冲击高电压。冲击电压的测量包括峰值测量和波形记录两个方面。能够直接测量冲击电压峰值的方法,仅为测量球隙,在测量波形及不想通过放电手段测量峰值时,需要通过由转换装置等所组成的测量系统来进行工作。

目前最常用的测量冲击高电压的方法有:

(1)测量球隙。

(2)分压器与数字存储示波器(或数字记录仪)为主要组件的测量系统。

(3)微分积分环节与数字存储示波器为主要组件的测量系统。

(4)光电测量系统。

思考与练习

1. 冲击电压发生器有何作用？它要满足哪两个要求？
2. 试验变压器有何作用？它与供电变压器相比有何特点？
3. 高压硅堆有何特点？
4. 冲击电流发生器的基本原理是什么？
5. 简述高电压测量的基本方法。
6. 牵引变电所预防性试验的项目都有哪些？其作用都是什么？

附录 高压供电基础试验

试验 1 绝缘电阻和吸收比的测量

一、试验目的

(1)熟悉兆欧表的原理和使用方法。

(2)掌握绝缘电阻测量和吸收比测量的接线和试验中要注意的事项。

二、试验接线图及仪表设备

(1)试验接线如附图 1 所示。

(2)ZC-2、ZC-3 或 DY-2500 型兆欧表。

三、试验内容及步骤

(1)试验项目:测量供电电缆等试品的绝缘电阻和吸收比。

(2)试验步骤:

①试验前要选择合适电压等级的兆欧表,然后检查兆欧表是否正常。方法是:将兆欧表放在水平位置,将兆欧表的 L 端子与 E 端子开路,摇动把手到额定转速(一般 120 r/min)此时指针应指向"∞";用线短接 L 端子与 E 端子,轻摇把手,指针应指"0"(注意轻摇以免打坏表针)。

②确认试品已经停电、放电后,按附图 1 接线。

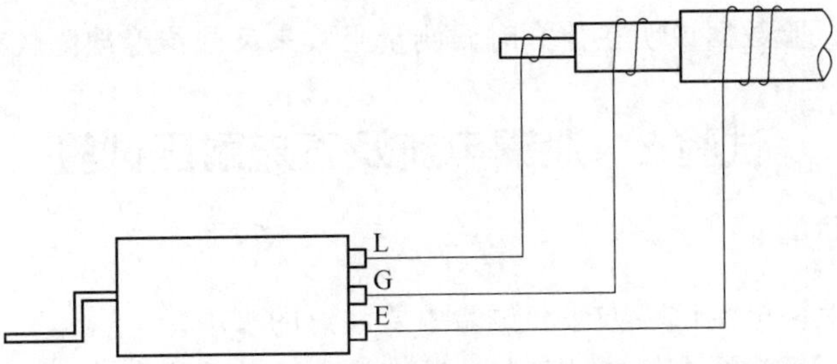

附图 1 绝缘电阻与吸收比的测量接线

L—接线路(红);E—接地(黑);G—接屏蔽

③以恒定速度转动兆欧表把手(平均 120 r/min),兆欧表指针逐渐上升,在兆

欧表达额定转速后，分别读取 1 5 s 和 60 s 的电阻值并记录于实验数据附表 1 中。

附表 1　测量绝缘电阻及吸收比的数据表格

测试对象及名称	绝缘电阻表型号	绝缘电阻值(MΩ)		绝缘电阻 R_{60}	R_{60}/R_{15}
		R_{60}	R_{15}		

四、注意事项

(1)兆欧表的 L 及 E 端的引出线不要靠在一起，要保持一定距离。

(2)对于大电容量被试品(发电机、大型变压器、较长供电电缆)测量结束前必须先把兆欧表从测量回路断开，才能停止转动，以免损坏兆欧表。

(3)在测量结束，停止转动兆欧表后，要对被试品接地放电。

(4)测量电容量较大的试品时还应注意，最初充电电流很大，因而兆欧表指示值很小。但这并不表示被试物绝缘不好，必须经较长时间，才能得到它的正确结果。

(5)如果测量绝缘电阻过低，而试品分成几部分，应分别试验，找出绝缘电阻低部分。

五、试验报告要求

(1)分析试验数据，判断试品的绝缘状况。

(2)通过试验数据说明在什么时候测量吸收来反映绝缘缺陷较有效。

试验 2　泄漏电流及直流耐压试验

一、试验目的

(1)学习泄漏电流试验方法和试验中要注意的事项。

(2)加深了解泄漏电流的试验与兆欧表测绝缘的不同之处。

(3)会用试验结果(数据)去分析试品的绝缘情况。

二、试验接线及仪表设备

试验接线如附图 2 所示。

三、试验内容及步骤

(一)泄漏电流试验

(1)试验项目:测量避雷器泄漏电流(电导电流)和非线性系数。

(2)试品:FZ-15 型避雷器,有并联电阻,额定电压 15 kV。

(3)试验标准:

国标 GB 50150—1991《电气设备交接验收规程》规定避雷器的泄漏电流试验电压及允许泄漏电流值见附表 2 和附表 3。由于试品为 FZ-15,因此,试验电压为 16 kV,对应允许泄漏电流 400～600 μA,若超过此范围,则试品内可能受潮。

附表 2　避雷器泄漏电流试验电压及允许泄漏电流 1

型　号	FZ					
额定电压(kV)	3	6	10	15	20	30
试验电压(kV)	4	6	10	16	20	24
电导电流(μA)	400～650	400～600	400～600	400～600	400～600	400～600

附表 3　避雷器泄漏电流试验电压及允许泄漏电流 2

型　号	FCD				
额定电压(kV)	3	6	10	13.5	15
试验电压(kV)	4	6	10	16	20
电导电流(μA)	FCD_1、FCD_2 型不应大于 10,FCD 型为 50～100,FCD_2 型为 5～20				

《电气设备交接验收规程》中规定避雷器同一相内串联组合元件的非线性系数差值不应大于 0.04。

测量非线性系数方法是:分别测出额定试验电压及 50%试验电压下的电导电流,由下列公式即得出非线性系数:

$$\alpha = \frac{\dfrac{U_2}{U_1}}{\dfrac{I_2}{I_1}} \tag{附 1}$$

式中　U_2、I_2——额定试验电压及对应测得的泄漏电流;

U_1、I_1——50%额定试验电压及对应测得的泄漏电流。

(4)试验步骤:

①断开试品电源,并对地放电。

②按附图 2 接线。

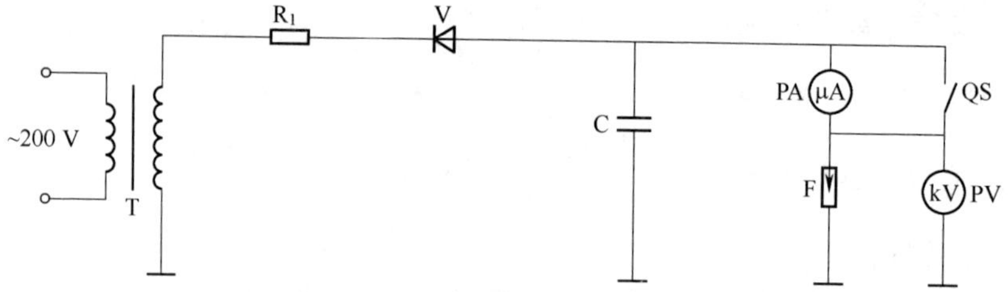

附图 2　泄漏电流试验接线图

③接通电源前,调压器应在零位,合上与微安表并联的短路刀闸 QS。

④将升高电压至 $U_1=50\%U_{试}=8$ kV,加压 1 min 后,打开短路刀闸 QS,读取泄漏电流 I_1;合上 QS,继续将升高电压至 $U_2=50\%U_{试}=16$ kV,加压 1 min 后,打开短路刀闸 QS,读取泄漏电流 I_2,合上 QS,填写附表 4。

⑤将电压降为零,断开电源。

⑥根据 100%的试验电压下的泄漏电流 I_2 检查试品是否受潮。

⑦计算避雷器的非线性系数。

附表 4　试验数据表

避雷器型号	额定电压(kV)	额定试验电压(kV)	电导电流(μA)	
			50%U	100%

(二)直流耐压试验

直流耐压试验的接线与附图 2 相同(但要把非测量相接地),不同的是试验电压较高,一般其直流耐压值为其额定电压的 2 倍电压以上。在做直流耐压试验时往往同时测量泄漏电流,通过分析泄漏电流随试验电压变化的规律检查绝缘缺陷。

在《电气设备交接试验标准》中要求做直流耐压试验的设备是同步发电机、交流电动机和供电电缆。

(1)试验项目:供电电缆直流耐压试验。

(2)试品:6 kV 塑料电缆。

(3)试验标准:根据《电气设备交接试验标准》规定,塑料电缆的直流耐压试验电压标准如附表 5 所示。

附表 5　塑料电缆的直流耐压试验电压标准

电缆额定电压(kV)	0.6	1.8	3.6	6	8.7	12	18	21	26
直流耐压试验电压(kV)	2.4	7.2	15	24	35	48	72	84	104
试验时间(min)	15	15	15	15	15	15	15	15	15

由于试品为 6 kV 塑料电缆，根据上表，试验电压为 24 kV。

(4)试验步骤：

①断开试品电源，并对地放电。

②将电缆取代附图 3 中的避雷器。

③接通电源前，调压器应在零位，短路刀闸 QS 合上。

④将试验电压从 0～100％试验电压分成若干段，现分为五段，如附表 6。分别将升高电压至 U_1、U_2、U_3、U_4，各加压 1 min 后，打开短路开关 QS，读取对应电导电流 I_1、I_2、I_3、I_4；最后将电压升高至额定试验电压 U_5，注意观察有无放电现象和异常声音，耐压 15 min 后读取 I_5。

⑤按照上述步骤可分别测出各相对地和各相间的泄漏电流，填写附表 6。

⑥绘出泄漏电流随试验电压升高变化的曲线，分析试品是否有局部性绝缘缺陷。

附表 6　直流耐压试验数据

电缆型号	试验电压(kV)	$U_1=5$	$U_2=10$	$U_3=15$	$U_4=20$	$U_5=24$
	泄漏电流(μA)	$I_1=$	$I_2=$	$I_3=$	$I_4=$	$I_5=$

四、注意事项

(1)检查接线及仪表位置是否正确。

①接通电源前，调压器应在零位，短路刀闸 QS 合上。

②选择合适的微安表量程。

(2)升压前打开微安表短路刀闸 QS，看微安表有无读数。若有较小的读数，应查找原因，经消除后，再进行试验。

(3)在升压过程中或不需要读取电流值时，应将短路开关 QS 合上，以保护微安表。

(4)如果可能存在较大的干扰电流时，应在不接试品的情况下，分别读取对应五个电压下的干扰电流，然后将它们对应减掉，从而得到真实的电流。

(5)试验完毕，必须将试品经电阻对地放电。

五、报告要求

(1)绘出泄漏电流随试验电压变化的曲线。

(2)用试验数据和曲线判定试品的绝缘情况。

试验 3　介质损失角正切 tanδ 测量

一、试验目的

(1)学习高电压测量高压设备绝缘介质损失角正切 tanδ 与其电容量。
(2)熟识西林电桥试验接线和测试方法。

二、试验接线图及仪表设备

试验接线图及仪表设备如附图 3 所示。

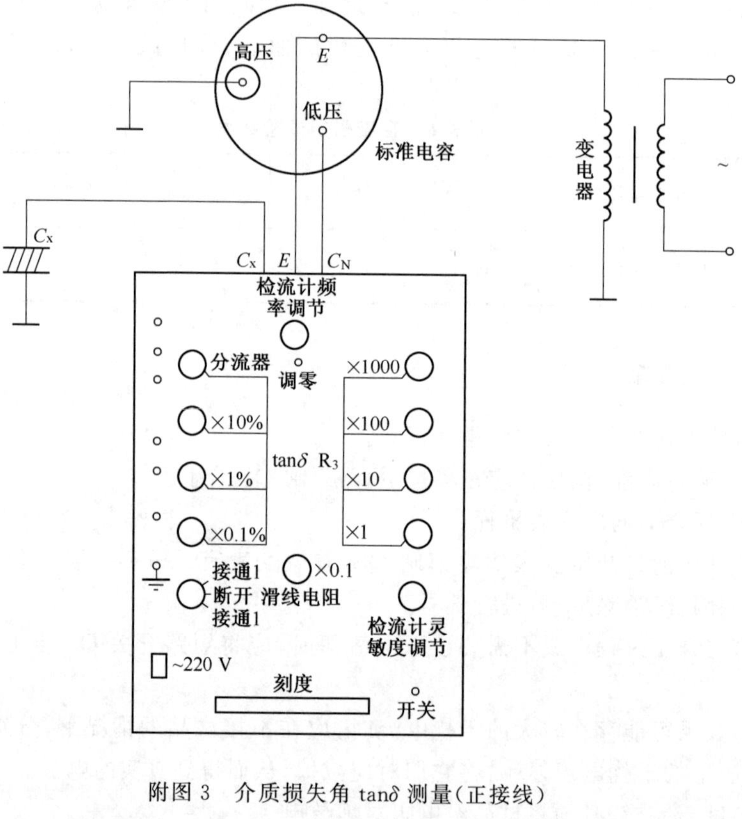

附图 3　介质损失角 tanδ 测量(正接线)

三、试验内容及步骤

本次试验是测量 YYW-10.5 型供电电容的 tanδ %和 C_X 。
(1)测定 tanδ ,即:

$$\tan\delta\% = C_4 \times 100 \qquad (附 2)$$

(2)计算 C_X ,每次测定的试品的电容量可按下式计算:

当分流器转换开关在旋钮位置为0.01A时，

$$C_X = C_N \frac{R_4}{R_3 + \rho} \tag{附 3}$$

当分流器转换开关在旋钮位置为0.025 A、0.06 A、0.1 5 A、1.25 A时，

$$C_X = C_N \frac{100 + \rho}{r(R_3 + \rho)} \tag{附 4}$$

式中 C_N ——标准电容器的电容，μF，可查附表7；

ρ ——滑线电阻工作部分的电阻，Ω；

R_4 ——固定电阻值，Ω；

r ——分流电阻值，可查附表8。

附表7 常见高压供电设备电容值估算

设备名称	电容量（μF）	设备名称	电容量（μF）
绝缘子、电流互感器、某些电压互感器	1 000	发电机、同步补偿器、中等长度电缆	100 000
电力变压器、电信及高周波用电容器、小型电机	10 000	长电缆、电力用电容器	1 000 000

附表8 分流器不同位置对应的电阻值

分流器转换开关在旋钮位置	0.025	0.06	0.15	1.25
分流电阻值 r(Ω)	60	25	10	4

(3) 试验步骤：

①按附图3接线，检查电桥工作接地点接地是否良好。

②测量前应先估算试品的电容电流 I_C，再根据 I_C 再选择适合的分流器位置。

$$I_C = \omega C_X U_{试} \times 10^{-5}(\text{A}) \tag{附 5}$$

式中 C_X ——被试物的电容量，μF；

$U_{试}$ ——加于试品的电压，V。

③将可调电阻 R_3 旋转到最大值，可调电容 C_4 旋转到最小值；检流计灵敏度调节旋转到最小位置“0”；把极性转换开关旋转到断开位置。

④将电桥面板上的检流计灯光电源开关接通，检查在标尺上所出现的狭窄光带，并用调零旋钮将光带调至零位置。

⑤把极性转换开关“$+\tan\delta$”的标志转动指向“接通1”位置。

⑥把检流计的灵敏度转换开关自零开始逐点增大，直到光带放大到刻度的1/3～1/2为止。

⑦按照从高到低的顺序，依次逐个减少电阻 R_3，使刻度上的光带为最小的宽度为止。

⑧从 R_4 的最高位电阻开始，依次逐个引入电容，使刻度上的光带为最小的宽度为止。

⑨重新校正 R_3 的值更进一步把光带的宽度缩小，然后重新校正 C_4 的值，如此反复校正几次，直至光带缩至开始时的宽度(即在检流计完全没有电流时的宽度)，最后调节滑线电阻 ρ。

⑩在操作 5、6、7 步同时，需将灵敏度转换开关旋转以逐步增大检流计的灵敏度，最终要增大到最大位置“10”。

⑪记录电阻 R_3、滑线电阻 ρ 的电阻值、C_4 电容值，分流器旋钮的位置，极性转换开关与电源转换开关旋钮位置。

⑫降低检流计灵敏度后，把极性转换开关转换至另一位置(“接通 2”位置)，校正 R_3、ρ 和 C_4 值，并记录所得结果。

⑬把灵敏度调整开关调整至零位，改变试验电源的极性(火线与零线对换)，重新校正 R_3、ρ、和 C_4 值，并记录数据。再按照⑩得另一极性时的 R_3、ρ、和 C_4 值。

⑭完成上述四次测定后，把灵敏度转换开关转至零，极性转换开关转至“断开”，将试验电压降至零，切断电源。

四、注意事项

(1)使用反接线时，标准电容器外壳带高压电，要注意使其外壳对地绝缘，并且与接地线保持一定的距离。

(2)使用反接线时还要特别注意，电桥处于高电位，因此检查电桥工作接地良好，试验过程中也不要将手伸到电桥背后。

(3)测量介质损失角的试验电压，一般不应高于被试品的额定电压，至多应不高于被试品额定电压的 110%。

(4)所测得介质损失角 $\tan\delta$ %值，应小于 1%，若测得的 $\tan\delta$ %值不合格，则检查原因，对各部件进行测试。

五、报告要求

(1)记录好测试数值，并算出 $\tan\delta$ %和 C_X 。

(2)用 $\tan\delta$ %值判断绝缘状况。

试验 4　局部放电试验

一、试验目的

通过测量试品的放电量，检测试品内部是否存在绝缘缺陷。

二、试验接线图及仪表设备

试验接线及仪表设备如附图 4 所示。

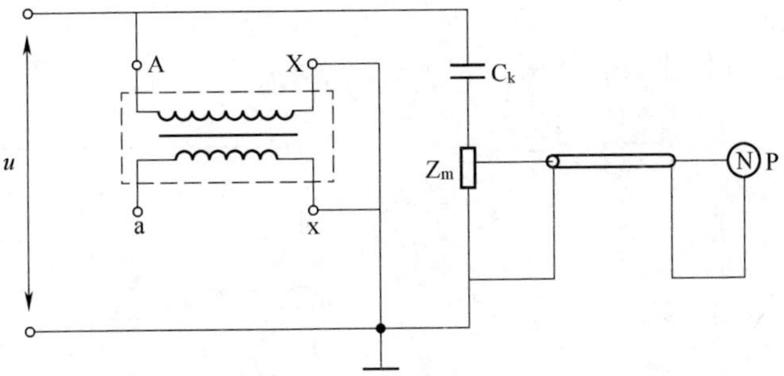

附图 4　局部放电试验

A、X—电压互感器的高压线圈首末端；Z_m—测量电阻；

a、x—电压互感器的低压线圈首末端；C_k—电容；P—高压脉冲示波器

三、试验内容及步骤

试验项目：10 kV 的电压互感器局部放电试验，试验接线如附图 4 所示。

试验电源：现场试验的理想电源是 150 Hz 电源。

试验标准：按 GB 50150—1991《互感器局部放电测量》的规定进行，测试电压值及放电量标准如附表 9 所示。

附表 9　互感器局部放电试验电压及允许放电量

接地方式	互感器型式	预加电压(t>1 s)	测量电压(t>1 min)	绝缘型式	允许放电水平 视在放电量(pC)
中性点绝缘系统或中性点共振接地系统	电流互感器与对地电压互感器	$1.3U_m$	$1.1U_m$	液体浸渍	20
				固体	100
	相对相电压互感器	$1.3U_m$	$1.1U_m$	液体浸渍	20
				固体	100
中性点有效接地系统	电流互感器与对地电压互感器	$0.8\times1.3U_m$	$1.1U_m$	液体浸渍	20
				固体	100
	相对相电压互感器	$1.3U_m$	$1.1U_m$	液体浸渍	20
				固体	100

试验 5　交流耐压试验

一、试验目的

(1)工频高压试验对绝缘的强度的考验及其重要性。

(2)工频交流耐压试验的接线和注意事项。

(3)掌握保护球隙放电间隙的确定方法。

二、试验接线图及仪表设备

试验接线图及仪表设备如附图 5 所示。

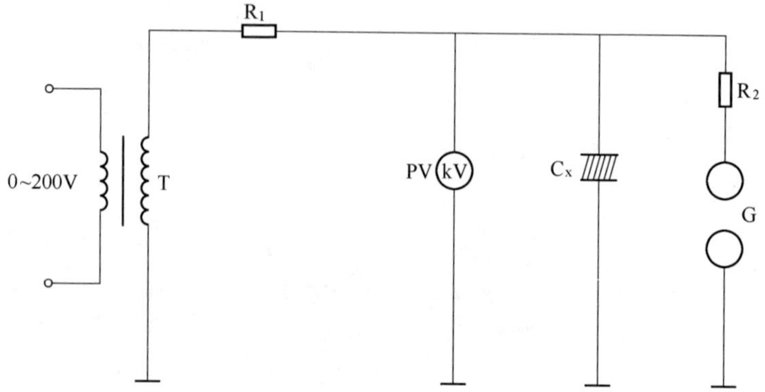

附图 5　交流耐压试验接线图

三、试验内容及步骤

(1)试验项目:XP-70 型普通悬式绝缘子交流耐压试验。

(2)试验标准:根据 GB50 150—1991《电气设备交接试验标准》规定:XP、LXP 型悬式绝缘子的交流耐压试验电压标准见附表 10,因此试验电压:55 kV;耐压时间:1 min。

附表 10　悬式绝缘子交流耐压试验电压标准

型号	XP2-270	XP-70 XP1-160 LXP1-70 LXP1-160 XP1-70 XP2-160 XP-100 LXP2-160 LXP-100 XP-160 XP-120 LXP-160 LXP-120	XP1-210 LXP1-210 XP-300 LXP-300
试验电压(kV)	45	55	60

注:XP 为普通型;LXP 为钢化玻璃型。

(3)试验步骤：

①按附图 5 接线。

②设定保护球隙的间隙距离。为了防止试验时升高电压超过 $U_{试}$，破坏试品，应使球隙的放电电压为：

$$U_{放}=(1.1\sim1.15)U_{试} \tag{附 6}$$

由于绝缘子不容易损坏，故取 1.15 倍。

$$U_{放}=1.15U_{试}=1.15\times55=63.35(\text{kV}) \tag{附 7}$$

若保护球隙为 ϕ15 cm，在球隙放电电压表中查出对应放电电压为 63.35 kV 的球隙距离约为 2.2 cm。调节好球隙距离后，应在不接试品的情况下测试球隙的放电电压是否正确，并检查球隙放电时，调压台的保护装置是否可靠动作。

③接入试品。

④对试品加压，查看电压表 PV，使电压缓缓升高直到试验电压，在此电压维持 1 min，并观察有无击穿或其他现象发生。

⑤1 min 后，降压至零，切断电源。

四、注意事项

(1)升压应缓慢进行(升到全压所需时间不少于 30 s)，一般考虑以试验电压 1/3 值到满值，历时 15 s 为度。

(2)加压中间如发现表针猛动或其他异常现象时，应立即降压并切断电源，查明原因，消除故障。

(3)充油变压器，电压互感器等应在注油静止 20 h 后进行耐压试验；3～10 kV 的变压器静置 5～6 h。

(4)耐压试验时绝缘击穿的判断：

①击穿时电流表指示突然增大。

②试品上有火花、声响或烟气发生。

(5)在耐压试验中，加于被试物上的高压必须有准确的度量，对于电容量较小的被试物，电容电流小，此时也可以由低压侧电压表读数按变比推算出高压侧电压。但对于电容量较大的被试物或试验电压较高(50 kV 以上)，容升现象严重，此时不能再用变比换算来求得高压，而要在高压侧直接测量或用其他方法(采用球间隙或示波器，重新确定高压与低压侧表计读数的关系后在低压侧测量等)。

(6)对于大型发电机、变压器电容量较大，相应试验变压器的容量也要求较大。试验变压器的容量计算方法为：

$$S=I_{C}U_{试}=\omega C_{X}U_{试}^{2} \tag{附 8}$$

式中 $U_{试}$——试验电压；

C_{X}——试品的电容量，可参考附表 8。

(7)本试验为短时耐压试验,如果要检查试品在长期工作电压下有无缺陷,则要做长时耐压试验。

五、报告要求

(1)填报球隙间距离的计算过程。

(2)测试 1 min 耐压后,判断试品的绝缘水平。

试验 6　冲击电压试验

一、试验目的

模拟供电系统中的雷电过电压波进行试验,验证在雷电及其他因素所造成的瞬时过电压的情况下,设备是否还能保证足够的绝缘强度。

二、试验设备及接线

(1)GDCY-160kV 型冲击波电压发生器。

(2)按附图 6 的方式接线。

三、试验内容及步骤

(1)试验项目为电缆。

(2)试验波形的波前和波后时间为 1.5/50 μs。雷电冲击电压的波前和波尾时间计算为:

$$T_1=(2.3\sim2.7)R_1'\frac{C_1'C_2}{C_1'+C_2} \tag{附 9}$$

$$T_2=(0.7\sim0.8)R_2'(C_1'+C_2) \tag{附 10}$$

式中　T_1——波前时间,μs;

T_2——波尾时间,μs;

C_1'——充电电容 C_1 的总和,F;

R_1'——波头电阻 R_1 的总和,Ω;

R_2'——波尾电阻 R_2 的总和,Ω;

C_2——负荷电容,F。

调整 R_1 和 R_2 使得 $T_1=1.5$ μs,$T_2=50$ μs。

(3)试验电压峰值:

试验电压值　$U_{试}=K_1K_2\times BIL=1.21BIL$　(附 11)

则每级的充电电压　$U_{充}=1.21BIL/n$　(附 12)

式中　K_1——长期劣化的度,$K_1=1.1$;

K_2 ——试品试验时的其他不稳定因素，$K_2=1.1$；

BIL ——基准雷电冲击绝缘强度，见表 7-2；

n ——冲击电压发生器充电电容的级数。

(4)试验步骤：

①按附图 6 接线，由于是倍压充电，故使试验变压器输出电压为 $U_{充}/2$，对充电电容进行并联充电。充电时间的长短受充电电阻和充电电容的影响。

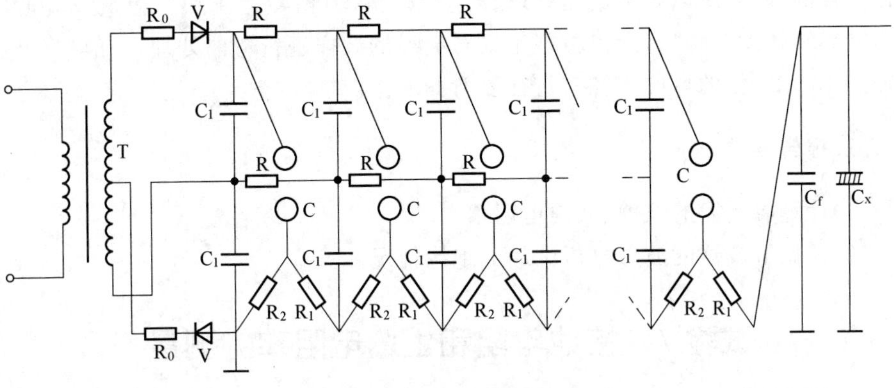

附图 6　冲击电压试验图

T—试验变压器；R_0—保护电阻；R—充电电阻；R_1—波头电阻；

R_2—波尾电阻；V—高压硅堆；C_1—充电电容；C_f—负荷电容；C—球隙；C_x—试品

②到达充电时间后，启动触发脉冲(或让球隙同时旋转)，使得每级球隙同时击穿，产生冲击电压。

③观察示波器的波形，如果波形如附图 7(b)和附图 7(c)所示，重新加 50％的 $U_{试}$ 进行试验，波形依然同附图 7(b)和附图 7(c)，就可证明试品已经损坏了。

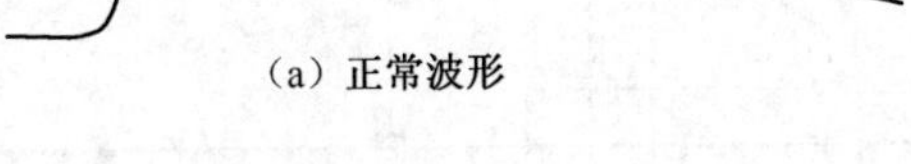

(a) 正常波形

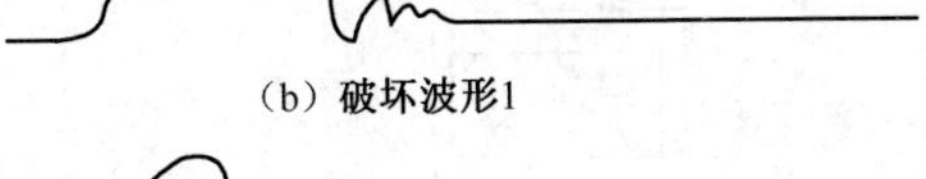

(b) 破坏波形1

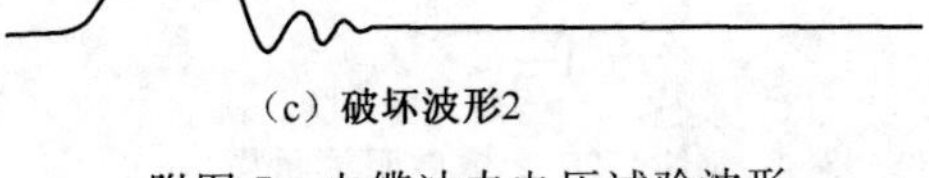

(c) 破坏波形2

附图 7　电缆冲击电压试验波形

四、注意事项

(1)充电时间一定要达到相应的时间,否则后面几级充电电容就不能充电到预定的电压。

(2)要调整好各级球隙的间隙,保证触发脉冲时各级球隙的间隙能够同时放电。

(3)对电缆做冲击耐压试验,由于对电缆全长做试验,电容量很大,对试验设备存在一定的困难,所以要从成品上取样进行试验,但担心运输和工程敷设等原因,电缆的绝缘强度会降低,所以按规定要对电缆的试样进行弯曲处理,一般按照电缆外径的15～25倍的弯曲半径实行往复弯曲8次。

五、报告要求

(1)计算出所需的波前、波尾电阻值。

(2)根据示波器的波形分析试品的绝缘情况。

试验7 接地电阻和土壤电阻率的测量

一、试验目的

(1)掌握测量土壤电阻和土壤的电阻率的方法。

(2)掌握接地电阻测量仪的使用。

二、试验设备及接线

试验设备及接线如附图8所示。

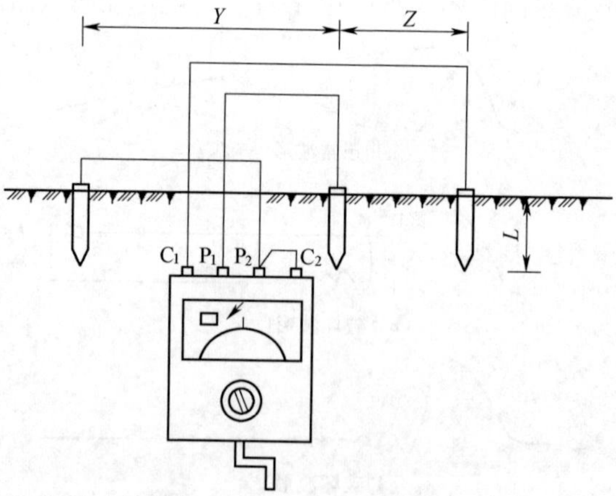

附图8 土壤电阻测量图

C_1、C_2—电流极;P_1、P_2—电压极;L—埋入土壤深度;Y、Z—极间距离

三、试验内容及步骤

(一)接地电阻测量

(1)试验项目:测量接地电阻。

(2)试验步骤:

①按附表 11 的方法,根据接地体的形状确定电流极、电压极与被测接地体距离,并按照此距离将电流极和电压极打入地中。

②按照附图 8 接线。对于四极接地电阻测量仪,如果被测量装置为单管或板状接地体时,可将 P_2 和 C_2 短接后连接到接地体;如果被测量装置为网状接地体时,可将 P_2 和 C_2 分别连接到接地体两对角上。

③选择接地电阻测量仪合适的倍率。

④以 120 r/min 的速度接地电阻测量仪,同时转动刻度盘,使得指针指向中间即可读数,将刻度盘的数值乘以倍率即为接地电阻值。

⑤按照电压极与电流极的距离的 5%,将电压极沿电流极方向移动再测量 2 次,然后取平均值。

附表 11 电流极、电压极与被测接地题距离的确定方法

接地体的形状		Y(m)	Z(m)
管或板状	$L \leqslant 4$ m	≥20	≥20
	$L \geqslant 4$ m	≥5 倍 L	≥40
沿地面成带状或网状	$L > 4$ m	≥5 倍 L	≥40

注:L —对管或板状接地体,为其在地中的深度;对沿地面成带状或网状接地体,为对角线距离。

(二)土壤接地电阻率测量

(1)试验项目:测量土壤接地电阻率。

(2)试验步骤:

①按附图 9 接线;

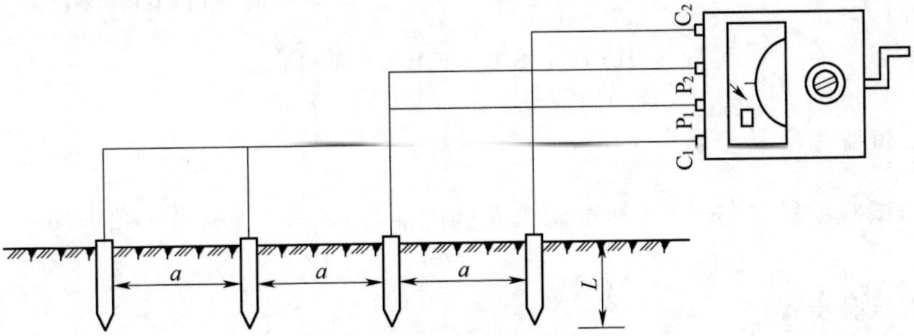

附图 9 土壤电阻率测量图

C_1、C_2—电流极;P_1、P_2—电压板;L—埋入土壤深度;a—极间距离

②电极可用直径 2 cm 左右，长 0.5～1.0 m 的圆钢或铁管做电极，极间距离取 20 m 左右，埋深度应小于极间距离的 1/20。然后按测量接地电阻的方法测量出接地电阻值，再计算出土壤电阻率，即：

$$\rho = 2\pi a R_g \quad \text{(附 13)}$$

(3)由于四极法测得的土壤电阻率与电极间的距离 a 有关，当 a 不大时所测得的电阻率，其反映的深度随 a 的增大而增加，因此要改变极间距离 a 的大小，再测量 2～3 次，然后取平均值作为测量值。

试验 8　绝缘子链的电压分布测量

一、试验目的

通过测量绝缘子链的电压分布检查是否有绝缘缺陷。

二、试验设备及接线

具体的试验设备和接线方式如附图 10 所示。

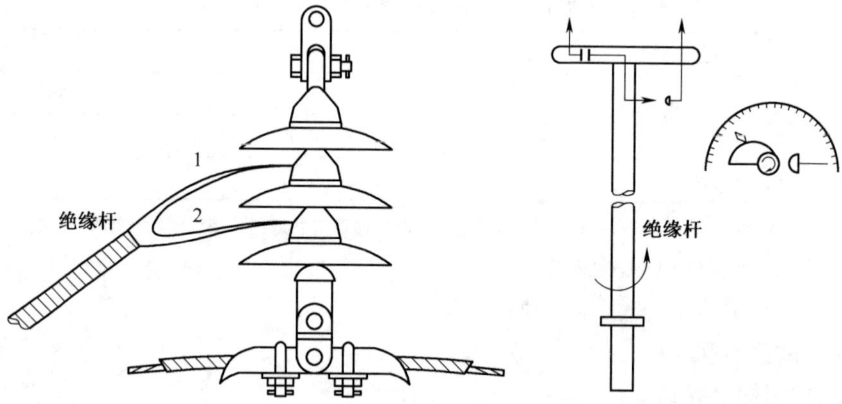

(a) 短路叉　　(b) 可调火花间隙测杆

附图 10　绝缘子的电压分布测量

三、试验内容及步骤

(1)试验项目：用短路叉和可调火花间隙测杆检查零值绝缘子和绝缘子的电压分布。

(2)试验步骤：

①用短路叉检查：a. 将电压升高至 35 kV 作用于绝缘子串；b. 先将短路叉的一端 2 接触下方绝缘子的金属帽子，再将短路叉的一端 1 逐渐接近要检测绝缘子

的帽子，直至产生火花；如果越早产生火花，而且声音越大，则绝缘子承受电压越高；如果没有火花，则绝缘子已经坏(零值绝缘子)；c. 测量完毕，将电压降为零。

②用可调火花间隙测杆检查：a. 试验前校准加在电容和间隙上的电压，与间隙开始放电时距离的关系；b. 将电压升高至 35 kV 作用于绝缘子串；c. 将火花间隙测杆的放电间隙调至最大距离，然后将两探针接触绝缘子的上方和下方金属，逐渐旋转测杆，改变火花间隙的距离，直至开始放电，此时从刻度盘上直接读出该间隙放电时的电压，用同样的方法检测其他绝缘子；d. 测量完毕，将电压降为零。

四、注意事项

(1)以上检测杆均应按带电作业的要求试验合格。其保护接地应可靠地接于操作人员接触操作杆的上部，以保证人身安全。

(2)操作人员应戴绝缘手套、穿绝缘鞋，并站在绝缘垫上操作。

参 考 文 献

[1] 何其光,陈蓉平．电力及牵引变电所试验[M]. 北京:中国铁道出版社,1994.
[2] 林永顺．电气化铁道供变电技术[M]. 北京:中国铁道出版社,2006.
[3] 文远芳．高电压技术[M]. 武汉:华中科技大学出版社,2001.
[4] 关志根．高电压工程基础[M]. 北京:中国电力出版社,2003.
[5] 胡启凡,曹利安．变压器试验技术[M]. 北京:机械工业出版社,2006.
[6] 张一尘．高电压技术[M]. 北京:中国电力出版社,2005.
[7] 王兵,单欣安．电气设备试验及故障处理实例[M]. 北京:中国水利水电出版社,2006.
[8] 吴广宁．电气设备状态监测的理论与实践[M]. 北京:清华大学出版社,2005.
[9] R·科埃略．电介质材料及其介电性能[M]. 北京:科学出版社,2000.
[10] 解广润．电力系统过电压[M]. 北京:中国水利电力出版社,1985.
[11] 唐兴祚．高电压技术[M]. 重庆:重庆大学出版社,2001.
[12] 严璋,王德恒．高电压绝缘技术[M]. 北京:中国电力出版社,2002.
[13] 简克良．高电压技术[M]. 北京:中国铁道出版社,1989.
[14] 张积之．固态电介质的击穿[M]. 杭州:杭州大学出版社,1994.
[15] 张一尘．高电压技术[M]. 北京:中国电力出版社,2005.
[16] 中华人民共和国铁道部．TB 10009—2005 铁路电力牵引供电设计规范[S]. 北京:中国铁道出版社,2005.
[17] 中华人民共和国建设部．GB 311.1—2012 高压输变电设备的绝缘配合[S]. 北京:中国质检出版社,2012.
[18] 中华人民共和国建设部．GB 50057—2010 建筑物防雷设计规范[S]. 北京:中国计划出版社,2010.
[19] 中华人民共和国电力工业部．DL/T 620—1997 交流电气装置的过电压保护和绝缘配合[S]. 北京:中国电力出版社,1997.